선비와 사무라이

선비와 사무라이

초판발행 / 2003. 5. 30.

글쓴이 / 박승무
펴낸이 / 이선규
펴낸곳 / 도서출판 아침

등록 / 서울 제 21-27호(1988.5.31)
주소 / 서울시 마포구 합정동 383-23
전화 / 326-0683, 326-3937
팩스 / 326-3937
E-mail / ahchim@hitel.net

ⓒ 박승무, 2003
잘못 만들어진 책은 바꿔 드립니다.
ISBN 89-7174-022-1 03900

선비와 사무라이

박승무

아침

추천사

김기협(역사학자)

 박승무 형이 두 번째 책을 낸다고 하니 매우 기쁘다.
 사회의 각자가 자기 활동을 통해 겪는 경험과 얻는 지식 가운데 많은 사람들에게 요긴한 내용을 정리해 전해 주는 것은, 사회 발전에 크게 도움 되는 기록 문화의 바탕이다. 특히, 국제 활동의 최전방을 누비는 외교관의, 이런 방향 공헌이 세계화 시대에 얼마나 요긴한 것인지, 승무 형의 책을 보며 새삼 절감한다.

 연전에 『서아프리카의 역사』 원고를 처음 보여 줄 때, 승무 형은 뭔가 의미 있는 일을 이룩하고 있다는 흥분과 기대에 싸여 있었다. 그때 원만한 출판에 이르도록 도와준 것은 나로서도 크게 보람을 느낀 일이었다.
 『서아프리카의 역사』는 저자의 경험을 최대한 배제하고 정확한 역사 소개에 치중한 책이었다. 3년 간 가나 주재 대사로 근무하며 서아프리카에 관한 정보가 국내에 너무나 적은 것을 안타깝게 여겨, 서아프리카 이해의 기초 자료를 만들겠다고 여가 시간을 바쳐 공들여 쓴 책이다.
 원고를 본 나는 저자 본인의 경험을 얼마쯤 넣어 좀 '소프트'하게 만들 수 없겠냐고 권했는데, 그는 난색을 표했다. 이만큼 내용을 정리하는 것만도 힘들여 겨우 한 것인데, 잔재주를 피우려다가 자세가 흐트러질까 봐 두렵다는 것이었다. 기본을 중시하는 그 자세에 경의를 표하지 않을 수 없었거니와, 그 지역에 대한 본인의 공부도 3년에 불과했다는 점, 그리고 본인에게 첫 책이라는 데서 조심스러운 태도를 취하지 않을 수 없었으리라고 이해한다.
 이번 책 『선비와 사무라이』는 그 점에서 『서아프리카의 역사』와 사뭇 대조를 이루는 책이다. 참으로 적절한 서술 방법의 선택이라고 생각한다. 기본 정보도 구하기 힘든 서아프리카에 비해 일본은 우리에게 많이 알려진 나라다. 일본에 대해 우리 사회에서는 더 많은 지식보다 더 많은 생각을 필요로 한다. 도합 10년 가까이 일본에서 근무하는 동안 갖가지 일을 겪으면서, 자신을 보통 사람으로 여기는 이 외교관은 어떤 생각들을 해 왔는가?

"일본은 있다!"든가 "일본은 없다!"라는 식의 단정적인 결론을 저자는 독자에게 들이대지 않는다. 하지만 그렇다고 해서 이 책『선비와 사무라이』가 외교적 언사에 그치는 책이라는 말은 물론 아니다. 잔잔한 무늬를 더듬어 일본 사회의 질감을 생생하게 전해 주는 서술은 미묘한 이해를 필요로 하는, 이 가깝고도 먼 나라를 소개하는 데 아주 훌륭한 안내자다.

한국과 일본 관계는 새로운 단계에 접어들고 있다. 경쟁과 대립보다 협력과 이해의 중요성이 커지는 것을, 안보와 경제의 여러 측면에서 거듭 확인하고 있다. 역사의 투철한 반성에 인색한 자세를 보이는 사례가 아직도 간간이 불거져 나오고 있지만, 특정한 정치적 태도에 연계된 것에 불과하며, 대다수 일본인은 우리와 같은 상식과 합리성으로 두 나라 관계를 이해하고 있다. 편향된 역사 교과서가 일부 세력의 집중적 노력으로 검인정을 받더라도, 교육 현장에서는 외면 받고 있지 않은가.

저자의 눈길을 따라, 일본의 보통 사람들을 함께 구경해 보자. 마음에 드는 사람들도 있고, 마음에 들지 않는 사람들도 있을 것이다. 그러나 그 사회도 우리 사회와 크게 다르지 않은 원리에 따라 움직이는 곳이며, 얼마간의 차이가 있다 해도 그 차이를 제대로 이해하기만 한다면 이웃으로서 더불어 사는 데 지장이 없는 상대임을 깨달을 수 있을 것이다. 더불어 사는 길을 찾는 데 10년 간 기울여 온 저자의 노력은 헛된 것이 아니다.

서문

　우리는 일본에 대해 얘기할 때, 우선 부정적으로 반응하는 경우가 많다. 일제에 의한 식민지 통치로 고통스럽고 불행했던 과거를 경험한 한국인이 일본에 대해 본능적으로 경계심을 갖게 되는 것은 어떻게 보면 자연스럽고 당연한 일이다. 그러나 우리가 일본의 식민 통치로부터 벗어나 독립한 이래 그간 60년 가까운 세월이 흘렀다. 이렇게 상당한 세월이 흘렀음에도 불구하고, 우리의 일본에 대한 부정적 인식이 바뀌지 않고 있는 것은 무엇 때문일까. 21세기에는 한일 양국이 친근한 이웃으로서 진정한 우호 협력의 파트너가 될 수 있을 것인가. 이러한 의문에 대해 우리 모두 한번 진지하게 생각해 볼 필요가 있다.

　필자는 해방 이후 출생으로, 일본의 식민 통치를 직접 경험해 보지 못한 세대다. 그래서 일본과 일본인에 대해 잘 알지 못하는 부분이 많다. 물론 어려서부터 양친을 포함하여 주위 어른들로부터 일제 시대의 어려웠던 생활상이나 일본인에 대한 여러 가지 평가를 들으면서 자랐다. 또한 학교 교육 과정을 통해서도 일본에 대해 배울 기회가 있었다. 그러나 일본을 직접 체험해 보지 못한 필자에게 일본은 늘 관념적인 존재로 남아 있던 것이 사실이다.
　필자는 대학 다닐 때에 전공이 역사였으나, 그 당시 학교의 교육과정에 일본사는 들어 있지 않았다. 그뿐 아니라 한국사 시간에 나오는 일본 관련 부분은 단편적인 것이었고, 동양사 수업은 중국사 위주로 진행되어 일본 역사를 아는 것과는 거리가 있었다. 그렇다고 필자가 개인적으로 일본 역사에 대해 별도로 깊이 있게 공부해 본 적도 없어 필자가 가지고 있던 일본 역사에 대한 지식은 그다지 깊지 못했다.

　필자가 처음으로 일본에 근무하기 위해 오사카에 도착해서 얼마

되지 않던, 26년 전의 어느 날이었다. 필자는 서점에 들러 일본 역사책을 한 권 샀다. 일본인이 쓴 일본 역사책을 읽으면서 그 날 필자는 충격을 받았다. 특히 한국과 관련하여 기술된 내용이 필자가 대개 이러이러하리라고 상상했던 것을 훨씬 뛰어넘었기 때문이다. 일본인이 한국에 대해 가지고 있는 인식은 필자의 기대와는 너무나 거리가 멀었다.

그러나 필자를 가장 실망시킨 것은 역사책의 본문이 아니었다. 그것은 본문이 끝난 다음, 책 뒤에 첨부되어 있는 연대 비교표였다. 역사책은 대개 책 마지막 부분에 연대 비교표를 붙인다. 그 책도 마찬가지로 일본사의 주요 사건이나 사실과 함께 한국사, 중국사 및 서양사를 대비해 놓았다. 필자는 그 대비표를 보면서 우리나라가 일제에 의해 식민지가 되었던 35년 간이 무엇이라고 기재되어 있는지 보고 싶었다. 필자의 생각은, 아마도 '일본 식민지' 정도의 표현으로 되어 있는 것이 아닐까 하는 것이었다. 그런데 그곳에 써 있는 말은 '일본 영토'였다. 필자는 한동안 멍한 상태로 있었다. 어떻게 이런 표현을 할 수 있을까? '일본 영토'라니.

국권을 상실한 나라의 영토는 식민지 지배를 하는 나라의 사실상의 영유가 된다는 의미에서 한반도를 일본 영토로 간주했는지도 모르겠다. 그러나 일본이 한반도를 한동안 식민지화했다고 해서 고래로부터 영유해 온 일본 영토와 마찬가지로 취급해서는 안 된다는 것이 필자의 생각이다.

유럽 각국이 산업 혁명으로 근대화에 성공한 이래 18~19세기에 걸쳐 제국주의적 팽창을 추구한 결과, 이 지구상의 거의 모든 나라가 그들의 식민지가 되었다. 그러나 그때에도 그들은 무력으로 점령한 나라라고 할지라도 어디까지나 식민지로 취급했지, 자신들의 영토로 간주한 것은 아니었다.

영국은 미국을 독립하기 전까지 식민지로 취급하였으나 영국의 영토라고 부르지는 않았다. 또, 영국이 아프리카를 점령했을 때에도 마찬가지다. 프랑스는 프랑스 혁명 이후 자유, 박애 및 평등주의 사상에 입각하여 일시적으로 프랑스의 식민지는 프랑스 영토와 같은 지위를 누린다고 선언하고, 식민지 주민들에게 프랑스인과 동일한 법률적 지위를 부여하였다. 그러나 이러한 조치가 현실과 부합하지 않는다는 사실을 깨닫고 이를 철회한 바 있다. 포르투갈은 자신들이 식민지로 만든 아프리카의 일부 지역에 대해 20세기에 들어와서도 포르투갈 영토임을 주장하다가 결국 주민들의 봉기에 견디지 못하여 독립을 허용한 적이 있다.

이같이 극히 예외적인 경우를 제외하고는 식민지 종주국이라고 하더라도 식민지를 자국의 영토로 인식하지는 않았다. 이들이 식민지로 인식한다는 것은 장래에 식민지에 대한 독립 허용을 염두에 둔 것이 없음은 물론이다. 그렇다면 일본은 패전하지 않았을 경우, 한반도를 영원히 영유하려고 했단 말인가. 한반도가 일시적으로 식민지 지배를 받았다고 해서 '일본 영토'라고 쉽게 쓸 수 있단 말인가. 그때에 필자가 받은 충격은 그 후에도 오랫동안 뇌리에서 지워지지 않았다.

필자는 네 번에 걸쳐 10년 간 일본에 근무하면서, 많은 일본인이 가지고 있는 과거사에 대한 인식이 한국인의 입장에서 볼 때 매우 실망스럽다고 느꼈다. 그러나 동시에 필자는 일본에는 올바른 역사관을 가지고 한국과 일본이 좋은 이웃으로 협력해 나가기를 진심으로 바라는 우인들이 적지 않다는 사실도 알게 되었다. 말하자면 일본은 필자에게 두 개의 상이한 모습을 보여 주었다. 그렇다면 일본의 본래 모습은 어떤 것일까. 그리고 일본은 정말 가까운 이웃으로서 앞으로의 새로운 천 년을 사이 좋게 지낼 수 있을까. 필자는 이러한 생각들을 한번 정리해 보고 싶었다. 이것이 본서를 집필하게 된 동기다.

필자는 필자의 처녀 출판작인 『신비의 세계 서아프리카의 역사』를 2001년 말에 탈고한 직후부터 히로시마에서 본서의 집필을 시작했다. 처음 책을 쓸 때에도 쉽지 않았지만, 두 번째도 첫 번째 못지 않게 많은 어려움을 겪었다. 일본에 대해 무엇을 쓸 것인가, 그리고 어떻게 쓸 것인가 하는 것이 집필 중 항상 부딪치는 과제였다. 왜냐하면 상술한 바와 같이, 일본은 우리에게 이중적인 존재로서 다가오기 때문이었다. 주말에는 주로 히로시마시립도서관에 가서 자료를 수집했다. 그리고 서점에서 각종 참고 서적들을 구입하여 탐독했다. 공무가 끝난 후에 여가 시간을 이용해서 하는 집필은 진척도가 느릴 수밖에 없었다. 그래서 퇴근 후에 집에 돌아오면 밤늦게까지 책상 앞에 앉아 있는 날이 많았다. 집필을 시작한 지 반 년쯤 지난 2002년 8월 말, 필자는 정부의 발령을 받아 귀국 길에 올랐다. 그간 수집해 놓은 자료를 이삿짐에 넣어 귀국한 후에 집필을 계속했다. 귀국한 이래 지난 7개월 동안은 집필 때문에 휴일을 제대로 쉰 적이 없었다. 탈고하고 나니 집필을 시작한 지 벌써 1년 3개월이 경과해 있었다.

본서가 나오기까지 여러분의 도움이 있었다. 서아프리카 역사책을 출간했을 때도 추천사를 써 준 역사학자이면서 인터넷 신문『프레시안』의 고정 칼럼니스트인 김기협 형에게 이번에도 또 신세를 졌다. 김기협 형은 중국에 있는 조선족 동포 자녀들을 위한 역사책을 쓰기 위해 지금 연변에 체재 중이다. 그는 연변에서의 바쁜 일정 중에도 본서를 위해 추천사를 보내 주었다.
필자가 귀국한 후, 본서를 집필 중이라는 사실을 알고 필자를 따뜻하게 격려하고 성원해 주신 외교안보연구원의 신성오 원장님께 감사드린다. 신성오 원장님은 과거 일본에서 근무한 경험을 바탕으로 필자에게 유용한 코멘트를 해 주셨고, 참고로 읽어야 될 자료들에 대해서도 귀중한 조언을 해 주셨다.
본서를 출간해 준 도서출판 아침의 이선규 사장에게 감사드린다. 그는『서아프리카의 역사』에 이어 필자의 책을 두 번이나 만들어 주었다. 항상 변함 없이 성실한 후배인 그의 도움 없이는 본서가 나오지 못했을 것이다.
본서에는 히로시마 및 인근 지역과 관련된 부분이 여러 군데 등장한다. 필자가 히로시마 재직시, 총영사로서 맡은 바 소임을 대과 없이 수행할 수 있도록 지원해 준 민단 역원들과 동포 여러분, 그리고 일한친선협회 관계 인사 및 일본인 우인들에게도 이 기회를 빌려 감사의 뜻을 표하고 싶다.

필자의 원고 교정을 자진해서 맡아 준 박경희 후배에게 감사드린다. 그는 법학도답게 꼼꼼하게 원고 교정을 해 주었다.

필자는 본서에서 필자의 체험을 통해 느낀 일본을 알리고, 동시에 일본을 이해하는데 참고가 되는 내용을 담기 위해 노력했다. 본서의 내용이 만족스러운 것이라고는 생각하지 않으나, 본서가 피상적인 일본이 아니라 일본의 내면과 실상을 알려고 하는 독자들에게 조금이라도 도움이 된다면 필자로서 더 이상의 기쁨이 없겠다.

2003년 3월 24일
용인시 구성읍 삼거 마을에서
박승무 씀

◇ 프롤로그 / *14*

1. 일본인은 한국인과 어떻게 다른가 / *18*
   일본인의 특성 / 18
   일본인이 행동의 기준으로 생각하는 것들 / 25
   일본인의 독특한 음식 문화 / 30
   거주 공간에 대한 인식의 차이 / 39

2. 일본인의 정신 세계 / *44*
   일본인에게 종교가 있는가 / 44
   일본인과 마쓰리 / 55
   일본에는 유교의 전통이 없는가 / 68
   일본인의 내면 의식을 지배하는 것들 / 75
   사무라이 정신의 현주소 / 100

3. 일본 역사와 관련된 몇 가지 에피소드 / *114*
   구석기 시대 유물 날조 사건 / 114
   동해를 바라보는 '우라 니혼'의 선사 시대 / 120
   뮤지컬 『쓰바메』를 통해 생각해 보는 조선 통신사 / 148
   히로시마 원폭과 일본인 / 167
   일본은 언제까지 사과해야 하는가 / 181

4. 대만은 친일인데 한국은 왜 반일인가 / *187*
　　식민 통치는 자선 사업이 아니다 / 187
　　일본이 대만 지배를 확립하기 위해 한 일 / 188
　　대만이 친일적일 수밖에 없다는 주장 / 192
　　친일·반일이라는 논리의 허구 / 200

5. 일본 사회를 특징짓는 것들 / *204*
　　불평등이 용인되는 사회 / 204
　　일본 정치와 파벌 / 207
　　일본에는 지금도 천민이 있는가 / 213
　　일본, 무엇이 문제인가 / 222

6. 우리에게 일본은 어떤 존재인가 / *231*
　　재일 한국인의 미래를 생각하며 / 231
　　일본인이 인식하는 한국과 한국인 / 238
　　한국인의 눈을 통해 보는 일본 / 244

◇ 에필로그-월드컵 공동 개최가 남긴 것 / *249*

◇ 주요 참고문헌

프롤로그

　필자는 2002년 4월 5일, 히로시마에서 발행되고 있는 『주고쿠신문』(中国新聞)의 어린이 기자들과 주히로시마총영사관에서 인터뷰를 가졌다. 이 신문은 히로시마 현(広島県)을 중심으로 야마구치(山口), 시마네(島根), 오카야마(岡山) 및 돗토리(鳥取) 등 서일본 지역의 5개 현을 대상으로 약 80만 부를 발행하고 있는 유력 일간지다('주고쿠'란 상기 5현을 총괄하는 지역 명칭임).
　이 신문의 일요일 판에는 어린이 기자들이 취재하는 「어린이 저널」 기사가 게재된다. 초등학교 5, 6학년생인 어린이 기자 5명은 월드컵 대회를 공동 개최하는 한국의 총영사관에서는 무슨 일을 하고 있는지 알아보고, 한국에 대해서도 궁금한 것을 취재하기 위해 한국총영사관을 방문한 것이다. 어린이 기자들은 담당 영사로부터 한국총영사관이 한일 간의 우호 협력 및 교류를 증진시키기 위해 여러 가지 일을 하고 있으며, 그 밖에도 중요한 업무로서 관할 지역 내에 거주하는 재일 동포를 보호하며, 각종 영사 업무도 처리한다는 설명을 들었다. 어린이 기자들은 그 후 영사 업무를 접수, 처리하는 민원 홀로 안내를 받아 외국인에 대한 비자 발급은 어떻게 하는지 알아보고, 재일 동포들이 출생 신고서를 제출하거나 여권을 발급받는 광경을 호기심 어린 눈으로 관찰하였다. 이어서 어린이 기자들은 한국을 소개하는, 여러 종류의 팸플릿도 선물로 받았다.
　총영사관 견학이 끝난 후, 이들은 총영사인 필자와 인터뷰를 가졌다. 어린이 기자들은 한국 어린이들이 학교 생활을 어떻게 하는지, 일본같이 학교에서 급식을 해 주는지 등 자신들이 궁금했던 내용에 대해 우선 몇 가지를 질문했다. 이에 대해 필자는, 한국 어린이들도 일본 어린이들과 마찬가지로 유익하고 재미있는 학교 생활을 하고 있다고 설명했다. 잠시 침묵이 흘렀다. 더 이상 질문이 없느냐는 인솔자의 질문에 한 어린이 기자가 손을 들고 말을 꺼냈다.
"한국과 일본은 어떤 점이 같고, 어떤 점이 다른가요?"
필자는 너무 광범위한 질문에 무어라고 답을 해야 할지 다소 망설였다.
"여러 가지가 있습니다. 예를 들면, 부모님이나 웃어른을 존경하고 위하는 것과, 쌀을 주식으로 하는 식생활은 같은 점이지요. 그러나 다른 점도 많이 있습니다. 일본은 집에 다다미로 된 방이 있는 데 반해, 한국은 바닥을 따뜻하게 하는 온돌방이 있는 것도 다른 점이라고 할 수 있겠지요."
필자의 말이 끝나자 또 다른 어린이가 예기치 않은 질문을 해왔다.
"총영사관에서 일하시면서 제일 곤란한 일은 무엇인가요?"
필자가 이 질문을 듣고 퍼뜩 머리에 떠오른 생각은 일본의 역사 교과서 문제였다. 2000년에는 일본 역사 교과서 문제 때문에 여러 모임을 찾아다니면서 우리 정부의 입장을 설명하고 일본인들의 이해를 촉구하느라고 정말 힘들었던 기억이 났다. 그러나 이런 문제를 일본의 초등학교 어린이들에게 직접 설명하는 것은 적절치 못하다고 느꼈다.
"한국과 일본은 아주 가깝고도 가까운 이웃이지만, 나라가 다르고 생각도 다르기 때문에 서로를 잘 이해하지 못하는 경우가 있습니다. 이런 경우, 상대방을 이해시키는 일이 매우 어렵지요. 그래서 한국은 일본을, 또 일본은 한국을 좀더 잘 알아 둘 필요가 있다고 생각합니다."
필자는 어린이 기자가 한일 관계 차원에서 질문한 것이 아닌데도 어른 입장에서 본 질문으로 간주하고 너무 어렵게 설명한 것이 나 아닐까 하고 염려했다. 그러나 어린이 기자들은 필자의 말을 듣고 그 의미를 알겠다는 듯이 머리를 끄덕이는 것이었다. 필자는 안도의 숨을 내쉬었다. 질문이 이어졌다.

"하시는 일 중에서 가장 중요하다고 생각하시는 일은 무엇입니까?"

이 질문은 그다지 어렵지 않았다.

"한국과 일본 간에 여러 분야에서 서로 교류를 확대해 나가야 합니다. 특히, 여러분같이 미래를 짊어지고 나갈 젊은 세대들이 교류를 통해 서로를 알고 이해하는 일은 한일 양국의 우호 친선을 위해 매우 중요하지요."

인터뷰 이틀 뒤인 2002년 4월 7일자 주고쿠 신문 일요일 판 어린이 저널에 「일한 교류에 중요한 역할을 하는 히로시마의 한국 총영사관을 방문하다」라는 제목으로 한 페이지의 4분의 1 정도를 점하는 큰 기사가 실렸다. 그 기사의 서두는 이렇게 시작하고 있었다.

"일본과 한국이 함께 주최하는 월드컵 대회가 곧 시작된다. 각지에서 한일 간의 교류 행사가 늘어나고, 한국에 관한 화제가 매우 친밀하게 느껴진다. 그래서 주히로시마한국총영사관을 방문하여 총영사관에서 하는 일의 내용이나 한국의 문화에 대해 알아보았다."

기사 가운데 한 어린이 기자는 한국총영사관 방문 소감을 이렇게 적었다.

"일본에 가장 가까운 나라는 한국이다. 월드컵 대회의 공동 개최를 계기로 일본과 한국이 더욱더 서로를 알고, 한층 사이가 좋아진다면 좋겠다."

또 한 어린이 기자는 이런 소감을 적었다.

"한국 총영사가 인터뷰에서, 한일 간에 젊은이들이 활발히 교류하는 것이 중요하다고 강조한 것이 매우 인상적이었다."

이들 일본 어린이 기자들이 한국 총영사인 필자가 한 말의 의미를 잘 이해하고 있다는 것이 필자에게는 감동적이었다.

한국과 일본, 일본과 한국, 이 두 나라는 정말 오랜 세월 동안 교류해 온 인국(隣國)으로 그 어느 나라보다도 서로가 서로를 잘 알고 있으며, 문화적으로도 공통성을 많이 갖고 있다.
 그런데 우리는 한국적 사고 방식으로 일본을 이해하고, 일본은 일본적인 시각에서 한국을 평가하려고 하는 것이 문제다. 서로가 다르다는 면을 무시하거나 외면하는 셈이다. 그렇기 때문에 한일 간에 어떤 현안이 생길 때에 마찰이 깊어지고, 오해와 불신이 야기되곤 한다. 서로가 편견을 가지고 자신의 잣대로 상대방을 재는 것은 잘못된 일이다.
 서로의 공통성은 양국 간의 관계를 편견 없이 보게 만드는 순(順)의 기능을 하나, 상이한 인식, 상이한 습관, 상이한 환경이나 정신 세계는 사물을 역(逆)의 각도에서 보게 만든다. 따라서 일본의 어린이 기자가 질문했듯이, 한일 양국은 각자의 공통 부분은 무엇이고 상이한 부분은 무엇인지 서로 알아야 한다. 그 중에서도 특히 서로 다른 점이 있다는 것을 이해해야 한다. 서로의 상이점을 이해하지 못하거나 무시할 때에 양국 간에 오해가 생기고, 편견이 생긴다. 우리는 한국적인 입장에서만 일본을 이해하려고 하지 말자. 동시에 일본도 한국을 일본적인 시각에서만 보려고 해서는 안 된다.

1. 일본인은 한국인과 어떻게 다른가

일본인의 특성

일본인이 한국인과 특히 다른 점은 무엇일까. 일본 서점에 가면 일본인의 특성, 일본인의 국민성, 또는 일본인의 조상은 누구인가 등등 일본인 자신들에 대해 분석하거나 설명한, 수많은 종류의 책이 발간되어 있는 것을 볼 수 있다. 그러나 한국 서점에서 한국인, 한국인의 성격이나 특징, 한국인은 누구인가라는 제목이나 내용을 가지고 한국인이 스스로에 대해 분석하거나 고찰한 책은 거의 눈에 띄지 않는다. 일본인은 왜 한국인보다 자신을 분석하고 성찰하는 사람이 많을까. 일본인이 한국인보다 사변적이기 때문일까. 한국인은 자신에 대한 확신이 강하기 때문에 자기 성찰이 적은 것일까. 반면에 일본인은 자신에 대한 확신이 결여되어 있기 때문일까.

일본인들이 자신들의 특성에 대해 내리는 진단은 각양각색이다. 그러나 표현은 다르지만 몇 가지 공통성이 있다. 일본인 스스로가 지적하는 일본인의 특성 가운데 가장 일반적으로 거론되는, 다음 세 가지를 소개한다.

다테 사회성

일본인의 특성으로서 제일 첫 번째로 손꼽히는 것은 '다테 사회성(社會性)'이다. '다테'는 일본어로 'タテ(縱)'라 표기하는데, '세로' 라는 뜻이다. 그래서 '다테의 관계'라고 하면 종적 관계를 의미하며, 상대와 신분 관계에 따라 자신이 취할 태도나 행동을 결정하

는 대인 관계를 말한다. 다테 사회라는 말은 원래 일본어에 없었다. 도쿄대학의 문화 인류학 교수였던 나카네 치에(中根千枝)가 1964년에 발표한 논문에서 '일본 사회는 다테 관계를 대단히 중요시하는 사회'라는 표현을 쓴 것이 최초며, 그 후 나카네 교수가 1967년 저술한 『다테 사회의 인간 관계』가 당시 베스트 셀러가 되면서부터 다테 사회가 일본 사회의 구조를 표현하는 단어로 널리 사용되게 되었다.

물론 다테 관계란 일본 사회에만 있는 것은 아니다. 한국은 물론 미국이나 유럽 등 인간 사회에는 어디에나 존재한다. 일반적으로 다테 관계에 놓여 있는 상위자와 하위자의 행동 양식을 지배하는 것은 그 사회에서 통용되는 도덕적, 윤리적인 가치 규범이다. 그러나 일본의 다테 관계는 다른 나라의 경우와 다르다. 예를 들어 어느 정치가 뇌물 사건에 연루되었다고 생각해 보자. 정치가 본인은 이 사실을 부인한다. 그러나 실제로 돈은 그 정치가의 비서를 통해 전달되었고 비서는 사건의 전말을 다 알고 있다. 검찰이 수사를 하면서 정치가와 비서를 소환하려고 한다. 이때 일반적으로 예상되는 상황은 정치가와 비서가 각자의 위치에서 행한 범법 행위의 사실 여부를 조사받고 그 정도에 따라 사법적 단죄를 받는 것이다. 그러나 이것이 일본의 경우라면 어떻게 될까. 일본에서는 정치가의 비서가 자신이 죄를 뒤집어쓸 경우 보스를 살릴 수 있겠다고 생각하면 모든 책임은 자신에게 있다고 주장하거나 여의치 않으면 보스를 위해 자살까지도 불사한다. 어떤 상황이 도덕적으로 또는 사회적으로 어떤 평가나 비난을 받느냐는 판단보다, 개인적인 의리와 신분상의 예속이나 종속 관계를 더욱 중시하는 사고 방식을 가진 상하 관계가 일본의 다테 관계다.

서양적인 사고 방식으로 생각하면, 아랫사람이 어려울 때에 윗사람이 도와주면 아랫사람이 윗사람한테서 받은 은혜를 갚지 못하고 있는 동안 늘 마음의 빚으로 느낀다. 그러다가 윗사람이 어려울 때에 아랫사람이 윗사람을 한 번 도와주게 되면, 그걸로 아랫

사람은 마음의 빚을 갚은 것으로 치부한다. 그러나 일본의 경우는 이와 다르다. 최근에는 일본에서도 의리나 은혜에 대한 보답의 개념이 많이 바뀌고는 있으나, 전통적인 의미의 일본인을 한번 생각해 보자. 예를 들어, 에도(江戶) 시대의 의리 있는 무사라면 윗사람으로부터 은혜를 입었을 경우, 이를 갚았다고 해서 '이걸로 끝났다'라고는 절대로 생각하지 않는다. 아무리 갚아도 아직 마음의 빚이 남아 있다고 느낀다. 말하자면 상하 관계에서 한번 은혜를 입으면 평생 윗사람을 공경하는 인간 관계가 생긴다.

이런 점에서 보면, 한국인은 서양에 가까운 사고 방식을 갖고 있는 것이 아닐까. 이는 일본말로 다테 관계가 아니라 '요코(ヨコ, 橫) 관계'에 가깝다. 즉, 좌우 대칭 관계며 수평 관계다. 우리 나라 옛날얘기에 보면, 은혜를 입은 사람이 "이 은혜는 죽어도 잊지 못하겠다."라고 말한다. 이것은 기회가 오면 적어도 언젠가 한 번은 반드시 은혜를 갚겠다는 뜻이다. 한국인이 은혜를 갚는 방법은 1회 청산성(淸算性)으로, 죽을 때까지 기회가 나면 몇 번이라도 은혜를 갚겠다는 일본식 다테 관계가 아니다.

타인 지향성과 집단 귀속성

일본인의 특성으로 두 번째 꼽을 수 있는 것은 타인 지향성(他人指向性), 또는 집단 귀속성(集團歸屬性)이다. 타인 지향성이란 다른 사람이 시키는 대로 하기 쉬우며, 다른 사람의 판단에 동조하는 경향이 있다는 의미다. 또한, 집단 귀속성이란 집단의 일원으로 행동하는 습관이 있고, 그렇게 하지 않으면 안심하지 못하는 성향을 뜻한다. 말하자면 타인 지향성이 모여서 집단 귀속성을 갖게 되고, 집단 귀속성이 있기 때문에 타인 지향성의 성향을 갖게 된다고 할 수 있다. 즉, 타인 지향성과 집단 귀속성은 동전의 앞뒷면과 마찬가지인 셈이다.

일본인은 남보다 앞장서서 새로운 일이나 행동을 하는 데 지나

칠 정도로 소극적이다. 그러나 자신의 주변 사람들 몇 명이 새로운 움직임을 보이기 시작하면, 뒤에 남은 사람들도 초조하게 느끼면서 그 뒤를 따르는 경향이 있다.

필자가 도쿄에서 근무하던 1990년대 초기, 겨울에 도쿄 시내에서 거의 모든 성인 남자가 똑같이 베이지 색 바바리 코트를 입고 걸어 다니는 광경을 보고 의아하게 생각한 적이 여러 번 있었다. 모든 성인 남자가 바바리 코트를 입고 있는데 누군가가 점퍼를 입고 걸어 다니면 얼른 눈에 띌 뿐 아니라 점퍼를 입은 사람은 일본인이 아닌 외국인이거나, 적어도 도쿄에 있는 직장을 근거지로 하는 사람이 아닌 것처럼 느껴졌다. 물론 처음에는 몇몇 사람이 바바리 코트를 입기 시작하였을 것이고, 그것이 점차 여러 사람으로 확대되고, 드디어 도시인을 상징하는 심벌로까지 확대되어 바바리 코트를 입지 않으면 심리적 불안감을 가지게 되었을 것이다. 그러나 그로부터 10년이 지나 일본에 다시 가 보니 이러한 경향은 다소 바뀌어 있었다. 이제는 예전같이 모든 사람들이 다 바바리 코트를 입고 있다는 느낌이 들지 않을 정도로 복장이 다양해졌다. 말하자면 바바리 코트를 입지 않아도 된다는 인식이 보편화되었기 때문에, 모든 사람이 바바리코트에 더 이상 구애받지 않고 있다는 느낌이 들었다. 이러한 현상은 단순한 유행 정도의 차원이 아닌, 심리적 집단 지향성에서 나온 것이 아닐까.

한 가지만 더 예를 들어 보기로 한다. 필자가 일본인 교수의 강연에서 들은 얘기다. 일본인은 남의 눈을 의식하는 경향이 매우 강하여 초등학교에 다니는 자녀가 부모에게 장난감을 사 달라고 조를 때, 부모는 이렇게 묻는다고 한다. "너희 반 아이들은 몇 명이나 그 장난감을 갖고 있니?" 부모는 반의 다른 아이들도 똑같은 장난감을 많이 갖고 있다고 하면 그 장난감을 사 주나, 그렇지 않을 경우에는 망설일 것이다. 그 장난감을 가진 아이들이 없거나, 또는 있다고 하더라도 몇몇 아이들만이 가지고 있다고 하면 사 주고 싶어도 좀더 많은 아이들이 그 장난감을 가질 때까지 기다린다. 말하자면 일본인들은 소위 세간(世間)을 의식하는 경향이 강하다는 이야기다. 그러나 우리의 경우에는 그와 정반대다. 한국 어린이들은 남들이 가지고 있지 않은 장난감을 가짐으로써 친구들에게 자랑하려고 할 것이다. 또, 부모들도 자신의 자녀가 남들보다 더 좋고 눈에 띄는 장난감을 갖게 하려고 할 것이다.

아마에와 타협

일본인의 세 번째 특성으로는 '아마에'(甘え)와 타협(妥協)을 들 수 있다. 아마에란 원래 '응석을 부린다'라는 의미지만, 여기에서 말하는 의미는 '특별히 봐주기', 또는 '딱한 사정 때문에 할 수 없이 응하기' 등의 표현이 더 적합할 듯하다. 아마에라는 말이 유행하게 된 것은 1971년, 정신 의학자인 도이 다케오(土居健郞)가 『아마에의 구조』라는 책을 쓴 것이 베스트 셀러가 되면서부터다. 도이는 일본어의 '아마에'에 해당하는 적절한 외국어가 없으나, 이 말이야말로 일본인의 독특한 심리를 나타낸다고 주장하였다.

예를 들어, 술에 취한 사람이 다소 흐트러진 행동을 하더라도 술에 취했으니까 하고 봐주며 이해하는 것같이, 보통의 경우라면 용납되지 않는 일을 특수한 상황에 있다는 점을 감안하여 예외적으로 인정하는 것이 아마에다. 술에 취하지도 않은 사람이 술 취한 사람같이 행동하면, 그 사람의 행동은 사회적으로 제지된다. 그러나 술에 취한 사람이기에 할 수 없이 받아들일 수밖에 없고, 그러기에 당초 '노'라고 얘기하려 했던 것이 그렇게 되지 못하고, 결국 타협하여 '예스'의 방향으로 움직여 간다는 것이다.

다른 예를 들자면, 어린애가 무얼 해 달라고 보채면 엄마는 처음에는 "그건 안 돼요."라고 말한다. 그러나 어린애가 "앙!" 하고 울어 버리면, 처음에 안 된다고 말한 것을 잊어버린 채 타협하여 "이번 한 번뿐이에요." 하고 응한다. 어린 시절에 한 것과 같은 일이 어른이 되어서도 그대로 사회에까지 연장되고 마는 것이 일본 사회의 특성이라고 한다.

이처럼 일본인의 독특한 인간 관계는 정부 조직이나 민간 회사의 인사 관리를 온정주의적(溫情主義的)으로 흐르게 만든다. 다른 표현으로 말하자면, 조직 관리 면에서 개혁하기 어려운 정신 구조를 가지고 있다고 할 수 있다. 서로가 서로를 봐주고 이해하려 하면 소위 개혁이 제대로 될 리가 없고, 개혁을 하더라도 개혁에서 희생된 사람들을 구조하기 위해 또 다른 곳에서 봐주기를 하여, 이것이 연쇄 고리가 되어 만인의, 만인에 대한 아마에가 되고 만다. 현재의 일본 경제가 어려운 침체 국면에서 탈출하기 위해서는 대담한 개혁을 해야 된다는 것을 일본인 모두가 느끼고 있으나, 그러려면 그때에 희생되는 사람들은 어떻게 할 것인가 하는 온정주의가 일본 경제의 발목을 잡고 있는 것이 아닐까. 반면에 한국의 경우에는 어떤가. 한국은 IMF 경제 위기 이후, 개혁하기 위해 얼마나 많은 고통과 희생을 감내하였던가. 그 결과, 요즘 한국 경제는 아직 여러 가지 해결 과제를 갖고 있음에도 불구하고 지속적인 성장세를 유지하고 있다. 생각해 보면 한국의 개혁은, 어떤 의미에서 죽기 아니면 살기라는 절체절명의 상황에서 이루어진 것이다. 다행히 원 안에 들어온 사람은 사는 것이고 밖에 나간 사람은 죽는, 서바이벌 게임 정신이 작용한 것이다. 우리의 봐주기는 만인의 봐주기가 아니라 능력 있는 사람은 봐준다는, 비정한 것이다. 따라서 지금 일본이 필요로 하는 것은 일본식 아마에가 아닌, 한국적 개혁 정신이다.

일본인 특성 고찰에 대한 시비

한국과 일본은 지구상의 그 어느 나라보다도 공통성이 많은 나라다. 인류학자들이 일본인의 DNA 구조와 제일 유사한 구조를 가진 국민이 누군가 조사를 해 보니, 한국인이 일본인과 90% 이상 일치했다는 논문 보고도 있다. 한국과 일본은 인류학적인 견지에서뿐만 아니라 문화적인 면에서도 공통성이 많다. 같은 한자 문화권에다가 사고 방식, 윤리 의식, 생활 습관 등에서 유사성이 있다. 그런데 한국인은 일본인을 여러 면에서 차이가 있다고 인식하고 있다. 또한, 일본인도 한국인과는 여러 면에서 차이가 있다고 느끼고 있다. 그렇다면 한국인과 일본인은 실제로 얼마나 다를까. 이상에서 고찰한 일본인의 특성은 과연 일본인 고유의 것이고, 우리와는 전혀 무관한 것인가. 우리가 잃어버린 특성을 일본인은 아직도 유지하고 있다든지, 일본인이 가지고 있던 특성을 우리가 가지고 있다든지 하는 경우는 없을까.

  서구인들은 일본인의 특성, 또는 일본 사회의 특징에 관하여 여러 가지 심층적인 분석을 하고 있다. 이러한 분석은 대개의 경우, 유럽인의 입장에서 행해진다. 말하자면 서구인이 서양의 가치관에 비추어 일본을 보고, 그것을 일본의 특성이라고 분석하는 경우가 많다. 그러나 그들은 일본이 동양의 일원이며, 아시아의 일원이라는 중요한 사실을 간과하고 있다. 서구인들이 지적하는 일본 사회의 특성은 사실 대부분 동양 사회의 특징이며, 아시아 민족의 특징이라는 사실에 거의 유의하지 않고 있다. 마찬가지로 일본과 일본인의 정체성 파악을 추구하고 있는, 많은 일본인들도 자신들의 사회적 또는 개인적 행태나 특성을 일본만의, 고유한 것처럼 생각하는 경우가 대부분이다. 그러나 일본이라는 국가와 사회는 아시아의 일원이기 때문에 가지고 있는 문화적 특징을 내재하고 있다는 사실을 잊어서는 안 된다.

  간단한 예를 들어 보자. 일본론의 고전으로 꼽히는, 미국의 인류학자인 루스 베네딕트(Ruth Benedict, 1887~1948)가 1948년에 출간한 『국화와 칼 The Chrysanthemum and the Sword』에서는 일본인의 여러 가지 특징을 들고 있다. 그녀는 일본인이 가지고 있는 특징적 문화로 '의리와 수치'(義理と恥)를 설명하였다. 그녀는 일본인에게 '온'(恩, 은혜 또는 신세)이란 갚지 않으면 안 되는 인간의 채무라고 정의하고, 무한대로 갚아야 되는 '온'으로 충(忠)이나

효(孝)를 들었다. 자신이 받은 은혜와 같은 정도로 갚아야 되지만 이를 제한된 시간 내에 해야 하거나, 또는 자신의 명예를 더럽히지 않기 위해 행하는 의무를 〈의리〉라고 정의했다. 그리고 자신이 받은 은혜에 대해 자신의 능력으로 이를 갚을 수 없을 때에 이를 〈수치〉라고 정의하고, 이를 일본인의 특징적 문화라고 본 것이다. 그러나 이러한 문화가 비단 일본에만 있는 것은 아니다. 중국이나 한국에도 있다. 다만 그 정도의 차이가 조금씩 있을지는 모르겠다. '의리와 수치'란 충효와 예의를 존중하는 동양 사회의 미덕이지, 일본만의 전유물이라고 할 수는 없다.

그렇다고 일본 사회와 일본인이 가지고 있는, 독특한 문화적 특성 자체를 '동양적'이라는 광의의 범주에 꿰어 맞추려고 해서는 안 된다. 왜냐하면 일본을 포함하여 그 어느 나라도 그 나라만의 고유한 문화와 전통이 있으며, 우리는 이를 존중해야 하기 때문이다. 일본에는 분명히 한국과 다른 문화적 특징이 존재한다. 그러나 우리는 때때로 그러한 특징 중 우리 자신도 가지고 있는 단점을 일본인만 가지고 있다고 생각하는 경우가 있다. 또한, 마찬가지로 일본인도 자신들이 가지고 있는 장점은 일본에만 있다고 잘못 생각하는 경우가 있다. 따라서 상대방을 판단하려고 할 때에 일방적인 잣대만 가지고 재서는 안 된다. 상대방과 우리의 공통성을 찾아내고, 그리고 이질성도 찾아내서 공통 부분을 넓히고, 다른 부분은 이해하기 위해 노력해야 한다.

일본인이 행동의 기준으로 생각하는 것들

일본인이 사회 생활을 하는 가운데 보편적인 상식으로 통용되는, 특징적인 행동 강령이 무엇이냐고 묻는다면 여러 가지를 들 수 있겠다. 그러나 그 중에서도 가장 일본적인 것을 들어 보라면 역시 '네마와시'와 '쓰미아게', 이 두 가지를 빼놓을 수 없다. 일본인의 전형적인 행동 양식인 이 두 가지는 일본인을 이해하는 데 큰 도움이 될 것이다.

일본어 사전에는 네마와시(根回し)란 '나무를 이식하기 전에 뿌리 주위를 쳐내어 잔가지를 발달시켜 두는 것', '어떤 일을 하기 전에 관계자에게 의도·사정 등을 설명하여 어느 정도까지 양해를 얻어 두는 것'이라고 설명되어 있다. 말하자면 네마와시란 나무를 이식할 때에 그 나무가 강하게 잘 자랄 수 있도록 뿌리를 다듬어 두는 조치를 취하는 것으로, 이를 실생활에서 사용할 경우에는 하려는 일이 잘 성사될 수 있도록 사전 양해를 얻어 두거나, 준비를 잘해 두는 것을 의미한다. 네마와시를 굳이 우리말로 번역하자면 '양해'나 '사전 준비' 정도지만, 꼭 맞지는 않다.

네마와시는 일본 사회에서 대단히 중요한 행동 지침이요 행동 강령으로 자리잡고 있다. 어떤 일을 할 때, 네마와시는 자동적으로 전제되는 조건이다. 어떤 회사가 상대방 회사와 거래를 하기 전, 사전에 의견 조정 및 교환을 하여 거래가 성사될 수 있는지 여부를 탐색해 본다. 이 과정은 어디까지나 비공식적이므로 네마와시가 실패하면, 원래 추진하려 했던 거래는 없던 것으로 한다. 형식적으로는 아무런 일도 발생하지 않은 것이 된다.

그래서 일본인은 어떤 일을 하려고 할 때, 네마와시가 충분히 되어 있는지 따져 본다. 네마와시가 되어 있지 않은 상황에서 일을 추진한다는 것은 대단히 위험 부담이 크다. 왜냐하면 네마와시가 없었다면 상대방의 의중을 전혀 알 수 없기 때문이다. 그래서 어떤 일이 제대로 추진되지 않았을 때, 네마와시가 충분치 못했다는 반성을 하기도 한다. 이와 같이 네마와시는 사적인 일이나 상거래는 물론 정치나 외교 문제 등 광범위한 분야에 이르기까지, 일본인이 행동할 때에 취하는 사전 준칙의 성격을 가지고 있다고 할 수 있다.

일본인의 특징적인 행동 강령의 두 번째로 들 수 있는 것은 '쓰미아게'(積み上げ)다. 쓰미아게는 '쓰미아게루'(積み上げる)라는 동

사의 명사형이다. 사전에 의하면, 쓰미아게루란 '계속 쌓아 올려 높게 하다', '조금씩 행하다', '단계적으로 달성하다'라는 의미다. 말하자면 쓰미아게는 차근차근 하나씩 단계적으로 일을 하는 것을 의미한다. 어떤 일을 할 때, 단번에 해치우는 것이 아니고 사전에 만반의 준비를 하여 착실히 단계적으로 실적을 쌓아 가면서 실현시켜 나간다는 의미다.

이러한 방식은 일본인의 사회 생활에서 중요한 행동 준칙의 하나다. 모든 일을 단기적으로 빨리 하는 것만이 능사가 아니다. 서두르지 않고 한 걸음씩 착실하게 앞으로 나아갈 때, 목표를 확실히 장악할 수 있다는 것이 바로 '쓰미아게식(式)'이다. 예를 들어, 새로운 거래선을 확보하려면 자사 상품의 좋은 점과 공급의 안정성 등에 대한 신뢰를 심어 줄 수 있도록 계속해서 노력하는 것이 중요하다. 이러한 과정을 거쳐 일단 신뢰가 형성되면 그 거래는 장기적으로 유지될 수 있다. 인간 관계에 있어서도 상대방에게서 신뢰를 얻기 위해서는 서두르지 말고 차근차근히 성실성을 보여주어야 한다. 상대방을 단번에 신용하지 않는 것이 일본적인 풍토다. 이 점은 즉흥적으로 결단을 내리기도 하는 한국인과 다소 상이한 점이다.

이상의 '네마와시' 및 '쓰미아게'가 사회 생활상 보편적인 행동 원칙이라고 한다면, '기쿠바리'는 일본인이 사회 생활의 덕목으로 존중하는, 인격적인 행동 강령이다.

기쿠바리(気配り)는 '여러모로 마음을 두루 씀'이라는 의미다. 우리말로는 '배려'라는 말로 표현될 수 있지만, 배려보다는 조금 더 인간적인 마음 씀씀이를 말한다고 할 수 있다.

일본인은 어떤 특정 인물이 자상하고 따뜻한 마음의 소지자라는 표현을 할 때, "그 사람은 참 '기쿠바리'가 좋다."라는 얘기를 하곤 한다. 일본에서 많은 사람들의 존경을 받았던 고(故) 다케시다 노보루(竹下 登) 전총리는 기쿠바리가 좋다는 얘기를 가장 많이 들은 정치인 중 한 사람이었다. 사회적으로 성공하려는 사람은 윗사람은 물론 아랫사람에 대해서도 인간적인 배려를 할 줄 알아야 한다는 것은 우리 나라에서도 당연히 통용되는 말이지만, 일본인에게는 특히 이렇게 겸허한 자세가 사람을 평가하는 주요 기준의 하나가 된다. 그러나 모든 사람에게 기쿠바리를 하기 위해서 상대방에게 좋은 말이나 행동만을 하려고 할 경우, 결국 누구로부터도 환영받지 못할 뿐 아니라 유약하다는 평을 받을 수 있다. 따라서 일본 사회에서 긍정적인 의미로 통용되는 기쿠바리란 어디까지나 인격을 평가할 때의 척도임을 염두에 두어야 한다. 여러 당사자 간에 이해 관계가 상반된 사업을 추진한다든지, 정치적으로 중대한 결단을 할 때에는 모든 사람에 대해 배려를 할 수가 없다. 전술한 다케시다 전 총리도 기쿠바리를 잘하는 부드러운 성품의 소지자였지만, 병석에 누워 있던 자신의 정치 보스 다나카 가쿠에이(田中角榮)를 버리고 자신이 중심이 된 새로운 파벌을 만드는 단호함도 보였다. 다시 말하자면, 기쿠바리는 인격 면에서 추구해야 하는 행동 덕목이라고 할 수 있다.

　일본인은 스스로의 행동 양식을 표현할 때에 '합리주의'라는 말을 즐겨 사용한다. 일본이 근세에 들어와 아시아에서 제일 먼저 산업화에 성공할 수 있었던 것은, 합리주의적 사고 방식 때문이었다고 자평하고 있다. 중국을 포함한 아시아가 사변적인 관념에서 벗어나지 못하고 있던 시절, 일본은 서양 사회가 구축한, 선험적이며 실증적인 합리주의에 입각하여 사고의 대전환을 함으로써 '탈아입구'(脫亞入歐)를 실현할 수 있었다고 한다. 이와 관련하여 일본의 저명한 지식인인 시바 료타로(司馬遼太郎)는 『일본인과 일본문화』라는 저서에서, 일본인의 합리주의가 어디에서 왔는가를 설명하기 위해 다음과 같은 일례를 들었다.

　에도(江戶) 중기에 야마와키 도요(山脇東洋, 1705~1762)라는 한의사가 있었다. 그는 그 당시 일본을 풍미하던 난학(蘭學, 에도 시대 중기 이후, 네덜란드 서적을 통해 서양 학술을 연구하던 학문)과는 관계가 없던 사람으로 교토의 황궁에서 한의를 하고 있었다. 그는 49세가 되어서야 인체 해부를 할 수 있었다. 그는 오래 전부터 인체 해부가 하고 싶었으나, 수달로만 대신했기 때문에 만족할 수 없었다. 그가 그렇게 인체 해부를 하려고 했던 데는 이유가 있었다.

인체 해부에 대해서는 중국 송 시대에 예(例)가 한 건 있었다고 한다. 관청의 허가를 받아 송의 명의가 해부를 한 후, 해부도를 만들었고 그 해부도가 일본에도 전해졌다. 그러나 송의 명의가 죄인을 해부하여 실제로 인체 내부를 보니 자기가 가르치고 있는 대로 배치되어 있지 않았다. 말하자면 한의학의 절대원리인 음양 오행설대로 되어 있지 않았던 것이다. 따라서 그는 "이건 곤란하다. 이것은 틀림없이 죄인이기 때문이다"라고 한 후, 해부도를 그릴 때에 사실을 사실로서 인정하지 않고 음양 오행설에 따라 관념적으로 그렸다. 그렇게 잘못된 해부도가 일본에 건너왔고, 그래서 한의사라면 대개 갖고 있는 해부도가 바로 그것이다.

야마와키는 그 해부도가 아무래도 의심이 가서 참을 수가 없었다. 줄곧 의문을 품어 오면서 수달을 해부해 조사해 보았지만, 수달은 아무래도 인간과 다른 듯했다. 그러던 중 그가 49세가 되었을 때, 관청으로부터 인체 해부가 허가되어 해부를 할 기회가 왔다. 그때 그는 대단히 기뻐하면서 "결국 중국에서 건너온 해부도는 잘못되었다. 실제로는 이렇게 되어 있다"고 말하고, 그의 보고서를 『조우시』(藏志)라는 의서에 실었다. 야마와키는 일본에 합리주의자가 나오던 시대의 인물이다. 그는 한의학 한 가지만 해 온 사람이지만, 그 당시의 시대 분위기 가운데에서 한의학의 음양 오행설이라는 관념적 의학에 의문을 가졌고, 그래서 자신의 합리주의를, 해부를 직접 해 봄으로써 달성하였다(야마와키 집안은 그 후 대대로 인체 해부를 허가받았으며, 해부 대상자는 죄수들이었다. 의서 『조우시』에는 인체 내부의 상세한 도면이 게재되어 지금까지 전하고 있다).

시바 료타로는 일본인이 어떻게 합리주의적인 사고를 하게 되었는지 불분명하다고 인정하였다. 그는 일본인이 포르투갈, 스페인, 또는 네덜란드인과 접촉하기 시작한 17세기 이래 합리주의가 일본에 들어오게 되었을 가능성이 있고, 또는 일본인은 중국인과 달리 원래부터 그다지 관념적이 아니었는지도 모른다고 말했다. 그러나 분명한 것은 공자·맹자가 일본인에 의해 이론으로서 읽혀지기는 했지만, 현실을 중시하는 일본의 정치 체제가 이들 학문을 실제 생활 규범으로 채택하지 않았다는 사실, 다시 말하자면 일본이 유교화하지 않았기 때문에 중국과 같은 관념적 사고에서 벗어나 서구의 합리주의를 받아들일 수 있도록 만들었다고 분석하고 있다.

일본이 근세 이후에 세계 열강의 대열에 합류할 수 있을 정도로 국력을 신장시킬 수 있었던 배경을 두고 여러 가지 논의가 있다. 합리주의란 이러한 논의의 주요한 답으로 제시되는, 일본인의 자체 분석이다. 물론 이에 대해서는 앞으로도 더 많은 검증이 요구되는 부분이 있다. 일본이 유교화되었느냐, 아니냐에 대한 논의에 대해서도 아직 일치된 결론이 나와 있지 않은 것이 현실이다. 그러나 일본인이 스스로 인식하고 있는 합리주의를 사실로 받아들인다면, 본 항목의 서두에 거론한 '네마와시'와 '쓰미아게'도 일본인의 합리주의를 특징짓는 행동 양식의 연장선상에서 보는 것이 좋겠다. 왜냐하면 '네마와시'와 '쓰미아게'의 기본 정신은 어떤 일을 할 때에 사전에 만반의 준비와 확인이 필요하며, 하더라도 한 단계 한 단계씩 점진적으로 접근하려는, 다분히 선험적인 어프로치가 중요하다는 것을 강조하는 것으로, 이는 바로 일본인이 말하는 합리주의에 입각한 행동 양식이기 때문이다.

일본인의 독특한 음식 문화

젓가락 문화

한국인이 일본에서 식당에 갔을 때, 당황하는 것 중의 하나가 숟가락 없이 국을 먹어야 될 때일 것이다. 일본인은 밥과 미소시루(味噌汁, 일본식 된장국)를 젓가락만 사용해서 먹는다. 한국인은 숟가락 없이 젓가락만으로 밥을 먹는 데 특별히 어려움은 없다. 그러나 국을 먹을 때에는 숟가락을 사용한다. 일본의 미소시루는 한국의 탕이나 국같이 큰 그릇에 담겨 있는 게 아니라 조그만 칠기그릇에 담겨 있다. 그래서 미소시루가 담겨 있는 조그만 그릇에 한국식 숟가락을 집어 넣어 사용하기에는 적당하지 않다. 일본인은 국을 먹을 때, 미소시루가 들어 있는 그릇을 두 손으로 쥐고 그냥 입으로 가져가 국물을 마신다. 그리고 두부나 버섯 등 국의 내용물은 국그릇을 입 가까이에 대고, 젓가락을 사용해서 입 안에 넣어 먹는다.

한국인은 음식이 담겨 있는 그릇은 모두 밥상 위에 놓아둔 채 식사를 한다. 그리고 숟가락은 밥과 국을 먹을 때에 사용하고, 젓가락은 반찬을 먹을 때에 사용한다. 물론 한국의 밥그릇, 국그릇은 일본보다 크다. 일본인은 원래부터 숟가락을 사용하지 않았을까. 중국은 물론 젓가락을 사용하나, 한국에서 쓰는 것 같은 숟가락은 사용하지 않는다. 그러나 중국인은 국이나 스프를 먹을 때, 사기로 된 작은 스푼을 사용한다. 일본도 이와 같은 중국식 소형 사기 스푼을 우동이나 냄비 요리를 먹을 때에 보조적으로 사용하기는 한다. 그러나 미소시루를 마실 때에는 사기 스푼을 사용하지 않는다. 말하자면 일본인은 밥이나 국을 먹을 때, 기본적으로 젓가락만을 사용한다고 할 수 있다.

한국인 중에는 일본인이 밥 공기를 들고 밥을 먹거나 젓가락으로 국을 먹는 것을 보고, 일본인은 매우 예의가 없는 민족으로 보인다는 말을 하는 경우가 있다. 그러나 젓가락만으로 식사를 한다고 일본인이 예의를 모르는 민족이라고 단언할 수 있을까. 한국인은 그릇을 들고 식사하는 것이 예의에 맞지 않는다는 생각을 갖고 있다. 그리고 밥을 먹을 때에는 숟가락을 사용하는 것을 원칙으로 한다. 지금 중년 이상의 한국인이라면, 어릴 때에 숟가락을 쓰지 않고 젓가락으로 밥을 먹다가 버릇없다고 부모님으로부터 야단맞은 기억이 있을 것이다.

일본인은 원래부터 숟가락을 사용하는 습관이 없었던 것일까.

그렇지는 않다. 일본인도 성덕 태자(聖德太子, AD 574~622) 시대에, 현재 한국에서 사용되고 있는 것과 같은 형태의 숟가락과 젓가락을 사용했다는 사실이 알려져 있다. 그러나 그 이후 세월이 경과하면서 일본인은 점차 숟가락을 사용하지 않게 되었다고 한다. 일본인이 숟가락을 사용하지 않게 된 이유는 무엇일까?

한국의 식기는 예로부터 기본적으로 금속기(金屬器)였다. 놋쇠 등 금속기로 된 식기가 사용되었다. 특히, 밥과 국은 금속 식기에 담는 것이 보통이다. 밥과 국을 금속 식기에 담으면 그릇 자체가 매우 뜨거워진다. 그릇이 뜨거우니 손으로 쥘 수 없고, 그릇을 입에 직접 댈 수도 없음은 물론이다. 그렇기 때문에 숟가락을 사용하지 않을 수 없다. 반면에 일본은 도기(陶器)나 칠기(漆器)를 사용하기 때문에, 뜨거운 음식이 들어 있어도 손으로 식기를 쥘 수 있으므로 숟가락을 사용할 필요성이 점차로 줄어들게 되었다는 설이 있다. 식사를 입으로 가져갈 때에 사용하는 도구는 무엇을 주식(主食)으로 하느냐, 어떤 종류의 식기(食器)를 사용하느냐와 깊은 연관이 있다고 한다. 말하자면 도기, 칠기를 식기로 하는 일본의 음식 문화에서는 젓가락만으로도 충분히 식사를 할 수 있었던 셈이다. 따라서 일본인이 젓가락만으로 식사를 하는 모습을 보고 한국적인 생활 습관으로 판단하여, 비문화적이라고 생각하는 것은 옳지 않다.

대표적인 일본 요리 분석

카레라이스

일본인이 가장 좋아하는 요리 중 하나로 카레라이스를 들 수 있다. 일본 전국의 어느 곳에 가든지 카레라이스를 먹을 수 있고, 그 종류도 다양하다. 한국인도 일본의 영향을 받아 카레라이스를 잘 먹기는 하나, 일본인이 좋아하는 정도와 비교할 수가 없다. 일본에서는 어린이부터 어른에 이르기까지 전국민이 주 1회 이상 카레라이스를 먹는다고 한다. 말하자면 카레라이스가 국민식(國民食)인 셈이다. 일본인이 카레라이스 정도로 자주 먹는 음식으로는 라면이나 미소시루밖에 없을 것이라는 말도 있다.

　이렇게 일본인이 자주 먹는 카레라이스에 들어가는 카레는 원래 인도에서 유래된 것이다. 그렇다고 카레가 인도에서 일본에 직접 전해진 것은 아니다. 영국은 인도를 식민지로 지배하면서 인도 카레를 외국으로서는 최초로 받아들였다. 그리고 이를 간편하게 요리에 쓸 수 있도록 카레 가루를 만들었다. 그 후 영국식 카레 가루가 사용하기 편리하다는 점이 알려지면서 점차 다른 나라에도 전파되었다.

　일본도 이러한 영국식 카레를 메이지 유신(明治維新, 메이저 원년인 1868년 이후의 정치, 사회 개혁 조치)이 시작되면서 문명 개화를 위한 서양 요리로 받아들였다. 카레가 전래된 초기에는 영국식 그대로 고기 요리에 카레를 사용한 소스를 치고, 야채 대신 밥을 곁들이는 식이었다. 카레 전래 초기에는 양파가 없었기 때문에 파를 사용하기도 했으며, 개구리 고기를 곁들이기도 했다고 한다. 그 후 여러 번 시행 착오를 거치면서 최종적으로는 일본식 카레, 말하자면 감자, 당근, 양파에 쇠고기나 돼지고기를 곁들이는 형식이 20세기 초에 정착되었다. 그래서 스튜와 비슷하면서도 영국식과는 달리 고기를 많이 사용하지 않고 카레 국물을 밥에 덮어서 먹는, 현재와 같은 카레라이스가 일본에서 탄생하였다. 인도의 원조 카레와는 다른 일본식 카레 요리를 일본인이 만들어 낸 것이다.

　일본의 전국민이 일주일에 한 번 이상 먹고 있는 음식을 일본 요리가 아니라고 할 수는 없다. 그러나 일본인은 물론 다른 나라 사람들도 카레가 일본 요리라고 생각하지는 않는다. 이러한 인식의 차이는 어디에서 오는 것일까. 이것은 결국 일본이 서양 요리를 받아들이면서 이를 일본적으로 조화시켜 일본인 특유의 것으로 만들었으나, 일본인 자신은 물론 다른 나라로부터도 일본 고유의 것으로 인정받지 못하는 기이한 현상에서 초래되고 있다.

그렇다면 카레라이스를 제외한, 그 밖의 대표적인 일본 요리에는 어떤 것이 있을까. 일본 요리의 대표적인 이미지가 강한 것으로 꼽히는 음식으로는 덴푸라(튀김)와 스시(생선 초밥)를 예로 드는 것이 보통이다.

덴푸라(튀김)

덴푸라(天婦羅)란 육류, 어패류, 야채류 등을 적당한 크기로 구분하여 밀가루를 입힌 뒤에 기름에 튀긴 음식을 말한다. 한국에서도 일식집에 가면 일반적으로 새우나 야채 튀김이 나온다. 한국의 시장에서도 팔고 있는 미역 튀각, 오징어 튀김, 고구마 튀김은 일본의 영향을 받아서 한국인도 먹게 된 것이다. 일본 튀김의 종류는 매우 다양하다. 한국에서는 흔하지 않은 깻잎 튀김도 많이 먹고, 지방에 따라서는 단풍잎 튀김도 먹는다. 교토의 '모미지 덴푸라'(단풍 튀김)는 예전부터 유명한, 교토 지방의 명물이다.

한국 음식에는 튀김이 많지 않다. 한국인은 튀김보다 부침(전, 煎)을 많이 먹는다. 부침이란 육류나 야채류의 두께를 얇고 고르게 저미고, 크기와 모양을 일정하게 하여 밀가루와 달걀 물을 씌운 후, 기름을 둘러 지진 것이다. 일본인에게는 부침을 먹는 습관이 없다.

그렇다면 덴푸라는 원래 일본에서 탄생한 음식인가. 그렇지는 않다. 덴푸라는 16세기 말, 도요토미 히데요시(豊臣秀吉) 시대에 전래되어 온 남만(南蠻, 스페인이나 포르투갈) 요리라는 설이 매우 강하다. 또 하나의 가능성으로는 중국이라는 설이 있다. 중국은 오래 전부터 음식물을 튀겨 먹는 습관이 있었기 때문이다. 어쨌든 16세기 말 이전에는 일본에 튀김이라는 조리법이 사실상 없었다. 따라서 현재 일본이 원조라고 알려져 있는 덴푸라는 일본식 카레라이스가 형성된 것과 같은 과정을 거쳐, 19세기 이후부터 일반화된 것이다. 결국 덴푸라도 카레라이스와 마찬가지로, 일본 고유의 것이 아닌데도 일본인이 일본적인 음식으로 개발하여 일본의 대표적인 음식이라는 이미지를 갖게 하였다.

스시(생선 초밥)

스시(すし)는 생선 초밥이라는 이름으로 한국인에게도 익숙한, 대표적인 일본 음식의 하나다. 한국에 있는 일식집에 가서 스시를 주문하면 일본 못지않은 양질의 스시를 맛볼 수 있다. 그러나 역시 스시는 본고장인 일본에 가서 먹는 것이 일본적인 맛이 난다. 한국에서는 일식집의 스시가 일반적으로 비싸지만, 일본에서는 비교적 서민들이 손쉽게 먹을 수 있는 싼 스시부터 비싼 스시에 이르기까지 그 종류가 다양하다. 슈퍼마켓에 가면 여러 종류의 생선 초밥이 들어 있는 스시 도시락을 팔고 있다. 이 스시 도시락은 값이 쌀 뿐 아니라 도시락 안에는 간장과 와사비(고추냉이)도 들어 있어, 그대로 들고 가 집이나 회사에서 간단하게 먹을 수 있다. 반면에 스시집에 가서 주문해 먹으면 물론 슈퍼마켓보다 비싸게 먹힌다. 그리고 고급 스시집에 가면 스시 한 점에만 1천 엔(한국 돈 1만 원 정도) 이상을 지불해야 한다.

스시(すし)란 한자로 '寿司', '鮨' 또는 '鮓'라고 표기한다. 스시에는 식초로 맛을 낸 밥에 생선이나 조개류 등을 붙인 것과 절인 생선을 담은 후에 자연 발효시킨 것, 이렇게 두 가지가 있다. 일반적으로 스시라고 할 때에는 주로 생선 초밥을 말한다.

일반적으로 지칭하는 스시에는 손으로 쥐어 뭉친 초밥인 '니기리즈시'(握りずし), 식초와 소금으로 간을 맞춘 밥에 생선, 고기, 달걀 부침, 야채 등을 얹어 놓은 '치라시즈시'(ちらしずし), 김초밥같이 만 '마키즈시'(卷ずし) 등 여러 가지 종류가 있다. 발효된 스시로는 식초를 사용하지 않고 발효에 의해 신맛을 낸 '나레즈시'(なれずし)를 예로 들 수 있다. 나레즈시는 소금을 뿌린 어육(魚肉)과 밥을 교대로 통에 넣어 쌓은 후, 무거운 돌로 눌러 발효시킨 것을 말한다. 한국에서는 일식집에서도 나레즈시를 보기 어려우며, 요즘에는 일본에 가더라도 특별히 주문을 하지 않는 한 나레즈시가 나오지 않는다.

 스시는 당초에는 발효된 생선을 먹기 위한 방법으로 시작되었다. 나레즈시가 스시의 시작이었던 것이다. 그러다가 발효를 촉진시켜 신맛을 빨리 나게 하기 위해 나레즈시에 밥을 조금씩 넣기 시작했다. 처음에는 밥이 생선을 먹기 위한 부식물(副食物)이었다. 그러나 시간이 경과하면서 점차 생선을 밥과 함께 먹게 되었다. 생선과 초밥이 완전히 합쳐져 하나가 된 스시가 본격적으로 등장하게 된 것은 에도(江戶) 말기인 19세기 이후부터라고 한다.

여러 종류의 스시

 스시란 '초'라는 의미의 '酸し'(스시)가 어원이라고 한다. 스시를 지칭하는 한자인 寿司의 다른 말로 사용하고 있는 鮓(물고기 식혜 '자')는 소금 등에 절여 발효시킨 생선, 鮨(젓 '지', 鮓와 같은 의미)는 짠 생선이란 의미를 가진 단어다. 寿司란 에도(江戶) 시대 중반에 유행하던 상서로운 글자로, 이 단어를 발음이 같은 스시에 차용해 쓴 것이 오늘날에 이르러서도 그대로 사용되고 있다고 한다.

스시는 거의 모든 사람이 일본이 원조인 것으로 이해하고 있으나, 이는 사실과 다르다. 약간 이설이 있기는 하지만, 스시가 일본 국내에서 처음으로 만들어진 음식이 아니라는 사실만은 분명하다. 일본인들 가운데에는 스시가 중국의 운남성(雲南省)에서 태국의 동북 지역에 이르는 곳에 그 기원이 있다고 주장하는 사람들이 있다. 나레즈시는 중국에서 2천 년 이전부터 있었고, 시간이 지나면서 절인 생선에 밥을 첨가시켰다고 한다. 이러한 생선 보존법은 동남아시아의, 쌀을 재배하는 민족들 사이에서 광범위하게 행해졌다고 한다. 그리고 한반도의 동해안 지역에서는 먼 옛날부터 식염으로 야채나 어패류를 절였는데, 이것이 나레즈시의 원형일 수도 있다. 다시 말하자면, 고추가 한반도에 전래되기 오래 전부터 야채를 소금에 절여 김치를 만들거나, 식염을 생선에 뿌림으로써 김치나 생선을 보관하던 음식 문화가 일본에 건너가 나레즈시의 원조가 되었을 가능성도 있다는 것이다.

그런데 오늘날 우리가 일반적으로 먹는 스시는 초밥에 날생선을 그대로 올려놓은 것이다. 생선을 보관하기 어려웠던 시절에는 생선에 소금을 뿌리거나 발효시켜, 생선이 부패하지 않도록 주의를 기울여야 했다. 그러나 냉장고의 등장으로 어패류를 신선한 상태로 먹을 수 있게 되면서 굳이 절이거나 발효시킬 필요가 없게 되었다. 전통적인 나레즈시에 의존할 필요가 없게 된 것이다.

일식집에 가면 스시와 별도로 '사시미'(한국의 '회')가 나온다. 사시미란 생선 같은 어패류를 잡은 후, 단시간 내에 신선한 상태로 날로 먹기 위해 이용하던 방법이다. 어패류를 날로 먹는 습관은 일본이나 한국에서 오래 전부터 있어 왔다. 그러나 스시에 사용하는 생선류의 보관이 용이해지면서 스시는 초밥에 발효된 생선 대신 날생선, 즉 사시미를 올려놓는 방법으로 바뀌게 되었다(물론 발효된 생선을 붙이는 경우가 지금도 일부 남아 있기는 하다).

스시나 사시미를 맛있게 먹는 요령이 있다. 스시나 사시미에 사용되는 어패류는 매우 다양하다. 예를 들어, 스시집에 가서 은어

(아유), 도미(다이), 오징어(이카), 연어 알(이쿠라), 참치(마구로. 이 마구로 중에서도 기름기가 많아 살이 흰 '토로'가 제일 맛있고, 값도 가장 비싸다), 김초밥(노리마키), 전복(아와비), 섬게 알(우니) 등을 주문했다고 하자. 그리고 이런 것들이 모두 한 접시에 담겨 나왔다고 하자. 이럴 경우, 어느 것부터 먹어야 할지 주저하게 될 것이다. 그때에는 방법이 있다. 가장 맛있는 것을 가장 나중에 먹는다. 그리고 값이 싸거나 맛이 없다고 생각되는 것을 가장 먼저 먹는다. 필자에게 선택하라면 오징어를 제일 먼저 먹고, 제일 마지막에 토로를 먹겠다. 생선이 날것이기 때문에 맛있는 것부터 먼저 먹으면, 맛없는 것은 나중에 먹는 데 부담이 느껴지기 때문이다.

그리고 요령 또 한 가지. 스시를 먹을 때에 먼저 뜨거운 오차(일본 차)를 마시지 않도록 한다. 차가운 맥주나 정종은 알코올이 함유되어 있어서, 스시를 먹는 데 식욕 촉진제 역할을 한다. 그러나 따뜻한 차를 먼저 마시면 생선 비린내가 느껴져 식욕을 떨어뜨린다. 그래서 스시집에 가면 절대로 처음에 뜨거운 차를 내놓지 않고, 식사가 다 끝나야 뜨거운 차를 내놓는다. 그때에는 입 안을 뜨거운 차로 개운하게 해도 되기 때문이다. 스시집에서 뜨거운 차(스시집에서는 뜨거운 차를 '오차'라고 부르지 않고 '아가리'라고 부른다)를 달라고 부탁하는 것은, 스시를 다 먹었으니 계산서를 달라는 의미이기도 하다. 일본을 여행하게 되면 한 번쯤 활용해 볼 것을 권하고 싶다.

일본 요리의 특성

이상에서 고찰한 것같이 스시도 결국은 일본 고유의 음식이 아니다. 그렇다면 일본 음식을 대표하는 카레라이스나 덴푸라, 그리고 스시도 모두 일본이 원산지가 아니라는 얘기다. 그 밖의 일본 음식에 대한 고찰은 생략하겠으나, 일본 요리 가운데 순수한 일본 고유의 것은 거의 없다고 해도 과언이 아니다. 그래서 일본인들은 "일본 요리의 특징은 껍질을 벗겨도 그 실체가 드러나지 않는 랏

쿄(양파류)와 같다."라든가, 또는 "일본 요리란 '일본 요리로 만드는 과정'에 그 본질이 있다."라는 설을 주장하기도 한다. 말하자면 일본 요리의 고유성은 없으나, 외부에서 전래된 요리를 일본에 맞게 화식(和食)으로 정착시킴으로써 일본화하는 데 성공했다는 말이 되겠다. 이는 바로 일본인의 특성을 그대로 잘 나타내고 있다. 원래 자기 것이 아니더라도 그것을 자기에게 맞게 개량하고 개선하여 결국 자기 고유의 것으로 인정받게 하는, 일본인 특유의 기질을 통해 일본인을 이해해 보는 것도 의미가 있을 것이다.

거주 공간에 대한 인식의 차이

전통적인 주거 관행의 상이점

전통적인 주거 관행으로 보면 한국과 일본은 공통점이 많다. 양국은 기본적으로 목조 가옥에 토벽(土壁)이 많고, 지붕도 초가나 기와로 되어 있다. 특히, 집에 들어갈 때에 신발을 벗는 것은 양국의 공통점이다. 그러나 일단 집 안으로 들어가면, 한국의 가옥과 일본의 가옥은 여러 가지 면에서 큰 차이가 있다.

한국의 경우에는 도시건 농촌이건 대개 입 구(口) 자 형태의 주거가 일반적이다. 또한, 집으로 들어가기 위해서는 대문을 지나도록 되어 있고, 담으로 주거가 구획되어 있다. 대문을 열고 안으로 들어가면 마당이 있다. 그러나 마당은 그냥 흙바닥일 뿐이다. 이 마당은 농사에 관련된 일을 하거나 김치를 만들거나 기타 집안일을 하는 식구들의 공동 작업장이기도 하고, 식구들이 모여서 노는 곳이기도 하다.

그러나 일본의 경우에는 대문(大門)같이 '큰 문'이라는 개념 대신 일반적으로 그다지 크지 않은 느낌을 주는, '현관'(玄關)이라는 용어를 사용한다. 일본 집의 현관을 지나 안으로 들어가면 정원이 있다. 이 정원에는 나무를 심거나 돌을 인공적으로 배치하여 관상용 공간을 만든다. 때로는 작은 연못을 만들기도 한다. 일본의 내정(內庭)은 우리의 마당처럼 공동 작업장이 아니라 집주인의 내면 세계를 보여 주는 사색의 장소며, 집안 분위기를 나타내는 얼굴인 셈이다.

한국의 경우에 대문을 보고 그 집의 위세를 짐작할 수 있다면, 일본은 정원을 보면 어느 정도의 집안인지를 알 수 있다. 겉에 나타나는 부분을 중시하되 내부적으로는 매우 실용적인 한국인과, 외부의 모양보다는 내면 세계에 치중하는 일본인의 차이가 드러난다.

한국 가옥은 마당에 들어서면 여러 개의 방이 별도로 출입구를 갖고 있고, 각 방마다 따로 신발을 벗고 들어가게 되어 있다. 그리고 각 방은 툇마루로 연결되어 있다. 방에서 방으로 이동할 때에는 툇마루를 지나서 간다. 따라서 각 방 앞의 툇마루에는 비바람을 막는 덧문이 없다. 각 방은 벽으로 완전히 막혀서 독립적으로 구성되어 있는 경우가 많다.

반면에 일본 가옥의 방은 장지문(소위 '후수마')으로 구분되어 있고, 각 방의 장지문을 계속하여 열면 큰 공간이 되는 구조를 가지고 있다. 말하자면 한국 가옥은 각 방의 독립성이 강하게 보장되어 있는 반면, 일본은 형식적으로는 각 방이 독립성을 가지고 있는 듯이 보이면서도 얇은 장지문으로 구분되어 있어서 언제라도 쉽게 하나의 큰 공간으로 통합되는 구조를 가지고 있다.

다시 말하자면, 집 안의 구조에서도 개별 지향성이 강한 한국과 집단 지향성이 강한 일본의 차이가 나타나고 있다고 할 수 있다.

온돌과 다다미

한국과 일본은 전통적으로 방바닥에 앉아서 생활을 하는, 공통적인 습관을 가지고 있다. 다만 한국은 추운 겨울을 지내기 위한 아이디어로, 선사 이래 오랜 세월에 걸쳐 온돌을 사용하고 있다.

따라서 한국의 전통적인 가옥의 방들은 온돌의 열효율을 높이기 위해 아주 큰 방은 별로 많이 만들지 않으며, 지붕도 천장도 낮다. 창문도 작으며, 부엌은 온돌을 때는 아궁이 역할도 겸하고 있다. 그러나 일본은 한국에서와 같은 온돌방이 없고, 대신에 바닥에 다다미를 깐다. 다다미(畳)란 속에 짚을 넣은 돗자리다. 왜 일본에는 한국 같은 온돌방이 없고 다다미방을 갖고 있는지에 대해 여러 가지 설이 있다. 그 중에 일본은 겨울이라고 하더라도 한국같이 춥지 않을 뿐만 아니라, 잦은 지진으로 인해 방바닥이 갈라지는 것을 피하기 위해서 다다미방을 만들게 되었다는 주장이 가장 설득력이 있어 보인다.

일본의 다다미는 세계 주택 문화 가운데서도 아주 독특한 형태로 발달해 왔다. 일본은 선사 시대부터 주거지의 바닥에 짚 또는 왕겨를 깔고서 그 위에 앉거나 자는 생활을 했는데, 이것이 시간이 지나면서 다다미로 변했다고 한다. 15세기 이후에는 일반적으로 2：1 비율인 6척(尺)×3척의 장방형으로 다다미를 만들었다. 다다미의 크기를 말할 때, '서면 다다미 반 장(半畳), 누우면 다다미 한 장(一畳)'이라는 말이 있다. 이는 다다미 한 장이 인체의 크기에 맞춘 침상 역할을 했음을 나타내고 있다. 다다미의 크기는 지방에 따라 또는 시대에 따라 약간씩 다르다. 다다미는 방 전체에 꽉 차게 여러 개를 깔아 하나의 단위로서 사용한다. 따라서 예전부터 일본 집은 다다미 수를 기준으로 크기를 가늠한다.

온돌과 다다미의 차이는 생활 습관에도 많은 차이를 초래했다. 우선 앉는 방법부터 차이가 난다. 한국에서는 온돌에서 올라오는 열을 몸으로 직접 받기 위해, 두꺼운 방석을 까는 것은 효율적이라고 할 수 없다. 또한, 방바닥에 정강이를 깔고 일본식으로 정좌(正坐)를 하고 앉으면 온돌의 따뜻함을 몸으로 느끼기 어렵고, 딱딱한 온돌 바닥 때문에 다리에 고통이 많이 느껴진다. 그래서 한국인은 앉을 때에 남자는 책상다리를 하고, 여자는 한쪽 무릎을 세워서 앉는다. 그러나 일본인들은 정좌를 하되 두꺼운 방석을 사용한다. 정좌에서 오는 고통을 줄이기 위한 방안이라고 생각된다.
　한국에서는 아궁이에 땔감을 넣어 온돌을 데우기 때문에 자연히 실내가 건조하게 마련이다. 따라서 방안에 화초를 두면 말라 죽기 쉽다. 그래서 한국의 전통적인 가옥에서는 방안에 화초를 두지 않는다. 그러나 일본의 다다미방은 온돌방같이 건조해질 염려가 없기 때문에 화초를 두는 데 문제가 없다. 또한, 다다미방은 옷장이나 장롱에 받침이 달려 있지 않다. 그러나 온돌방에 놓는 가구는 바닥의 열기로부터 장이나 농 안의 의류 등을 보호하기 위해 받침이 있게 마련이다.

주거로 보는 한국인과 일본인의 자연관

　이상에서 나타난 바와 같이, 한국인과 일본인은 공통적인 주거 습관을 갖고 있으면서 동시에 아주 이질적인 면도 지니고 있다. 이것은 자연 환경에 적응하는 민족성의 차이에서 기인한다고 할 수 있다. 한국인의 주거 공간과 일본인의 주거 공간이 차이가 나는 것은 무엇 때문일까. 아니, 그 이전에 무엇이 이와 같은 차이를 가져오게 하는 것일까.
　일본의 가옥을 보면, 주거 공간에 어떻게 자연을 재생하고 옮겨 오는가에 대한 연구와 탐색의 결정체인 것으로 느껴진다. 일본인은 방안에 꽃꽂이를 하고, 나무와 물과 돌로 정원을 만들고, 일부러 시골 냄새가 물씬 나게 고목으로 장식한 다실(茶室)을 만드는 등 인공적으로 자연미를 만드는 데 정성을 들이고 있다. 이것은 생활 속에서 자연과 함께하려는 의식의 발로라고 할 수 있다.
　일본인이 생활 가운데로 자연을 끌어들이려는, 이와 같은 착상은 확실히 한국인의 발상과 다르다. 한국인은 전통적으로 방안에 꽃꽂이를 해 두는 습관이 없다. 물론 온돌방이기 때문에 꽃이 금방 말라 죽기 때문인지도 모르겠다. 그러나 그보다는 자연을 만끽하고 싶을 때에 창 밖으로 내다보이는 산천의 아름다운 꽃을 보며 감탄하고, 또 필요하다면 밖으로 나가 들과 산에 피어 있는 꽃과 자연을 음미하는 민족이 한국인이다. 한국인의 의식 가운데에 있는 자연이란 있는 그대로의 상태라는 인식이 강하기 때문에, 좁은 실내 공간에 이를 재생하는 것은 특별한 의미가 없다고 생각한다.

정원에 대한 인식은 한국인과 일본인 간에 아주 큰 차이가 있다. 일본의 정원은 매우 섬세하게 손질한, 상자 속에 든 정원이라고 불러도 좋을 정도다. 일본인은 작은 주거 공간에 초자연적인 공간을 창조하려고 한다. 그러나 한국에 그러한 공간은 없다. 물론 최근에 일본의 영향을 받아 정원을 꾸미는 경우도 늘어나고는 있다. 그러나 원래 한국에서 말하는 정원이란 주거하는 주변의 환경 그 자체를 말한다고 할 수 있다. 강이 있고, 연못이 있고, 그리고 꽃이 피어 있는 언덕이 있다. 이러한 모든 것이 한국적인 관념의 정원이다. 말하자면 자연 그 자체가 정원인 셈이다. 작은 공간에 자연을 재생하는 것이 아니라 자연의 일부로서 가옥이, 거주 공간이 존재하는 것이다.

이러한 주거 공간에 대한 인식과 적응의 차이는 좋고 나쁘고를 떠나서 분명히 존재하는, 한국인과 일본인의 다른 점이다.

2. 일본인의 정신 세계

일본인에게 종교가 있는가

무종교가 많으면서도 종교적인 일본인

  일본을 여행하면서 보면 도심지나 교외를 막론하고 도처에 크고 작은 불단, 또는 예단이 만들어져 있는 것을 볼 수 있다. 불단에는 돌 또는 목각이나 금속제 등 각종 재료로 만들어진 보살이 놓여 있기도 하고, 경우에 따라서는 간단히 위패만 놓여 있기도 하다. 돌로 된 보살에는 옷이 입혀져 있기도 하다. 그 밖에도 우리의 서낭당같이 돌을 쌓아 놓거나, 또는 큰 바위에 신성한 지역을 나타내는 새끼줄이나 천이 걸려 있기도 하다. 또한, 일본 어느 곳에 가더라도 절이 많다. 절에 가면 많은 사람들이 법당 앞에서 합장한 채 참배를 하고 있다. 이런 광경을 보고 있으면 일본인은 불심이 돈독한, 종교의 나라라는 인상이 강하게 든다.
  그러나 조금만 더 들여다보면 의외의 사실을 알게 된다. 일본인에게 무슨 종교를 가지고 있는지 물어 보면 대부분 종교가 없다고 말하는 것이다. 각종 조사에 의하면 일본인의 66%가 무종교라고 답하고 있다. 더욱 의외인 것은, 무종교라고 응답한 사람들의 75% 이상이 "종교적인 마음을 가지는 것이 중요하다."라고 답한다는 것이다. 그렇다면 일본인이 생각하는 종교란 어떤 것일까.
  매년 정초가 되면 일본인들 대부분이 신사(神社)를 찾아가 좋은 한 해가 되기를 기원한다. 소위 '정초 참배(하츠모우데, 初詣)'를 하는 것이다. 일본 전국에는 10만이 넘는 신사가 있다고 한다. 그런데 그 중 메이지 신사(明治神社)에 정초 3일 동안 참배하는 일본인이 무려 4백만 명이나 된다고 한다. 통계에 의하면, 1996년 정초에 일본 전국에 산재하는 신사에 참배한 일본인이 8천만 명에 달했다고 한다. 당시 일본의 인구가 약 1억 2천5백만 명이니 전 인구의 3분의 2가 정초 참배를 한 셈이다. 그러니 어느 정도로 일본인들이 정초 참배를 중요시하는지 알 수 있다.

 그렇다면 종교를 믿지 않는 일본인은 누구를 향해 자신들의 소원이나 희망을 들어주기를 원하는 것일까. 일본인의 선조에게 기원하는 것일까. 또는, 특정한 대상 없이 단순히 마음으로부터 하는 기원에 불과한 것일까. 일본인들은 정초가 아니더라도 각종 계기에 수시로 신사나 절을 찾아 열심히 합장하고 기원한다. 이런 일본인의 모습은 분명히 종교적이다. 그런데도 일본인들이 자신들은 종교가 없다고 생각하는 이유는 무엇일까. 이에 대해 일본 학자들은 일본적 종교심이 '자연 종교'(自然宗敎)에서 비롯되기 때문이라고 설명한다.

 일본 학자들에 의하면, 자연 종교란 선조를 존경하고 위하는 마음, 또는 마을을 지키는 수호신에 대한 경건한 마음을 의미한다고 한다. 자연 종교란 인간이 죽으면 일정 기간 동안 자손의 제사를 받음으로써 선조가 된다고 믿는 것이며, 그 선조는 곧 마을을 지켜 주는 신이 되고, 때로는 손자가 되어 다시 태어나기도 한다는 것이다. 사람은 죽어도 멀리 가지 못하며, 가까운 산에 살면서 자손이나 인연이 있었던 사람들을 풀잎의 그림자 사이에서 보고 있고, 정초나 추석이 되면 자손을 찾아올 수도 있다고 믿는 것이 자연 종교라고 한다.

 한국에서 자손들이 한식이나 추석에 조상의 묘를 찾아 성묘하듯이 일본인도 선조의 묘를 찾는다. 일본은 근세 이래 모든 국민들이 다 화장을 하기 때문에 유골을 모셔 둔 묘소가 있고, 그곳에 묘석을 세워 놓는다. 가족들은 묘석 앞에 꽃을 바치고 합장하며 고인의 명복을 기원한다. 여기까지는 한국인도 납득이 가는 부분이다. 그런데 그 다음, 일본인들은 물통을 가져가 막대기에 달려 있는 조그만 바가지로 묘석에 물을 끼얹는다. 몇 차례에 걸쳐 정성스럽게. 일본인들에게 왜 물을 끼얹느냐고 물어도 관습적으로 하고 있다고만 할 뿐, 정확한 이유나 유래를 아는 사람이 거의 없다. 일본인은 왜 묘석에 물을 끼얹는 것일까. 일본 학자에 의하면, 묘석에 끼얹는 물은 묘의 임자가 갓난아기로 태어난 직후 몸을 닦는 데 쓴 우물물을 사용하는 것이 원칙이라고 한다. 이것은 돌아간 사람에게 갓난아기 때에 사용한 목욕물을 보여 줌으로써 당신은 죽어도 결코 고향에서 먼 곳에 가지 않았으며, 그뿐 아니라 당신과 연분이 있는 사람들과 가까운 곳에 있다고 하는 것을 알려 주기 위해서라고 한다.

묘가 서민에게도 보급되기 시작한 것은 18세기경부터라고 하니, 묘석에 물을 끼얹는 습관은 그다지 오래되었다고 할 수 없다. 한반도를 통해 6~7세기경부터 일본에 전래된 불교가 일본인의 생활 습관에도 영향을 주었다면, 일본인도 사람이 죽으면 현세에서 떠나 먼 극락 세계에 간다고 믿고 있어야 한다. 그리고 다시 환생해서 태어나기를 기다리는 마음을 가져야 할 것이다. 그런데 일본인들은 극락에 가거나 환생한다고 하더라도 자신의 혈연과 인연이 있는 곳을 떠나는 데 저항을 느낀다. 그래서 죽은 후에라도 묘석에 고향의 물을 끼얹어, 지금 고인의 혼령이 우리와 함께 있다고 위로하게 되었다는 게 일본 학자들의 설명이다.

그러나 이러한 일본인의 생각은 상당히 비종교적인 사고 방식이라고 하지 않을 수 없다. 내세에 대한 확신이 없다면, 이는 기존 종교의 특징을 갖추었다고 볼 수 없다. 그러나 기존의 종교적 관념과 현세적 요소가 공존하고 있다면, 이는 신앙과 종교의 미분화 상태라고 볼 수밖에 없다. 다시 말해서 일본 학자들이 주장하는, 일본인의 자연 종교론이란 대단히 토속 신앙적이고 다신적이어서 일종의 토테미즘이나 애니미즘에 가까운 것이 아닌가 생각될 정도다. 또한, 일본인이 주장하는 자연 종교론에는 불교의 윤회 사상도 일부 가미되어 있어서 그 정체 파악이 쉽지 않다. 물론 토테미즘 같은 원시적 신앙과 종교를 구분하는, 명확한 기준을 추출해 내는 것도 쉬운 일은 아니라고 생각된다. 혹자는 창시자가 존재하며 교리가 문자로 보존되고 있는 것이, 자연 종교에 대비되는 '창창 종교'(創唱宗敎)라고도 한다.

일본의 이웃인 한국에서는 거의 대부분의 국민이 불교나 기독교 신자인데 반해, 일본에 이들 종교가 정착되지 못한 것은 무슨 이유인가. 일본 학자들이 주장하는 바와 같이, 일본인은 기존의 다른 종교를 믿지 않더라도 자연 종교적인 연중 행사를 반복함으로써 마음의 평안을 얻고, 삶에 대한 보람을 느낄 수 있는 것인가.

일본은 신(神)의 나라인가

한국에서 1995년에 실시한 종교 인구 센서스 조사 결과에 의하면, 총인구 4,700만 명 중 불교 신도가 1,032만(22%), 개신교가 876만(19%), 천주교 295만(6%), 유교 21만(0.4%), 천도교 2만 8천(0.05%) 등 총 2,260만 명이 종교를 갖고 있다. 말하자면 한국 총인구의 절반이 종교를 가지고 있는 셈이다. 그러나 이 통계는 인구 센서스를 통해 종교를 갖고 있다고 적극적으로 밝힌 사람들을 기준으로 파악한 숫자다. 따라서 종교를 가지고 있지 않다고 답한 사람들이 모두 무신론자들인가 하면, 반드시 그렇다고 볼 수는 없을 것이다. 종교를 가지고 있지 않다고 응답한 한국인 가운데 잠재적 불교 신도도 많을 것이다. 그리고 잠재적 기독교 신도도 상당수 있을 것으로 추정된다.

그런데 흥미 있는 것은 일본인의 종교별 신도 수다. 일본에서는 우리처럼 종교 인구 센서스를 별도로 행하지 않는다. 그 대신 각 종교별로 신도를 집계한다. 2000년 12월 31일 현재 일본 문화청 발표에 의하면, 종교별 인구 총계는 2억 1,400만 명이다. 2000년 말 인구 총계가 1억 2,700만 명으로 추계된다고 하니 일본의 종교 인구는 총인구의 169%나 된다. 2억 1,400만 명의 종교 인구 가운데 불교 44%, 신도(神道) 49%, 기독교(신구교 포함) 0.8%, 기타 6% 등이라고 한다.

그런데 일본인은 종교 관련 여론 조사에서 34%만 종교가 있다고 답했다. 이를 기초로 종교를 가지고 있다고 믿고 있는 일본인의 수를 계산하면, 총인구 1억 2,700만 명의 34%인 4,300만 명 정도에 불과하다. 실제 종교를 가지고 있다고 생각하는 사람보다 다섯 배나 많은 종교인이 있다는 것은 참으로 기이한 현상이다. 이는 결국 일본인은 불교와 신도를 이중 삼중으로 믿고 있거나(예를 들어, 두 개 이상의 절이나 신사를 다닌다든지), 또는 자신은 무종교라고 생각하면서도 실제로는 많은 사람들이 절이나 신사를 찾아가 참배하고 있기 때문에, 종단 측에서 이들 참배객을 모두 자기네 신도라고 해석하고 있다고 할 수밖에 없다. 어쨌든 대단히 혼란스러운 상황이다. 이와 같은 종교의 중층(重層) 현상이 일본 종교의 특징이라고도 하겠다.

이 가운데 우리의 눈길을 끄는 것은, 일본의 개신교도 및 천주교도 수가 총인구와 대비할 때에 너무 적다는 사실이다. 기독교도는 총 종교 인구의 0.8%로, 약 170만 명이다. 우상을 섬기지 않는다는 교리의 특성상 기독교인은 불교나 신도(神道) 같은 다른 종교를 동시에 믿지 않는다고 전제할 때, 기독교도 170만 명은 사실에 가까운 수치일 것이다. 기독교도 170만 명 중 신교도 약 130만 명, 카톨릭교도 약 40만 명이라고 한다. 한국의 경우에는 인구의 약 4분의 1이 기독교도인데 반해, 일본은 인구의 1% 미만이 서양에서 전래된 종교를 믿고 있다. 그 이유는 어디에 있을까. 우리보다 거의 1세기나 일찍이 서양 문물을 받아들인 일본이, 종교에 대해서는 대단히 보수적이며 폐쇄적인 것은 매우 흥미로운 일이라 아니할 수 없다. 이 같은 일본적 현상은 아마도 일본인은 다신(多神)에 익숙해 있기 때문에, 기독교에서처럼 유일신(唯一神)을 믿는 데 익숙하지 않아 나타난 현상일지도 모른다.

일본인의 3분의 2가 종교가 없다고 생각하면서, 동시에 일본 국민의 80%가 새해에 신사(神社)에 나가 가족을 위해 참배하는 현상을 어떻게 이해해야 할 것인가. 또는, 일본인이 신사에 나가 사실상 종교 행위를 하는 것으로 간주해야 할 것인가. 여기에서 우리는 신사의 정체를 살펴볼 필요가 있다고 생각한다. 신사는 일본의 민족 신앙인 '신도'(神道)의 사원(寺院)이다. 따라서 신사가 무엇인지 알기 위해서는 신도란 무엇인가를 고찰하는 것이 합리적이다. 신도의 고찰에 앞서 한 가지 미리 첨언해 두고 싶은 것은, 신사가 일제에 의한 식민지 시절에 일본 당국이 조선인의 일본인화를 도모하기 위해 강요했던 신사 참배의 장소로, 한국인의 기억에 아직도 생생하게 남아 있다는 사실이다.

일본 대백과 사전은 신도를 다음과 같이 정의하고 있다. "신도란 일본 민족 내에서 발생하여 유교, 불교 등 외래의 종교, 사상 등과 대립하는 동시에 그 영향도 받아서 발달한, 일본의 민족 신앙이다. 특히, 신도란 이와 같은 민족 신앙을 근거로 한 국민 도덕, 윤리, 습속(習俗)까지 포함하는 경우도 있다."

이와 같은 정의를 보면, 신도란 종교적인 개념이 아니라 일본 민족이 내재적으로 갖고 있는 사회적, 도덕적 또는 윤리적 관념이나 가치관에 가깝다고 느껴진다. 일본 학자들은 신도란 자연 숭배, 서물(庶物) 숭배, 조상 숭배, 자연과 혈족에 대한 정조(情操), 자연 본성적인 애착과 찬미귀일(讚美歸一)에 근거를 두고 있으며, 자연 또는 선조에 대한 제사나 행동 규범을 통하여 지연적, 혈연적 공동체의 신세화(神世化), 통합화(統合化)를 이루는 역할을 하고 있다고 주장한다.

신도(神道)라는 단어가 등장한 최초 문헌은 고대 중국의 역경(易經)과 후한서(後漢書)다. 이들 중국 문헌에서 나타난 신도는 '자연계 불변의 진리', 또는 '묘소(墓所)로 가는 길'이라는 뜻으로, 일본에서 사용되는 신도와는 의미가 다르다. 따라서 일본에서 사용되는 신도란 말은 일본이 독자적으로 사용한 것으로 추정된다고 일본 학자들은 주장하고 있다. 일본 문헌에서는 일본 서기(日本書紀)의 요우메이 천황(用明天皇, 재위 586~588)에 관한 부분 중 '천황 신불법, 존신도'(天皇信佛法尊神道)라고 하는 문장에서 신도란 말이 최초로 등장한다.

그런데 신도에서 말하는 일본적 신(神)이란 어떤 존재며, 그 의미는 무엇인가. 일본 학자들 간에도 신도의 신이 어떤 존재를 의미하는 것인지에 대해 결정적인 설이 아직 나오지 않고 있다. 그러나 분명한 것은, 일본의 신도에서 말하는 신이 유일한 단일신(單一神)은 아니라는 것이다. 일본인은 자기 주변의 모든 대상을 신으로 간주하는 경향이 강하다. 절의 불상도 부처이기 이전에 신이고, 집 뒤의 산이나 바위도 신이며, 선조도 신이고, 사람도 죽으면 '호도케사마'(仏樣)라고 하여 신으로 취급한다. 자연계의 모든 사상(事象)이 다 신이 된다. 현대 일본에 10만 개 이상 존재한다는 신사마다, 모시는 신이 일정하지 않고 각양각색이라는 사실로도 일본 신의 다양성을 알 수 있다.

일본의 신사는 기원하는 목적에 따라 모시는 신이 천태만상이다. ◇학력 향상, 입시 합격 ◇사업 번창, 풍작, 대어(大漁), 금운(金運) 상승 ◇개운(開運), 승리(勝利), 성공(成功) ◇액(厄) 제거, 재난(災難) 제거 ◇건강 증진, 연명(延命), 장수(長壽) ◇가내(家內) 안전, 부부 원만 ◇자녀 출산, 안산(安産), 육아(育兒) 수호 ◇결연(結緣), 절연(絶緣) 등 인생살이 전부를 망라하고 있다.

각 신사는 이들 목적에 맞는, 다양한 종류의 신을 모시고 있다. 예를 들면 기우 기청(祈雨祈晴)의 신, 주조(酒造)의 신, 절세의 미녀신(美女神), 광산(鑛山)의 신, 말(馬)의 수호신, 태풍의 신, 항공(航空) 관계자를 위한 신, 심지어 충치 제거신(蟲痔除去神)에 이르기까지 그 종류를 이루 다 헤아릴 수 없을 정도다.

이와는 별도로 일본 내에 있는 모든 신에게 제사하는 신사도 있고, 일본 역사상 위대한 인물을 모시는 신사 등 신들을 총괄적으로 모시는 신사도 있다. 일본 총리의 신사 참배로 문제가 되고 있는 야스쿠니 신사는 메이지 유신(明治維新) 이래 일본을 위해 희생한 전사자, 전몰자 약 250만 명의 위패를 안치하고 있다. 한국 정부가 일본 총리의 야스쿠니 신사 참배를 반대하는 것은, 이 신사에 2차 세계 대전을 일으킨 A급 전범들이 합사되어 있기 때문이라는 것은 잘 알려져 있는 바와 같다.

이처럼 일본은 신의 나라라고 해도 과언이 아닐 정도로 신이 많다. 그런 의미에서, 일본인들은 인정하지 않으려 하겠지만, 신도란 열등한 자연 종교의 성격을 강하게 띠고 있으며, 미분화된 원시 신앙의 특징을 갖고 있다고 할 수밖에 없다.

그런데 신도가 우리의 관심을 끄는 것은 불교와의 관계다. 일본의 절에 가면 신사 같은 분위기가 있고, 또 신사에 가면 불교적 분위기가 느껴진다. 일반적으로 신사 입구에는 '도리이'(鳥居)가 설치되어 있다. 도리이는 신사로 들어가는 입구에 기둥 두 개를 세운 뒤에 상부를 두 개의 기둥으로 옆으로 연결하는 것이 기본형으로, 경내(境內)에 신이 거주하는 신역(神域)이라는 의미를 나타낸다. 그러나 신사를 상징하는, 소위 본전(本殿) 이외의 조형물은 불교 사원과 특징을 구별하기 어려울 정도다. 그리고 불교 사원이 신사의 특징적인 건축 양식을 따르고 있는 경우도 많다. 이와 같이 불교의 사원과 신도의 신사가 서로 혼재하는 현상은 어떻게 설명해야 되며, 이는 무엇을 의미하는 것인지 한번 생각해 볼 필요가 있다.

이와 같은 불교와 신도의 관계는 한반도를 통해 전래된 불교가 8세기에 일본에서 융흥하면서, 신도와 불교가 상호 보완 작용을 하게 된 데에 기인한다. 불교가 한반도로부터 일본에 전래된 것이 538년이고, 일본 서기에 신도에 관한 최초 기록이 등장하는 요우메이 천황의 재위 기간이 586~588년이다. 이러한 사실로 미루어 보아, 일본 학자들이 주장하는 바와 같이 신도가 일본에 불교가 전래되기 오래 전부터 존속했다고 하더라도, 신도는 하나의 원시적인 민속 신앙의 양상을 띠고 있었을 것으로 추정된다. 그러한 상황에서 구체적인 내세관을 갖춘 종교인 불교가 전해지면서, 토속 신앙인 신도는 불교의 막강한 논리에 압도되었을 것이다. 그래서 불교가 전래된 직후인 6~7세기까지 인(人)·신(神)·불(佛)의 관계는 사람이 신을 존중하고, 또 사람과 신이 함께 새로운 외래신인 불(佛)을 섬기는 상황이었다. 그러나 8세기 이후에 불교가 융흥하면서, 신이 쇠퇴하는 것이 아니라 그 반대로 불이 토속신과 타협하여 상호 보완 작용을 하게 되고, 10세기에 이르러서는 신과 불이 동일시되기 시작했다. 재래식 민속 신앙이 외래 종교와 경쟁 끝에 상호 타협하는 방향으로 낙착이 된 것이다.

그 후 13세기에 들어서면서 가마쿠라 막부(鎌倉幕府)가 신사를 수리하여 제사에 전념토록 하면서, 동시에 불교는 불교로서 인정하는 정책을 취하게 됨으로써 양자 병립 상태가 유지되었다. 이러한 과정에서 일반 서민들은 불교도 믿고 신도도 믿는, 이중 삼중의 중층 신앙 상태에 놓이게 되었다고 한다. 이것이 소위 일본 학자들이 말하는 '신불습합적(神佛習合的) 신앙'이다. 예를 들어, 불교도가 깊은 산에 있는 절에 가서 산신(山神)에게 제사를 지내기도 하고, 절의 승려가 일본 신을 대상으로 독경하기 위해 신궁을 건립하기도 했다. 또한, 일본 천황은 신도의 각종 제사의 수장 역할을 해 왔는데, 이 천황이 불교를 믿으면 신도 신앙과 불교 신앙이 동일 인격 가운데 융합하는 현상이 일어났다. 이로 인해 오늘날 대부분의 일본인이 '가미다나'(神棚)라는 신단과 불단을 동시에 펴 놓고 양쪽에 제례를 드리는, 기이한 현상으로 발전하게 되었다. 말하자면 신불(神佛)이 일체가 되었다고 할 수 있다.

신도와 일본인

앞에서 말한 바와 같이 일본인 중 종교를 믿지 않는 비율이 66%고, 종교를 가진 사람은 34%다. 그런데 우리의 흥미를 끄는 것은, 종교를 믿는다고 답한 일본인 중 신도를 믿는다고 답한 사람은 4%에 불과하다는 사실이다. 말하자면 일본 전국민의 1.3% 만이 신도를 종교로 믿고 있다고 답한 것이다. 정초가 되면 전인 구의 3분의 2에 달하는 8천만 명이 신사에 나가 참배를 하는데, 그 가운데 신도를 종교로 믿는 사람이 거의 없다는 것은 일본 국민의 대다수가 무종교라고 생각하고 있는 것과 어떻게 연결지어 생각할 수 있을까. 이처럼 기이한 현상은 습관적으로 신도적인 생활을 하고 있기 때문에 이를 기존의 종교로 보지는 않지만, 잠재적으로는 신도가 종교적인 위안감을 일본인에게 주고 있는 것이라고 생각할 수밖에 없다.

일본 학자들은 '신도란 일본의 여러 신에 대한 신뢰 또는 신앙을 가지는 삶의 방법'이라고 분석한다. 말하자면 신도는 일본인이 신을 통해 어떻게 살아야 하는가 하는, 생활 규범의 틀을 보여 준다는 것이다. 신도에는 성경이나 코란 같은 종교적인 경전이 없다. 그러나 신도는 사회 구성원으로서, 가족의 일원으로서, 국민의 한 사람으로서 지켜야 되는 행동 강령을 규정하고 있다. 또한 제사, 각종 경조 행사 및 의식을 위한 의례 및 전범에 대해 오래 전부터 내려오는 풍습을 정리하여, 작은 부분까지 시행할 것을 규정하고 있다. 그리고 이러한 행동 규칙은 현재 일본인들이 실제 생활에서 적용, 채택하고 있는 경우가 대부분이다. 예를 들어, 장례식과 혼례식의 의복 및 절차에 관한 세세한 규정이 그것이다. 말하자면 신도의 행동 강령은 일본인의 생활 속에 깊이 파고들어 있어서, 일본인들은 이를 일상사로 실천하고 있다는 것이다. 그래서 일본인은 신도에서 종교성을 느끼는 게 아니라 당연한 일상 생활의 규범으로 인식하는 것이다. 기독교나 불교 같은 기성 종교가 가치관을 형성해 준다면, 신도는 생활관을 형성케 한다. 일본인들은 신도적인 일상 생활이 당연하다고 느끼기 때문에 신도에 대한 자각 의식이 없다. 그래서 대다수의 일본인에게 신도가 무엇이냐고 물으면 어떻게 대답해야 할지 모른다.

19세기 초, 일본이 개항(開港) 및 메이지 유신(明治維新)을 통해 근대 국가로 변모하는 과정에서 왕정 복고의 명분 아래 군국주의적, 국가 지상주의적 성향을 띠면서 신도는 정치적으로 이용되기 시작했다. 천황의 존재는 가마쿠라 막부 이래 오랜 동안 국가의 상징이며, 동시에 궁정 신도(宮廷神道)의 제사장적인 입장에만 머물러 있었다. 그러나 메이지 유신이 왕정 복고라는 형식을 빌려 단행되면서 천황 친정이 강조되었고, 동시에 신도를 국가 지도 원리로 하기 위해 제정 일치(祭政一致)가 선포되었다. 일본 국민에 대해 천황이 오래 전부터 일본의 통치자라는 선전이 행해지고, 이에 보조를 맞추어 천황에 대한 신격화가 뒤따랐다.

메이지 원년인 1868년에 일본 정부는 신불 분리령(神佛分離令)을 발하고, 폐불훼석(廢佛毁釋) 운동을 전국적으로 전개하였다. 일본 전국의 사찰, 불상, 불구, 경전 등이 파괴되고 방화되어 불교계는 대타격을 받게 되었다. 일본 정부가 신도에 의한 국민 교화와 불교 배척 운동을 전개했던 것이다. 1889년에 소위 「대일본국헌법」이 제정됨과 동시에 신도를 국가의 종사(宗祀)로 함으로써 일반 종교와는 다른 취급을 하였다. 그리고 신도를 종교가 아닌, 국가 통치의 기본 원리 및 도덕으로 취급하기 시작했다. 군국주의 일본이 신도를 일본 국민의 의식화, 전체화, 획일화에 이용하기 시작한 것이다. 이로 인해 당초 신도가 가지고 있던 민속 신앙적 요소가, 일본의 제국주의에 의해 철저하게 정치적으로 변색되어 농락당하게 되었다. 이러한 국가 신도주의는 일본이 2차 세계 대전에서 패할 때까지 1세기에 가깝게 계속되어 일본 당사국은 물론 주변 식민지국에까지 보급하였다.

한국 국민은 일제 35년 간, 조선총독부에 의해 신사 참배를 강요당한 사실을 잊지 않고 기억하고 있다. 당시에 일제 식민지 당국이 한반도 전역에 만들어 놓은 신사는 해방되던 1945년 당시 1,065개에 이르렀다. 일제의 신사 참배 강요에 대해, 기독교 인사들과 뜻있는 유지들을 중심으로 맹렬한 참배 반대 운동을 전개하였음은 우리가 잘 알고 있는 바와 같다.

일본인과 마쓰리

마쓰리란 무엇인가

일본에 몇 달만이라도 체재를 하게 되면, 한국과 다르다고 느끼는 것 중 하나가 '마쓰리'(祭り)다. 이 마쓰리는 외부인이 보기에는 축제나 잔치 같은 느낌이 든다. 7, 8월이 되면 일본의 곳곳에서 동네 사람들이 학교 같은 공설 기관의 운동장이나 빈터에 무대를 만들어 놓고, 남녀노소 할 것 없이 모두 '유카다'(浴衣, 목욕 후나 여름에 입는 무명 홑옷)를 입고 나와 일본 민속 음악에 맞춰 춤을 춘다. 무대를 가운데에 두고 빙글빙글 돌아가면서 손뼉을 치며 노래를 부르고 춤을 추는 것이다. 무료하고 더운 한여름 밤을 보내기에는 아주 좋은 여흥같이 느껴진다. 물론 이러한 행사장에는 아이들이 좋아하는 눈깔사탕이나 문어 구이, 일본식 빈대떡인 '오코노미야키'(お好み燒) 등 먹을 것이 있고, 아이스크림이나 청량 음료도 판다. 마치 잔치를 하는 것 같다.

어떤 지역에서는 큰 꽃가마를 만들어 선남선녀를 태우고, 동네 장정 수십, 수백 명이 온 마을을 행진하며 "와샤! 와샤!" 소리를 지르고 다니기도 한다. 그러면 이를 보고 동네 사람들이 떼를 지어 나와 박수를 치고, 같이 가마를 쫓아가며 환호하기도 한다. 그뿐인가. 어떤 지역에서는 한겨울 가장 추울 때에 '훈도시'(남자가 입는 일본식 앞가리개)만 걸친 남자들 수백 명이 차가운 바닷가에 뛰어드는 행사도 한다.

이와 같은 마쓰리는 여러 형태의 행사로 구성되어 있으나, 모두 일정한 목적을 가지고 있다. 한여름에 하는 마쓰리는 조상을 섬기는 의미가 있거나, 또는 어떤 마쓰리는 악을 쫓고 복을 가져다 주기를 기원하는 목적을 갖고 있다. 그리고 이러한 마쓰리는 주민들이 자발적으로 주관하더라도 그 지역의 신사와 깊게 연관되어 있

마을에서 마쓰리 행진을 하는 광경(후쿠야마 현 야오초 富山県 八尾町)

는 경우가 대부분이다.

 물론 일본 전국에 산재하는 각 신사는 저마다 여러 가지 종류의 마쓰리를 항례적으로 개최한다. 농촌에서는 농사가 잘되게 해 달라고, 상인들이 많은 곳에서는 장사가 잘되게 해 달라는 의미로 크고 작은 마쓰리가 개최된다. 그 중에는 기이한 마쓰리도 많이 있다. 부부가 원만하게 궁합이 잘 맞게 해 달라고 기원하는 마쓰리가 있는가 하면, 교통 사고가 나지 않게 해 달라고 기원하는 마쓰리도 있다. 일본 전국에는 10만 개가 넘는 각종 신사가 존재한다고 하는데, 이러한 신사가 저마다 갖고 있는, 모든 종류의 목적을 다 합한 것보다 엄청나게 더 많은 목적을 지닌 마쓰리가 일본 방방곡곡에서 연중 열리고 있다. 그리고 그 마쓰리는 항상 잔치 같은 분위기를 가지고 있다. 말하자면 일본의 마쓰리는 전국민적인 놀이마당이 되는 셈이다.

 이와 같이 일본에서는 1년 내내 어디에선가 마쓰리가 열리고 있다. 그리고 마쓰리의 내용과 종류가 너무나 다양하여, 그 수를 헤아리기 어려울 정도다. 일본의 전국 신사 총괄 단체가 13~4년 전에 실시한 마쓰리의 현황 조사에 의하면, 현재 일본에 존재하는 공식적인 마쓰리만 해도 무려 30만 종류가 있는 것으로 파악되었다고 한다. 여기에 각 집안별로 하는 개별 마쓰리 등을 포함하면, 일본의 마쓰리는 그 수를 다 헤아릴 수 없을 정도다. 말하자면 일본인들은 마쓰리의 홍수 속에서 살고 있다고 해도 과언이 아닌 것이다. 일본인의 생활 가운데 긴요한 일부를 점하고 있는 마쓰리에 대해 한번 고찰해 보는 것도 일본과 일본인을 아는 데 긴요하리라고 생각한다.

마쓰리가 일본의 전유물은 아니다

마쓰리란 일본어로 'まつり' 또는 '祭り'로 표기한다. 또, 영어로는 'festival', 'ceremony' 또는 'rite'라고 번역한다. 우리말로는 제례, 제사 등의 의미와 축제, 잔치 또는 굿거리, 민속 놀이 등의 의미를 복합적으로 가진 애니미즘적(精靈崇拜的), 토속적, 그리고 주술적 행사를 지칭한다고 할 수 있다.

일본 백과 사전의 정의에 의하면, 마쓰리란 원래 '신(神)을 맞아들여 공물(供物)을 바쳐 기원하고, 신과 인간의 향연(饗宴)을 마친 뒤에 신을 돌려보내는 일련의 행사를 말한다'라고 되어 있다. 또한, 일반적으로는 신사의 제례를 의미하나, 각 가정에서 행하는 소규모에서부터 국가적인 행사에 이르기까지 마쓰리라는 단어가 포함하는 범위는 매우 광범위하다. 최근에는 그 의미가 다소 변질되어, 사람들이 많이 모이는 큰 행사나 축제도 마쓰리라고 부른다.

이와 같은 정의를 볼 때, 마쓰리 같은 형태의 축제를 유독 일본에만 있는 행사라고 일괄하여 말할 수는 없다. 세계 어느 나라든지 그 나라 고유의 축제나 민속 행사를 갖고 있다. 유럽 각국의 경우, 전통적으로 해마다 개최하는 각종 축제가 있다. 포도주를 생산하는 프랑스나 이탈리아에서는 포도를 수확한 후, 동네 사람들이 모두 모여 좋은 와인이 만들어지기를 기원하는 페스티발을 개최한다. 또한, 토마토가 익는 계절에 트럭 가득히 토마토를 싣고 마을에 나가, 길거리에 모인 마을 사람들에게 토마토를 던지며 한 해의 행운과 건강을 기원하기도 한다. 중국을 포함한 아시아 각국은 물론 미주 대륙과 아프리카, 그리고 남태평양의 작은 섬나라에 이르기까지 세계 어느 나라나 각각 전통적인 민속 행사나 축제를 가지고 있다. 이러한 축제는 대개의 경우, 종교적이거나 주술적인 기원이나 기대에서 유래되는 것이 일반적이다.

  우리 나라의 경우를 살펴봐도 이와 같은 축제나 민속 행사가 의외로 많다. 새해를 맞이할 때, 차례 상을 차려 조상을 모시고 만복을 기원할 뿐 아니라 윷놀이 등과 같은 각종 민속 행사를 가진다. 또한, 가을에 오곡을 추수한 후에 햅쌀로 밥을 지어 조상에게 감사의 제례를 올리고, 그네뛰기, 씨름 대회 등과 같은 한가위 축제를 가지는 것은 물론 동지섣달에 이르기까지 1년을 통해, 마을마다 지역마다 각각 특유한 민속 한마당의 전통을 가지고 있다. 조금 더 예를 들면, 신라 시대로부터 전래되었다는 강강술래, 봉산 탈춤같이 종교적이고 주술적인 목적으로 시작되었으나 민중의 여흥으로까지 변천한 민속춤은 물론 그 밖에도 춘분, 한식, 단오 등과 같은, 각 절기에 행해지는 각종 민속 등도 우리 민족 고유의 전통 행사다.

  이상에서 간단히 고찰한 바와 같이, 마쓰리 같은 형태의 민속 행사나 축제는 어느 나라에서나 행해지고 있다. 그런데 일본에는 유별나게 그러한 행사가 많다. 그리고 일본의 경우에는 마쓰리가 기본적으로 신사의 행사의 일환으로 행해진다는 것이 다른 나라와 다른 점이다. 일본에서 행해지는 마쓰리가 일본만의 고유 행사는 아니다. 그런데 일본에 유달리 이러한 마쓰리가 수를 헤아리기 어려울 정도로 많이 남아 있고, 유지되고 있는 이유는 무엇일까. 조금 더 다른 각도에서 마쓰리를 생각해 보자.
 우리 인류는 일찍부터 자연이 우리에게 실생활을 위한 풍요로움을 가져다 주기도 하지만, 동시에 자연이 진노하면 화산의 폭발, 지진, 홍수, 가뭄 및 화재 등 각종 재해로 엄청난 피해와 고통을 당할 수도 있다는 것을 오랜 경험을 통해 잘 알고 있었다. 그래서 인류는 자연의 진노를 피하고 축복을 받기 위해, 자연의 삼라만상(森羅萬象)을 달래 주고 즐겁게 하면서 자신들의 소원을 들어주기를 기원하는 의식을 행하게 되었다. 이것은 자연을 경외(敬畏)하고 위무((慰撫)하는 주술적 행위로, 원시적 종교라고 할 수 있다. 이러한 행위는 종교가 정착하게 되면서 점차 민속 행사의 성격을 더욱 강하게 띠게 되었다. 그리고 상당 부분은 종교적인 의식의 일부로 수렴되었다. 한국의 경우에도 고대 사회에는 지금 남아 있는 민속 행사보다 훨씬 더 많은 마쓰리가 있었을 것이다. 그러나 한국에서는 불교가 정착되면서 많은 부분이 불교 의식에 수렴, 흡수되었고, 그 후 유교가 일상 생활의 기준이 되면서 민속 행사의 상당 부분이 유교적 형태로 채택되었을 것이다.
 그러나 일본에서는 자연주의적 요소가 강한 신도로 인해 불교나 유교 같은 종교 의식(儀式)의 일부로서 전통 제례 행사가 충분히 수렴되지 못했기 때문에, 민속적인 전통 마쓰리가 오늘날에도 그대로 보존되는 결과를 초래한 것이 아닐까. 말하자면 오늘날 일본에 현존하는 수많은 마쓰리는 바로 우리가 오래 전에 잃어버린 전통일 수도 있다는 것이다. 이런 관점에서 일본의 마쓰리를 관찰하면, 마쓰리를 이해하기가 훨씬 더 쉬울지도 모르겠다.

일본 마쓰리의 기원

 일본인의 마쓰리는 단순히 축제나 향연을 즐기려고 하는 것뿐 아니라, 신(神)에 대한 깊은 믿음과 외경(畏敬)을 표현하는 것이기도 하다. 그래서 일본인이 행하는 마쓰리의 주역은 신이다. 따라서 마쓰리란 '신을 모시는 것'이며, '신과 신을 모시는 사람' 사이에서 행해진다. 그러면 신을 모신다는 것은 도대체 무엇인가. 일본인은 신을 모시는 것은 신에게 지성을 다하고, 신의 뜻을 알아보아 신이 생각하고 있는 대로 신에게 봉사하는 것이라고 믿고 있다. 이를 위해서는 신이 강림(降臨)하게 한 후에 정성을 다하여 감사를 드리고, 신과 사람이 서로 교류를 통하여 조화를 이루는 의식이 필요한데, 이것이 바로 마쓰리라는 것이다. 마쓰리를 하게 되면 엄숙하고 장엄한 기분이 들기도 하고, 정신나간 듯이 춤을 추게 되기도 하는데, 이는 바로 신령(神靈)이 통하기 때문이라고 한다. 신령이 사람에게 들어오면 사람의 혼이 깨끗해지고, 힘이 솟구치게 된다는 것이다.

일본인은 삼라만상에 모두 영(靈)이 있고, 이러한 영들은 신의 뜻에 따라 움직인다고 생각하여 자연 현상을 신의 뜻의 발로라고 믿어 왔다. 벼락(雷)을 '가미나리'(神鳴り), 즉 '신의 울림'으로, 신이 화를 내고 있다고 받아들였다. 화산의 분화는 '고진카'(御神火), 즉 '신의 불'이라고 하여 불의 신이 진노하는 모습으로 받아들였다. 또, 홍수는 물의 신이 거칠게 움직이는 현상이라고 보았다. 그래서 이와 같이 절대적인 힘이 플러스의 방향으로 작용하면, 대지를 풍요롭게 하여 번영을 가져온다고 보았다. 일본인은 자연 현상뿐 아니라 인간 만사(人間萬事)를 포함한 이 세상의 모든 현상에 신령이 작용하고 있다고 믿었다.

사람이 신의 뜻을 거스르면 신의 노여움을 사게 되어 계고(戒告)가 내려지고, 재앙을 받게 된다. 그러나 반대로, 사람이 신의 뜻에 따르면 신은 인간을 사랑으로 기쁘게 대하여 오곡을 풍성하게 할 수 있으며, 평화와 번영의 은혜를 입는다. 그래서 일본인은 신의 뜻에 따라 살며, 신과 조화를 이루려고 노력해 왔다. 일본에는 '신도'(神道)는 있으나 '신교'(神敎)는 없다. 이는 일본인이 모시는 신은 불교나 기독교같이 부처나 하나님의 뜻을 전하고 그에 따라 살기를 권하는, 교전(敎典)이나 성전(聖典)이 없다는 것을 의미한다. 그러나 일본인은 신의 가르침을 자연 현상에서 몸으로 깨닫고, 이를 '신의 길'이라고 보았다. '신의 길'이란 신에 의해 만들어진 길이다. 사람은 결국 이 길을 걸어갈 수밖에 없다. 그러면 사람은 어떻게 살아가는 게 최선인가. 사람의 능력을 초월한 절대신(絶大神)과 교류하면서 조화를 이루고 살아야 한다. 그러기 위해서는 신의 뜻에 따르기에 가장 적합한 날을 고르고, 특별한 장소를 만들어 모든 사람이 하나가 되어 마쓰리를 행해야만 했다. 이것이 마쓰리의 원류라고 일본인은 믿고 있다.

마쓰리는 일본인에게 아주 중요한 행사였다. 일본어에서 마쓰리라는 발음은 '祭り'만을 의미하지 않는다. 정치도 본래 마쓰리(まつり, 政)라고 하여, 신에게 제사지내고 그 뜻에 따라 나라를 다스린다는 뜻으로도 사용되었다. 일본인에게 마쓰리란 일상적인 삶 자체였을 뿐 아니라 가정, 지역 사회, 더 나아가 국가의 개념과도 일치하는, 일본인의 모든 것의 기원이었다.

여러 가지 마쓰리

마쓰리라고 하면 신사(神社)에서만 행해지는 행사가 아니다. 모든 명절에 행해지는 행사도 마쓰리라고 부른다. 예를 들어, 히나마쓰리(雛まつり, 아래 참조)는 물론 단오(端午)나 칠석(七夕) 같은 명절도 마쓰리에 들어간다. 정초의 행사는 물론 8월 중추(中秋)에 하는 '달 보기'(츠키미, 月見), 동지(冬至)에 호박을 먹고 유자탕(柚子湯, 유자를 썰어 넣은 목욕물)에 들어가는 것도 마쓰리다. 모든 절기가 모두 마쓰리와 관계가 있다고 할 수 있다.

일본은 우리 나라의 경우와 같이 1년 중 24절기를 맞이할 때에 각종 민속 행사를 갖고, 이 중 명절을 정하여 마쓰리를 개최한다. 일본인이 지키는 명절은 우리의 그것과 큰 차이가 없다. 일본인이 특히 예로부터 지켜 오는 명절 중 5대 명절(음력으로 환산)이 유명하다. 1월 7일 진지츠(人日), 3월 3일 조시(上巳), 5월 5일 단고(端午), 7월 7일 다나바타(七

夕), 9월 9일 조요(重陽)가 그것이다.
 '진지츠'는 우리 나라에서는 지키지 않는 명절이다. 진지츠는 나나쿠사(七草)라고도 하는데, 미나리, 냉이, 쑥 등 일곱 가지 푸성귀를 찧어 죽에 넣어 먹으며 1년 동안의 건강과 무사를 기원하는 행사다. 예전에 중국에는 가축 점을 보는 풍습이 있었다고 한다. 그래서 정월 원단(元旦)에는 닭, 2일에는 개, 3일 양, 4일 돼지, 5일 소, 6일엔 말의 점을 보며 가축을 소중히 했다. 그러다가 정월 7일을 사람 점을 보는 날로 정한 것에 따라, 일본인도 이날을 기념하여 명절로 삼게 되었다고 한다.
 '조시'란 우리의 삼월 삼짇날과 같은 명절로, 우리는 이날 진달래꽃을 따서 찹쌀 가루에 섞어 지진 절식(節食)을 먹고, 부녀자들은 머리를 감는 날이다. 일본에서는 헤이안 시대(平安時代, 8세기 말~12세기 초)에 이날이 오면 야산에 올라가 약초를 캐어 그 약초로 몸의 더러움을 털어 버리고, 건강과 액 제거를 기원했다. 이 행사가 후일 궁중에서 종이를 입힌 인형을 가지고 노는 '히나' 놀이와 합쳐져, 자신의 재액을 받아들인 종이 인형을 강에 띄워 보내는 마쓰리가 되었다. 오늘날 조시의 명절이 되면, 고귀하게 태어난 여자아이의 액땜과 건강을 기원하는 '히나 마쓰리'를 개최한다. 조시의 명절을 현재는 '모모'(桃)의 명절이라고 부르기도 한다.
 '단고', '다나바타'는 우리의 단오와 칠석같이 오늘날까지 민속적인 명절로 지켜지고, 마쓰리도 개최되고 있으나, '조요'는 현대에 들어와 더 이상 명절로 취급되지 않고 있다.

 마쓰리는 매년 정해진 날에만 행해지는 것은 아니다. 예를 들면, 건물을 세울 때에 드리는 지진제(地鎭祭)나 상량식도 마쓰리라고 한다. 우물 치기를 할 때에는 우물의 신에게 제사를 지냈다. 가뭄이 계속되면 비를 다스리는 용왕에게 제사를 지내어 비를 내려 줄 것을 기원했다. 아기가 태어난 후에 아기를 데리고 처음으로 신사에 나가 태어난 마을을 수호하는 신에게 참배하는 '미야마이리'(宮參り), 남자아이는 3세 및 5세, 여자아이는 3세 및 7세가 되는 해의 11월 15일에 나들이옷을 입혀 신사에 나가 참배하는 '나나고산'(七五三), 결혼식, 미수(米壽, 88세)의 축하연같이 개인적인 축하회도 신에게 감사드리고 지켜 줄 것을 기원하는 마쓰리로 간주한다. 또한, 선조에 대해 제사지내는 것, 장례식 등 일본인

생활의 구석구석에 이르기까지 모든 것이 다 마쓰리의 일종이다. 말하자면 국가적인 마쓰리부터 마을의 마쓰리, 각 가정의 마쓰리에 이르기까지 모든 계층의, 다종다양한 마쓰리가 행해져 왔던 것이다.

　마쓰리 형식이 상이한 것은 신령의 개성이 다르기 때문에 나타나는 현상이며, 규모가 크고 작은 것은 모시는 신의 힘에 따라 다르기 때문이다. 이와 같이 다종다양한 마쓰리를 정리하기 위해 '마쓰리'와 '사이레이'(祭礼)를 구별하기도 한다. 신사에서 열리는 많은 마쓰리 가운데 1년에 한 번이나 몇 년에 한 번 열리는, 화려하고 참배객이 많이 모이는 큰 마쓰리를 사이레이라고 부른다. 사이레이에서 모시는 신은 매우 거칠고, 대단한 힘을 휘두르는 신이기 때문에 그가 기분이 상하면 엄청난 천재지변이 일어날지도 모른다. 그래서 모두가 힘을 합해 정성으로 마쓰리를 올림으로써 신의 분노를 가라앉히고, 그 마음을 기쁘게 하여 번영의 원동력으로 이끌 필요가 있었다.

　이와 같이 매우 거친 성격을 가진 신이란 대개의 경우, 국토를 수호하고 토지를 다스리는 신으로 '쿠니츠카미'(国津神)라고 한다. 이 신들 가운데 우두머리가 시마네 현(島根県)의 이즈모다이샤(出雲大社)에서 모시는 '오쿠니누시노미코토'(大国主命)다. 음력 10월이 되면 일본 전국의 신들이 이즈모다이샤에 모여, 일본을 어떻게 다스릴 것인가를 논한다고 한다. 이즈모에서는 일본 전국에서 모여든 신들을 모시는 사이레이를 올린다.

　쿠니츠카미 위에 군림하는 것이 '아마츠카미'(天津神)다. 이 신은 하늘에 살고 있는 신으로, 이세(伊勢, 미에 현(三重県) 동부에 있는 도시)의 신궁(神宮)에서 제사를 드리는 '아마테라스 오미카미'(天照大御神)를 정점으로 하고 있다. 아마츠카미의 마쓰리는 그 직계 자손이라고 하는 일황 및 황족이 직접 행하며, 국가의 중대한 마쓰리로 취급되었다.

마쓰리의 중요 개념

신령이 머무는 신목(神木)

마쓰리를 하는 곳에서 가장 흔하게 볼 수 있는 것으로, 폭은 좁으면서 길이는 긴 천 옆에 고리를 여러 개 만들어 높은 장대에 걸어 놓은 깃발(노보리, 幟)이 있다. 깃발에는 '오곡풍양'(五穀豊穰), '국가안태'(国家安泰)라고 쓴 기원문이나 'ㅇㅇ神社例大祭' 라든가 제사지내는 신의 이름 등이 쓰여져 있다. 이 깃발이 서 있는 것만 봐도 마쓰리 같은 분위기가 느껴진다. 이와 같이 마쓰리를 할 때에 깃발을 세우는 풍습은 중세 이후에 유행하게 된 것으로, 그렇게 오래된 전통은 아니라고 한다.

그러나 일본의 마쓰리에서 깃발(노보리)보다 더 중요한 것은 신목(神木)이다. 일본에서 마쓰리를 하는 장소에는 반드시 나무가 서 있는데, 이를 신목이라고 한다. 신목은 오래 전부터 신도(神道)의 특징의 하나이기도 하다. 물론 그 형태는 지방에 따라, 마쓰리에 따라 여러 가지가 있다. 일반적으로 신목은 높은 기둥이나 막대기 끝에 새파란 잎이 달린 가지, 또는 자연적인 꽃가지를 장식하는 경우도 많다. 이 방식은 깃발보다 더 오래된 풍습이다. 아주 오래된 형태의 신목은 산에서 잘라 온 생나무를 세우는 것이었다고 한다. 말하자면 원래는 자연의 나무를 그대로 세웠으나 점차 기둥이나 막대기 형태로 가공하게 되었고, 여기에 자연의 나무를 상징하기 위해 산에서 가져온 나뭇가지로 장식하게 된 것이라고 생각된다.

그러면 무엇 때문에 나무를 세우는 것일까. 신목이 세워진 곳은 마쓰리를 하는 장소라는 것을 나타내는 표식이다. 또한, 신목은 신을 맞아들이는 신성한 성물(聖物)로, 이를 통해 신령이 강림한다고 믿어 왔다.

정월이 되면 일본인은 집이나 가게, 또는 건물 앞에 소나무를 조그맣게 장식해 걸어 놓는다. 이를 '가도마쓰'(門松)라고 부르며,

대나무를 같이 장식하는 경우가 많다. 일본인은 가도마쓰를 자동차 앞에 달고 다니기도 한다. 이 소나무 장식도 정월의 신이 강림하라고 만들어 놓은 것이다. 가도마쓰를 언제나 문 앞에만 장식하는 것은 아니다. 집 안에 한 개만 세우는 지방도 있고, 집 입구 기둥에 걸어 두는 풍습을 가진 지방도 있다.

공사를 위한 지진제(地鎭祭)를 할 때에도 장대나 나무를 세워 신이 강림토록 한다.

이와 같이 일본인은 신을 모실 때, 반드시 나무를 세워서 모셔 온다. 이것은 일본인이 고래로부터 나무를 신성시해 왔음을 나타낸다. 예전에는 신목을 신의 몸을 상징하는 신체(神体)로 여겼고, 신목 밑에서 신을 모시는 제사를 행했다. 원시림이나 수목으로 뒤덮인 산 등은 신체 그 자체로서 신성시하였다. 그 중에서도 높게 뻗은 거목, 기묘한 모양의 나뭇가지도 신목으로 모셨다. 그런데 건축 기술이 발달하여 신전(神殿)을 만들게 되면서 신체를 신전 안에 모시게 되었다. 세월이 지나 형태는 바뀌었어도, 나무를 신이 강림하는 성물(聖物)로 보는 인식은 변하지 않은 셈이다.

이동하는 신체

신목이나 신체(神体)가 있는, 일정한 장소에서만 행해지던 마쓰리가 오늘날 수없이 많은 장소에서 열리는 것은 무엇 때문일까.

고대 일본인에게는 마쓰리 장소를 옮긴다는 발상이 없었다. 그들은 자연의 산이나 숲, 수목 등을 신체로 보고 제사를 지냈으며, 신으로부터 계시된 장소 이외에서는 마쓰리를 할 수가 없었다. 그러나 그렇게 되면 인간은 신체가 있는 토지를 떠날 수가 없게 된다. 자신이 살고 있는 토지를 떠나 다른 곳에 이주하게 되면, 신을 모시는 장소를 바꾸지 않을 수 없기 때문이다. 이때에는 새로운 곳에 신을 모셔도 좋으냐고 신에게 물어 볼 필요가 있었다. 그래서 이들은 신이 진노(震怒)하지 않도록 정결한 장소를 골라, 신이 머물면서 제사를 받을 수 있는 신전을 만들려고 노력했다. 말하자면 신이 머무는 신성한 장소에 인간이 가서 제사를 올리던 의식을, 인간이 만들어 놓은 신전이나 장소에 신을 모셔 오겠다는, 새로운 발상으로 전환한 것이다.

그러나 움직이지 않는, 성스러운 신체를 어떻게 모셔 온단 말인가. 여기에서 나온 것이 분령(分靈)이라는 사고 방식이다. 즉, 신체의 일부를 떼어 내어 별도의 장소로 옮긴다는 생각이다. 일본에서는 신목과 관련되어 전래되는 표현 가운데 "~에 있던 신목의 가지를 가져와 꽂으니 뿌리가 내렸다"고 하는 말이 꽤 많다. 이는 새로운 장소에 꽂은 가지가 뿌리를 내리면, 신목에 머무는 신령의 분령이 이루어졌다고 보는 것이다. 말하자면 새로운 장소가 신의 마음에 합당하다는 의미다. 이러한 생각이 발전하여, 산이나 숲에서 자라는 나무를 일정한 의례를 갖추어 자른 후에 다른 장소에 세워 놓더라도 신이 머무를 수가 있다고 믿게 되었다.

따라서 인간은 신령이 머무는 신체(神体)를 인간의 의사에 따라 이동시킬 수 있게 되었고, 신은 인간 생활에 보다 밀접한 곳에 머물게 되었다. 집 앞은 물론 정원이나 집 안 등 어느 곳에나 신이 머무는 신체를 안치할 수 있게 되었다. 또한, 이러한 사고가 발전하여, 큰 나무만이 아니라 산에서 캐 온 작은 나무나 화초도 신체로 보게 만들었다. 예를 들어, 7, 8월이 되면 거의 모든 지방에서 조상의 묘를 돌보고 선조를 추모하는 행사로 '오봉(お盆) 마쓰리'를 개최하는데, 이때에 도라지, 산나리(일본 특산 나리의 한 종류), 마타리(여름에 종 모양의 노란 꽃이 피는 여러해살이풀) 등의 꽃을 제단에 바친다. 이는 이들 꽃을 신체로 삼아 선조의 신령을 맞이한다는 의미다.

신령을 분리하여 이동시키는 데 공헌한 것이 '고헤이'(御幣)다. 손에 쥘 정도의 나무 봉(榛)에 백지(白紙)를 여러 번 감은 것인데, 신에게 바치는 제물이라는 의미에서 단순히 '미테구라'(幣)라고도 부른다. 이것은 손에 쥐고 움직일 수 있는 신의 자리(座)라는 뜻도 가지고 있다. 따라서 고헤이가 있으면 자유자재로 이동하

신령을 모신 가마를 지고 마쓰리를 하는 광경(야마구치 현)

면서 신령을 모실 수 있다.

신사에서 마쓰리를 할 때에는 대체로 고헤이를 사용하며, 신령을 모신 가마(미코시, 御輿) 안에 고헤이를 모셔 놓기도 한다. 신령이 탄다고 하여 신성시되는 신마(神馬, '신메'라고 한다)의 안장에 고헤이를 세워 놓은 지방도 많다. 이는 신이 그곳에 있다는 것을 나타낸다. 고헤이를 고안해 냄으로써 마쓰리를 할 때, 신이 자신을 모시는 사람들이 있는 지역을 순행(巡幸, 신령이 각지를 다닌다는 의미)할 수 있게 되었다. 그래서 고헤이를 손에 쥐고 있는 사람이 신의 지령을 받은 자, 즉 신의 대변자로 인정되고, 마쓰리를 할 때에 가장 중요한 역할을 하는 것으로 인식되었다.

한국인은 신앙 생활을 할 때에 일상 생활 가운데서도 종교적인 의식을 행한다. 집에서 식사할 때에 기도를 한다든가, 집에서 일정한 때에 조상에게 제사를 지내는 것도 신앙 생활의 일부다. 그러나 한국인의 신앙 생활의 중심은 어디까지나 절이나 성당, 그리고 교회가 된다. 일부 무교회주의자는 교회에 가지 않고서도 기독교인으로 살아갈 수 있다고 하나, 대부분의 교인들은 교회에 정기적으로 나가 감사하고 참회함으로써 진정한 기독교인이 되는 것이라고 믿고 있다. 이는 무엇 때문인가. 성서에 의하면, 교회는 바로 '주의 몸'이기 때문이다. 개인은 신체(神体)나 신령(神靈)을 직접 소유할 수가 없다. 기독교식으로 말하자면, '주의 몸 된 교회'에 나감으로써 진정한 교인이 될 수 있는 것이다.

그러나 일본인의 생각은 우리와 근본적으로 다르다. 신령을 개인이 직접 모실 수도 있다. 생활 가운데 어디든지 신을 직접 모셔올 수 있다고 생각한다. 신사에 직접 나가 참배하지 않더라도, 집에 위패를 차려 놓고 정성으로 모시면 조상신이 기뻐한다고 믿는다. 물론 신사에 나갈 수 있다면 나가는 게 좋을 것이다. 그러나 신사 역시 신체 자체를 직접 모신 곳은 아니다. 신사도 결국 분령을 모신 곳에 불과하며, 이러한 신령의 일부는 개개인 누구라도 모실 수 있으므로 그 절대값은 개인이나 신사가 같다.

이동하는 신체(神体), 신령을 분리해 오는 '분령'의 사고 방식이 일본인의 정신 세계에 미친 영향은 매우 심대하다. 일본인은 전술한 바와 같이, 대부분 종교를 가지고 있지 않다고 답하고 있다. 그러나 대부분의 일본인은 종교적 신앙심이 필요하다고 믿고 있다. 이처럼 모순적인 현상은 왜 생기는 것일까. 이에 대한 답은 바로 이러한 분령(分靈)의 발상, 움직일 수 있는 신체(神体)에서 비롯된 것이라면 지나친 생각일까.

일본에는 유교의 전통이 없는가

필자가 오사카에 근무하던, 25년 전의 일이다. 그 당시에 필자는 주오사카총영사관의 부영사로 근무하고 있었다. 5월쯤 되었을까. 총영사관에 손님이 한 분 오셨는데, 직원들에게 강연할 예정이니 전원 회의실에 모이라는 연락을 받았다. 회의실에 가 보니 연사로 오신 분은 도예가인 심수관(沈壽官) 선생이었다. 그날 심수관 선생한테서 들은 강연 내용은 매우 감동적이었다. 심수관 선생의 발언 요지 중 지금도 기억하는 중요한 부분은 다음과 같다.

저는 도요토미가 한반도를 침략했을 때, 한반도에서 끌려온 조선 도공의 14대 손 심수관입니다. 조국을 떠난 지 수백 년의 세월이 지나다 보니 조국 말을 잊어버려 일본어로 말하게 됨을 양해해 주시기 바랍니다. 제가 가지고 있는 심이라는 성은 예전에 선조들이 한반도에 있을 때부터 사용하던 성 그대로입니다. 저희 집안의 배경을 잘 모르는 일본인들은 저에게 당신 성이 매우 특이하다는 얘기를 자주 합니다. 제 성은 심을 그대로 유지하고 있지만, 제 선조들이 일본에 끌려온 후 오랜 세월을 일본에서 살다 보니 제 몸 속에는 일본인의 피가 어쩔 수 없이 섞이게 되었습니다.

저의 부친은 선대로부터 내려오는 도공의 가업을 제가 이어받기를 원하셨습니다. 그러나 저는 대학을 졸업한 후, 가업을 잇는 것보다 정치가가 되고 싶다는 생각을 하고 있었습니다. 그런데 어느 날인가 선조가 꿈에 나타나 저에게 가업을 이어받으라고 말씀하시는 것이었습니다. 이를 계기로 저는 정치가가 될 것을 단념하고, 도자기 굽는 가업을 계속하기 위해 고향으로 돌아가게 되었습니다.

제가 살고 있는 마을에서는 1년에 한 번씩 큰 축제가 열립니다. 이 축제는 임진왜란 때, 한반도에 출병했다가 돌아오는 일본군을 환영하는 행사를 가졌던 데에 그 기원을 두고 있습니다. 이 축제는 매우 성대하게 진행됩니다. 그리고 이 축제가 시작될 때, 마을에서 가장 존경받는 원로가 개막을 선언하는 것이 관례입니다. 그런데 언젠가 마을 사람들이 제게 와서 이 축제의 개막 선언을 해 달라는 게 아니겠습니까. 그러나 저는 임진왜란 때에 한반도에서 끌려온 도공의 후손인데, 어떻게 일본군을 환영하는 축제의 개막 선언을 할 수 있겠습니까. 그래서 결론을 곧 내리지 못하고 망설였습니다. 그러다가 저는 제 아버지께 상의를 드렸지요. 피해자인 우리가 이 축제의 앞에 나서도 좋은지를 말입니다. 그랬더니 아버지께서 하시는 말씀이, "아들아, 우리가 이날이 오기를 400년이나 기다리지 않았느냐. 주저하지 말고 축제에 나가 개막 선언을 하여라." 하시는 게 아니겠습니까. 그래서 그 후에 저는 임진왜란 때 한반도에 출병했다가 돌아오는 일본군을 환영하고 기념하는 마을 축제의 개막 선언을 하게 되었습니다.
 제가 한반도에서 끌려온 도공의 후손이라는 것을 아는 일본의 NHK방송국이 한국의 KBS와 공동으로 계획을 세워, 한국에 한번 가기를 권하여 최근에 한국에 다녀왔습니다. 저는 그 전에는 한국에 한 번도 다녀온 적이 없었습니다. 저는 부산을 방문했습니다. 부산은 우리 선조가 일본군에 의해 배에 강제로 태워진 채 조국을 등지게 되었던 항구입니다. 산에 올라 부산 앞바다를 바라보았습니다. 마침 날씨가 좋아서 대마도까지 보였습니다. 저는 우리 선조가 고향을 강제로 떠날 수밖에 없었던 옛일을 생각하니 마음이 벅차 오르는 것을 억제할 수가 없었습니다. 아, 저 바다를 건너가면서 우리 선조는 얼마나 통한의 눈물을 흘렸을까.
 저는 안내를 받아 부산에서 남해안을 따라 여행을 했습니다. 그런데 우연히 도자기 굽는 곳을 발견하였습니다. 저는 자동차에서 내려 도자기 굽는 곳을 찾아갔습니다. 그곳에서는 한국의 젊은 도공이 도자기를 만들고 있었습니다. 이 광경을 보자 저도 조국의 흙으로 도자기를 만들고 싶은 충동을 느꼈습니다. 그러나 저는 한국어를 모르고, 젊은 도공은 일본어를 몰라서 의사 소통이 되지 않았습니다. 그러나 제가 도자기 굽는 '가마'를 가리키며 '가마'라고 말하자, 젊은 도공은 이 말뜻을 알아들었습니다. 그래서 다음에 도자기를 만들 때에 사용하는 전문 용어들을 얘기하자 다 알아듣는 것이었습니다. 제가 일본에서 도자기를 만들 때에 지금까지도 사용하는 말들이, 몇 백 년이 지난 지금까지 한국에서도 그대로 사용되고 있었던 것입니다.
 저는 대구의 일본인 마을을 방문하였습니다. 이들은 저와는 정반대로 임진왜란 때에 전쟁을 하기 위해 한반도에 왔다가, 그대로 한국에 남게 된 일본군의 후손들이 살고 있는 곳입니다. 저는 사실 이들과 굳이 만나고 싶은 생각은 없었습니다. 무언지 모르게 마음이 내키지 않았습니다. 그러나 방송국의 권유로 마지못해 이 마을을 방문하게 된 것입니다. 일본인 마을에 들어가는 입구에는 '농자천하지대본'(農者天下之大本)이라는 큰 깃발이 걸려 있었습니다. 일본인 마을 안으로 들어가자 이 마을의 촌장이 저를 맞았습니다. 이분은 저와 악수를 나누었습니다. 제가 이 일본인 후손과 악수를 나누는 순간 말로 형언할 수 없는 이상한 감정을 느꼈습니다. 4백 년 전 임진왜란 때, 일본군에 의해 끌려간 사람의 후손과 한반도에 침략해 들어왔다가 정착하게 된 일본군의 후손이 서로 악수를 나눈 것입니다. 그런데 이 일본인 후세는 저와 악수를 하면서 "저는 일본인 사세가

(沙也可, 한국명 金忠善) 장군의 14대 손입니다." 하는 것이었습니다.
 저는 한국 방문을 마친 후 일본에 돌아왔습니다. 그러나 일본에 돌아온 후에도 한 가지, 머리에서 떠나지 않는 일이 있었습니다. 그것은 제가 대구에 있는 일본인 마을을 방문했을 때, 그 마을의 촌장이 자신은 일본인 아무개의 몇 대 손이라고 밝힌 것입니다. 한국에서 몇 백 년을 살았는데, 어떻게 지금도 자신이 일본인 누구의 후손이라고 하는 사실을 다른 사람들에게 공개적으로 말할 수 있는 것일까. 왜냐하면 저 자신은 일본에서 사람을 만나 자신을 소개할 때, 제가 한반도에서 온 누구의 몇 대 손 아무개입니다. 하고 당당하게 말해 본 적이 한 번도 없기 때문입니다. 같은 시기에 일본에 끌려온 한국인 후손과 한국에 남게 된 일본인 후손이, 자신의 조상에 대해 얘기하는 방법이 왜 이렇게 전혀 다른지 이해할 수가 없었습니다.
 저는 이러한 제 생각을 오랜 친구인 시바 료타로(司馬遼太郞)에게 털어놓았습니다. 시바 료타로는 제 얘기를 듣더니 "그건 한국인의 정신에는 유교가 들어 있지만, 일본인에게는 유교가 없기 때문이라네." 하고 설명해 주었습니다. 그에 의하면, 한국에는 유교의 전통에 따라 조상을 소중히 하는 풍토가 있기 때문에 일본인의 후손이라 하더라도 자기 조상을 남들에게 당당히 얘기할 수 있다는 것입니다. 그러나 일본에는 유교의 전통이 없기 때문에, 조상의 일을 남들에게 밝히는 것보다는 일본적으로 적응하는 것이 중요하다고 생각했기 때문이라는 것입니다.

 필자는 이 당시 심수관 선생의 말을 정말 흥미진진하게 들으면서 마치 살아 있는 역사책을 보는 듯한, 가벼운 흥분까지 느꼈던 것을 지금도 생생하게 기억한다. 그런데 그분의 말 가운데 오랫동안 필자의 머리에서 떠나지 않는 말은 일본에 유교의 전통이 없다는 부분이었다. 일본 사회도 분명히 자신들의 조상을 존경하고 자식을 사랑하고 가족을 중요시하는, 동양적인 도덕관과 윤리관을 가진 것으로 보이는데 일본인에게 유교 정신이 없다는 것은 무슨 의미일까.
 일본의 에도(江戶) 시대에 막부(幕府)는 유교를 장려하였고, 무사(武士)들은 유교를 공부했다. 에도 300년의 사상이라면 유교밖에 없을 정도다. 유교 사상은 메이지(明治) 시대의 교육칙어(敎育

勅語)에도 영향을 주었고, 지금도 일본에는 논어를 좋아하고 연구하는 사람들이 많다. 이런 관점에서 보면, 일본은 유교 국가라고 생각하는 것도 무리가 아니다. 그러나 유교의 본고장인 중국은 지금까지 일본을 유교 국가로 간주한 적이 없을 뿐 아니라, 일본의 지성인과 학자들도 일본의 사회 제도와 윤리관에 유교적 요소가 없다는 데 대체로 의견을 같이하고 있다.

그렇다면 우선 우리의 경우를 살펴보기로 하자. 조선 왕조는 성리학을 바탕으로 하는 유교 국가를 건설하였다. 이 시대의 정치 이상은 왕도주의적 민본 국가의 실현이었다. 그래서 지배 계급인 양반은 유학 연구와 유교적 교양의 구비에 힘써야만 하였으며, 과거에서도 유학 시험을 통해 등용되는 자들이 고급 관료로 진출할 수 있었다. 집권층은 유교 중심의 정책을 내세워, 전통적인 민간 신앙이나 불교를 억압하고 정비하였다. 그리고 관혼상제의 의례는 주자가례(朱子家禮)를 따르도록 함으로써 유교 의식이 널리 보급되었다. 조선의 가족 제도는 가장을 중심으로 한 대가족 제도였으며, 가장의 권한은 절대적이었다. 가장은 조상에 대한 제사를 주관하였다. 또한, 조선 시대에는 충·효 등 유교적 덕목이 매우 중시되었다. 충신·효자·열녀는 국가의 표창을 받았으며, 사회적으로도 존경을 받았다. 교육 활동도 유학이 중심을 이루었다.

이와 같이 조선 왕조는 과거 제도를 통해 문인 고급 관료를 등용하고, 이들 문인 관료(양반)들이 정치 권력을 장악토록 하는 한편, 가족 제도와 생활 습관을 유교의 고전에 따라 정비하였다.

그러나 일본은 조선과는 달리, 정치 제도나 생활 습관을 유교의 원칙에 따라 바꾸지 않았다. 물론 일본의 유학자 중에도 과거 제도 실시와 유교 의례의 채택을 주장한 사람은 있었다. 그러나 집권층을 구성하는 인재를 등용하기 위한, 과거 제도의 실시는 에도 막부의 권력을 부정하는 것과 마찬가지이므로 비현실적이었다. 따라서 일본은 유교의 의식이나 제도에 따라 관혼상제나 정치 체제를 바꾸기를 거부하였다. 이런 의미에서 일본은 유교 국가가 아니라고 할 수 있다. 일본은 유교를 하나의 사변(思辨)으로, 그리고 사회와 국가를 운영하는 매뉴얼 정도로 받아들였다.

그런데 이렇게 유교를 국가 체제로 받아들이지 않은 일본은, 구체적으로 어떤 점에서 우리와 다른 것일까. 한국과 일본 모두 유교가 도래하기 이전부터 선조를 중시하는 풍토가 있었고, 유교가 정한 형식이 아니더라도 선조에 대해 추모하고 덕을 기리는 제사가 있었다. 또한, 유독 유교만이 관혼상제에 관한 의례를 규정한 것은 아니다. 유교가 소개되기 전에 일본의 신도에도, 형식은 다르나 내용은 유사한 의례가 있었다. 그것이 후일 유교가 알려지면서 그 형식의 일부를 채택한 경우도 있으리라. 그렇다면 무엇이 달라도 다를 텐데 그것은 무엇이고, 어떤 점일까. 또, 유교가 일상생활과 정치 체제에 채택되는 것과 관계없이 한국과 일본은 동양적인 모럴이나 사회 관습에 공통성이 있는데, 우리가 굳이 어떤 차이가 있다고 선입견을 갖고 접근하는 것 자체에 문제가 있는 것은 아닐까. 어쨌든 이 문제는 대단히 중요하고 미묘한 문제라고 생각된다. 왜냐하면 상술한 바와 같이, 시바 료타로를 포함한 많은 일본 지성인들이 일본에 유교의 이론은 소개됐으되 이를 생활화하지는 않았다는 주장을 하는가 하면, 반대로 이미 일본인은 유교적이라는 반론도 있기 때문이다. 예를 들어, 도쿠가와(德川) 막부 시절에 일본인들이 유교 이론을 열심히 공부하였다는 사실은 잘 알려져 있으나, 이 당시에 단순히 유교 논리에 탐닉한 것만이 아니라 실제로 유교 사상이 널리 퍼졌고, 지금도 그 뿌리가 깊다는 주장도 있다. 일본에 도덕이 있다면, 그것은 신도적이거나 불교적이기보다는 유교적 도덕이라는 것이다.

우선 일본이 유교적이냐, 아니냐 하는 논쟁이 갖는 의미부터 생각해 보자. 필자의 단견으로 볼 때에 이 논쟁은 일본인에 의한, 일본적인 고유성을 강조하기 위해 불필요하게 확장된 측면이 있을지 모른다는 추정을 하게 된다. 일본인 가운데 상당수는 유교에 관한 한 중국은 아버지, 한국은 형, 그리고 일본은 동생이라고 느껴지는 것에 반발해 왔다고 기술한 것을 찾는 일은 그다지 어렵지 않다. 다시 말하자면, 중국이나 한국이 유교가 발달하지 않은 일본을 야만국이라고 생각하는 데 대해 일본인은 참을 수 없었던 것이다. 그래서 일본이 메이지 유신 이후 개화하면서 중국이 최고고 그 다음이 한국, 그리고 마지막이 일본이라는 동북아시아의 질서를 도저히 받아들일 수 없다는 견지에서 소위 탈아입구(脫亞入歐)를 주장하게 된 것과 긴밀히 연결되어 있는 것은 아닐까. 즉, 일본의 독자성을 나타내기 위한 측면도 있는 것 같다.

일본인은 일본이 선진국에 진입할 수 있었던 것은 일본인 특유의 합리주의가 가져다 준 결과라고 주장한다. 중국은 중화 사상에 입각하여 중국이 세계의 중심이라는 생각을 가지고 있었기 때문에, 유럽을 포함한 외국에서 적극적으로 문물을 배우려는 노력을 하지 않았지만 일본은 유교적, 즉 중국과 같은 유아독존적 사고방식을 가지지 않고 정신적으로나 체제적으로 비교적 유연성을 가지고 있었기 때문에, 서양과 접촉해서 문물을 받아들이는 데 유리했다는 것이다. 그러나 외국의 문물을 받아들이는 데 다른 국가보다 앞서게 된 배경을 합리주의 일변도로 접근하는 것은 충분치 못하다. 새로운 문물을 받아들이던 당시의 사회 상황, 정치 상황 등이 종합적으로 고려되어야 할 것이다.

다음으로, 일본이 유교적이 아니라는 것을 사실로 받아들이고, 그럴 경우에 한국이 유교적이고 일본은 유교적이 아니라고 하는 것이 어떤 차이를 가져왔을까를 간단히 고찰해 보기로 하자.

우선 정치 체제 면에서 유교적인 조선은 왕도주의적 민본 국가를 이루었다. 엄격한 국가 체제를 갖춘 왕정이지만, 국왕은 자의적으로 국정을 운영해서는 안 된다. 어디까지나 국민의 복리를 우선적으로 고려하면서 선정을 펴 나가야 한다. 통치자인 왕은 국가의 상징이며 동시에 행정부의 수장으로서 절대적인 권력을 행사할 수 있으나, 민의를 잃으면 권력도 잃을 수 있다.

그러나 일본의 경우, 국가의 상징은 천황이나 정치 권력은 막부에 있다. 물론 막부도 국리 민복을 위해 헌신하나, 유교적인 체제에서 오는 국가 윤리적 엄격성이 상대적으로 결여되어 있는 것은 어쩔 수 없다. 유교적인 정치 도덕관이 확립되어 있지 않으면, 민의를 잃더라도 정치 군사력만으로도 국정을 독점할 수 있다. 힘의 논리가 도덕의 논리보다 앞설 수 있는 것이다. 사람들은 도덕이나 윤리보다 현실 타협적이 될 가능성이 높다. 유교 국가에서는 대의명분 때문에 목숨을 버리지만, 비유교 사회에서는 현실 사회의 적응 여부와 타산적인 인간 관계 때문에 할복을 한다.

앞의 얘기로 되돌아가서 생각해 보자. 조상에 대해 당당히 얘기하는 것과, 현실적 이유로 이를 대외적으로 내세우지 않는 것을 유교적인 관점에서 파악하는 것은 적절하지 않다고 생각한다. 일본에 끌려간 조선의 도공이나 조선에 귀화한 일본인 모두 자신의 선조를 소중히 여긴다. 이건 동양뿐 아니라 서양도 그렇고, 아프리카나 중동도 마찬가지다. 인륜에 관한 문제는, 정도의 차이는 있을지언정 이를 유교의 탓으로 돌릴 것은 아니라고 본다.

따라서 일본이 유교적이냐, 아니냐 하는 문제는 일본이 유교적 체제를 채택했느냐, 아니냐 하는 문제로 해석하는 것이 바람직하다고 생각된다. 이런 의미에서 본다면, 일본은 한국과 달리 유교적이 아니라고 할 수 있다. 그러나 그것이 한국과 일본의 차이를 분명하게 나누는 잣대가 될 수는 없다.

일본인의 내면 의식을 지배하는 것들

지진과 시마쿠니 곤조

2001년 3월 24일 토요일 오후 3시 28분이었다. 필자는 히로시마의 총영사 관저인 아파트에서 소파에 앉아 아내와 함께 대화를 나누고 있었다. 이 아파트는 대지 150평 정도에 지은 4층 짜리 주상 복합 아파트로 1~2층에는 회사와 식당이 들어 있고, 3층 및 4층에는 주거용 아파트가 6~7가구 들어 있다. 필자가 아내와 대화하다가 잠시 자리에서 일어나려고 하는 순간이었다. 갑자기 집이 흔들흔들하는 게 아닌가. 나는 지진이라고 직감적으로 느꼈다. 그런데 집이 흔들리기 시작한지 2~3초 뒤에 아파트 전체에서 '키익!' 하는 굉음이 몇 차례 계속해서 들렸다. 그 소리는 매우 불길하게 느껴졌고, 마치 아파트가 두 동강으로 부러지는 게 아닌가 하고 느껴질 정도로 매우 강력하였다. 필자는 이대로 있다가는 무슨 일을 당할 것 같다는 생각이 퍼뜩 머리에 떠올랐다. 필자의 아내도 얼굴이 창백해졌다. 필자는 우선 아파트가 도괴될지 모른다는 두려움 때문에 아내를 데리고 자리를 피해야겠다고 느꼈다. 그래서 위험하니 밖으로 피해 나가자며, 아내의 두 손을 잡아당겼다. 그랬더니 아내는 두려운 나머지 자리에서 일어나지를 못하는 게 아닌가. 필자가 아무리 힘을 주어 잡아당겨도, 아내의 몸이 굳어 있어서 일으킬 수가 없었다. 그래서 아내를 일으키는 것을 단념하고 이불장에서 이불을 꺼냈다. 머리에 물체가 떨어지면 다칠지 모르니 이불로 머리나 몸을 가리겠다는 생각 때문이었다. 굉음은 몇 번인가 반복되었고, 화병이 넘어지고 왜건에 실린 음료수 병들이 떨어져 깨졌다. 그러더니 갑자기 조용해졌다. 이제는 살았구나, 하는 안도감이 생겼다. 처음 집이 흔들리기 시작해서 멈출 때까지 한 30초 정도 경과했을까. 그런데 그 짧은 시간이 왜 그리 길게 느껴졌을까. 정신을 차려 보니 밖에서 비상용 차량의 사이렌 소리가 들렸다.

그간 일본에 몇 차례 근무하면서 지진 때문에 사무실에 앉아 있다가 밖으로 뛰어나간 적도 있고, 도쿄에서 근무할 때에는 밤에 자다가 침대가 흔들리는 바람에 잠이 깬 적도 있지만, 히로시마에서 겪은 이 지진은 그 어느 지진보다도 충격적이었다. 아파트가 무너진다고 일순 느꼈던, 그 두려웠던 굉음. 지금도 가끔 그 생각을 하면 등골이 오싹하다. 이때에 겪은 지진은 히로시마의 앞바다인 세토나이카이(瀨戶內海)의 해저 51km가 진원지로, 이 지진은 일본의 규슈와 오사카의 긴키(近畿)에 걸치는 광범위한 지역에 영향을 주었다. 진원지의 진도는 M6.4로, 대단한 위력을 발휘할 수 있는 지진이었다. 이 정도의 지진은 1995년에 5천 명 이상의 사망자를 낸 한신 대진재(阪神大震災)와 같은 규모다. 그런데 다행히도 진원지가 바다 가운데였기 때문에 피해가 경미하여 사망 2명, 중경상 161명, 주택 피해 528동에 그쳤다.

이날의 지진 발생 직후 상황을, 2001년 3월 25일자 마이니치 신문 사회면에서는 다음과 같이 보도하고 있다.

설 수 없을 정도의 흔들림과 건물에서 나오는 비명. 그 순간부터 화창한 봄의 주말을 즐기려 했던 사람들의 오후는 일변하였다. 24일 주고쿠(히로시마 등 5현), 시코쿠(四國) 지방을 중심으로 멀리 서일본을 강타한 대지진은 … 한신 대진재(阪神大震災)의 기억이 아직도 생생한 가운데 다시 한번 지진의 무서움을 느끼게 했다.

그 전에도 일본에 근무하면서, 지진이나 화산 폭발 등이 자주 일어나는 일본에 대해 조금은 심리적으로 불안감을 느끼기는 했다. 그러나 필자 자신이 지진으로 건물이 무너질지 모르겠다고 순간적이나마 느낀 이후에는, 지진이 신변에 매우 가깝게 있다는 생각을 하게 되었다.

일본이 20세기에 들어와 겪은 지진 중 가장 최악의 예는 1923년의 '관동 대지진'(關東大地震)이다. M7.9의 관동 대지진으로 사망자, 행방 불명자가 모두 14만3천 명에 달했고, 가옥 전파가 13만 호, 가옥 소실이 45만 호에 달했다. 그 당시 엄청난 피해로 민심이 흉흉한 가운데 "조센징이 방화를 하고 폭동을 일으키고 있다"는 유언비어가 퍼졌다. 이에 일본인들이 자경단을 조직, 관헌과 함께 약 6천 명에 달하는 조선인과 160~170명의 중국인을 학살했다는 것은 잘 알려진 사실이다. 20세기에 관동 대지진 외에 일본에서 발생한 대지진으로는 후쿠이 지진 및 한신 대진재를 들 수 있다. 1948년에 발생한, M7.1의 후쿠이(福井) 지진은 사망 3천 8백 명, 가옥 도괴 3만6천 호 등의 피해를 냈다. 상기에서 기술한 한신 대진재는 가장 최근인 1995년에 발생한 지진으로, 20세기에 일본이 겪은 지진 중 두 번째로 큰 피해를 냈다. M7.2였던 한신 대진재는 인구가 조밀한 고베(神戶)를 중심으로 발생하여 사망 5천5백 명, 부상자 4만2천 명, 가옥 파괴 40만 동에 이르는 피해를 냈다.

  일본 열도가 지진대 위에 놓여 있기 때문에 일본인들은 지진과 함께 사는 숙명을 지니고 있다. 한반도에도 지진이 없는 것은 아니나, 일본에 비해 발생 건수나 피해가 적은 규모여서 대부분의 한국인들은 지진의 두려움을 별로 느끼지 않고 지낸다. 그러나 일본인들은 지진에 대비하는 방법을 초등학교에 다닐 때부터 배운다. 또한, 일본의 건물들은 건축을 시작할 때부터 상당한 정도의 지진에도 견딜 수 있도록 내진 구조를 갖춘다. 그래서 웬만한 지진에도 그 피해가 최소한도로 그친다. 그러나 한신 대진재의 예에서 보여지듯, 만일 강력한 지진이 엄습해 온다면 아무리 내진 구조를 갖춘 건물이라 하더라도 그대로 붕괴된다. 한신 대진재 당시에 18개의 교각으로 튼튼하게 받쳐진, 635m의 고가 도로도 힘없이 무너진 것을 보면 자연의 힘이 얼마나 무서운가를 알게 된다.

  일본에서 TV를 보고 있으면, 방영되는 프로그램과 관계없이 화면의 상단이나 하단에 지진 발생 정보가 자주 나온다. 진원지를 어느 곳으로 하는 진도 몇의 지진이 발생했으며, 그 영향으로 인근 기타 지역에도 진도 몇의 지진이 느껴졌고, 이로 인한 해일의 위험은 없다는 등의 내용이다. 하루에 몇 번씩 나오는 경우도 있다. 대부분의 경우는 진도 2~3도 정도의 약진(弱震)이다. 이와 같은 정보를 일상 생활에서 수시로 접한다면, 누구라도 지진에 대해 잠재적 불안을 느끼게 되는 것은 당연한 일이다.

  일본은 지진 이외에도 화산, 태풍 등 자연 재해가 많은 나라다. 특히, 일본에는 아직도 활화산이 있어서, 가끔은 대규모의 화산 폭발이 일어나 주민들이 피해를 입는 경우가 보도되기도 한다.
 1597년 정유재란 때에 조선을 침략한 왜군에 의해 일본에 포로로 잡혀갔다가 3년 후인 1600년에 귀국한, 조선의 유학자인 강항(姜沆)의 일본 체류 경험을 담은 『간양록』(看羊錄)에 보면, 다음과 같이 400년 전의 일본에도 천재지변이 많았음을 기록하고 있다.

 왜국에는 참으로 천재지변이 많다. 백주 대낮에도 붉은 안개가 끼어 사방이 막히기도 하고, 토우(土雨)나 모우(毛雨, 이물질이 섞여서 내리는 비를 지칭하는 듯하다)가 며칠씩 그치지 않고 내린다. 1595년, 1596년 이래 4~5년에 걸쳐 대지진이 일어나, 때로는 며칠 동안 계속되기도 했다. 1599년에는 후시미(伏見, 교토 시의 남단 지역)에 화재가 일어나 많은 집들이 소실되었다. … 이와 같은 재난은 적괴(賊魁, 도요토미 히데요시)의 흉폭으로 악이 극에 달한 나머지 하늘이 등을 돌렸기 때문이리라.

 오랜 역사를 통해 지진 같은 불의의 자연 재해에 항상 노출되어 있는 일본인들은 잠재적으로, 또는 현실적으로 재해에 대비해야 한다는 내재적 강박 관념을 가지고 있을 것이다. 그리고 이와 같은 심리 상태는 일본인의 의식 구조에 어떤 형태로든 영향을 주고 있지 않을까. 그렇다면 자연 재해와 일본인의 의식에는 어떤 상관관계가 있을까.
 일본인들은 일본인 특유의 기질을 표현하기 위해 '시마쿠니 곤조'(島國根性)라는 말을 자주 사용한다. 이 말은 '섬나라 근성'이나 '섬나라 기질'이라는 의미로, 섬나라에 사는 일본인은 일본적인 특유 기질을 갖고 있음을 암시하고 있다. 이 표현은 일본인의 특성을 긍정적이고 적극적으로 평가하는 의미로도 쓰이고, 반면에 일본인이 폐쇄적이고 비개방적이라는 의미로도 쓰인다. 또한, 당연한 얘기지만, 시마쿠니 곤조란 일본이 섬나라라고 하는 숙명적인 상황에 놓여 있다는 것을 전제로 하고 있다.
 시마쿠니 곤조란 말이 사용되기 시작한 시기는 분명치 않다. 에도(江戶) 시대 중기부터 사용되었다는 설이 있고, 메이지 유신(明治維新)이 시작되면서 사용되었다는 설도 있다. 어쨌든 이 말이 사용되기 시작한 역사가 오래된 것 같지는 않다. 그러나 영국도 섬나라지만 영국인들이 섬나라 사람의 기질을 가졌다고 말하는 것은 별로 들은 적이 없고, 그렇게 말하지도 않는다. 영국인을 이해하려고 할 때에는 앵글로색슨족, 즉 영국 민족을 어떻게 이해할 것인가 하는 차원에서 접근하는 것이 보통이다. 물론 영국도 섬나라이기 때문에, 지정학적인 견지에서 유럽 대륙의 국가들과 어느 정도 차별성을 가지고 있는 것은 사실이다. 그러나 영국인 스스로가 유럽의 일원임을 자인하고 있을 뿐 아니라, 유럽 국가들도 당연히 영국을 유럽의 일원으로 이해하고 있다. 그런데 일본인은 자신들이 '섬나라 사람'임을 자각하면서 이를 '시마쿠니 곤조'로 표현하는데, 거기에 특별한 배경이 있는 것일까.

일본인이 자신들이 처한 자연적 상황을 의식하고 있다는 것, 그리고 그것을 어쩔 수 없는 숙명적인 것으로 받아들이고 있다는 것, 그래서 그러한 환경을 극복함으로써 자신들이 바라는 이상향을 건설해야겠다는 각오가 바로 시마쿠니 곤조라는 말에 함축된 것이 아닐까. 섬나라라는 사실이 그렇고, 지진도 그렇고, 일본 열도가 처한 자연적 환경이 일본을 일본적으로 만들었는지 모른다.

일본인이 지진 같은 자연 재해에 아무리 철저히 대비한다 하더라도, 인간의 능력은 자연의 위력을 감당할 수가 없다. 이럴 경우에 인간은 자연의 거대한 힘에 스스로 한계를 느끼고 회의적이 된다. 그리고 '자기에 대한 확신의 결여' 상태에 쉽게 빠진다. 말하자면 운명론적인 경향이 강해진다고 할 수 있다. 이를 극복하기 위해서는 현실을 어쩔 수 없이 받아들이더라도, 현실을 극복하고 초월하려는 각별한 각오를 가지기 위해 시마쿠니 곤조를 필요로 했는지도 모른다.

일본이 메이지 유신 이래 일본 열도를 벗어나 한반도로, 중국 대륙으로, 인도차이나 반도로, 태평양으로 제국주의적 영향력을 확대해 나가고 있을 때, 그들은 바로 '시마쿠니 곤조'를 세계에 보여 줘야겠다는 생각을 마음속에 가졌을 것이다. 그러나 어느 한 나라가 처한 한계와 숙명을 극복하기 위해 다른 나라에 대한, 군국주의적 진출로 그 해결책을 삼으려 하는 시대는 이미 오래 전에 지나갔다.

일본은 2차 대전 이후, 폐허 위에서 일본을 경제 자이언트로 다시 재건해 냄으로써 새로운 의미의 시마쿠니 곤조를 전세계에 보여 주었다. 그러나 지금 시마쿠니 곤조는 도전에 직면해 있다. 최근 10여 년 간 일본 경제는 어려움에 봉착한 채, 예전 같은 활력이 회복될 기미를 보이지 않고 있다. 이러한 어려움을 극복하기 위해 필요한 것은 시마쿠니 곤조가 아니다. 지금 일본이 필요로 하는 것은 시대의 변화에 맞는, 일본 스스로의 개혁이다.

추리 소설이 잘 팔리는 일본

필자가 주요코하마총영사관에 영사로 근무하던 1987년 여름 어느 날이었다. 필자는 업무 관계로 요코하마 야마테(山手)경찰서의 K 외사과장(外事課長)과 만나 같이 저녁 식사를 했다. 외사과는 일본에 거주 또는 체류하는 외국인들과 관련된, 각종 사고나 범죄를 담당하는 곳이다. 필자는 K 과장과 업무상 자주 만났으며, 개인적으로도 친한 사이였다. 식사를 하면서 업무와 관련된 얘기를 끝내고 잡담에 들어갔다.

화제는 일본의 범죄에 대한 것으로 시작되다가, 일본의 추리 소설에 관한 얘기로 옮아갔다. K 과장의 얘기를 들으니, 그가 좋아하는 추리 소설 작가와 필자가 좋아하는 작가가 일치했다. K 과장과 필자가 좋아하는 작가는 니시무라 교타로(西村京太郎)였다. 니시무라는 도쿄대학교(東京大學校) 법과 대학을 졸업한 후, 수도국(水道局) 공무원으로 잠시 근무하다가 그만두고 추리 소설 작가가 되었다. 그는 지금 70세가 넘은 고령인데도 왕성한 작품 활동을 하고 있는, 일본의 최정상급 추리 소설 작가다. 그의 추리 소설은 주로 열차를 이용한 살인 사건을 줄거리로 하는 것이 특징이다.

화제가 추리 소설에 이르면 필자는 할말이 많다. 필자의 가장 큰 취미 가운데 하나가 추리 소설을 읽는 것이기 때문이다. 인간이 사랑, 명예, 돈으로 고민하고 또 고민하다가 택하는 마지막 선택은 스스로 목숨을 끊거나, 또는 자기의 이익을 위해 희생되어 주기를 바라는 사람을 살해하는 것이다. 그리고 추리 소설은 타인을 살해한 범인을 찾아내는 내용을 줄거리로 하는 것이다.

일본에는 그 수를 다 셀 수 없을 정도로 다양한 종류의 추리 소설이 출간되고 있으며, 많은 일본인들은 추리 소설을 즐겨 읽는다. 일본에서는 지하철에서 추리 소설을 읽는 사람들을 흔하게 볼 수 있다. 가벼운 코믹형 추리 소설은 중고생 등 청소년들이 많이 읽는다. 대학생이나 젊은 세대들은 공상 과학 또는 공포(horror)를 주제로 한 추리 소설을, 그리고 성인들은 하드보일드한 추리 소설을 선호한다.

작가 중 세금 납부 1위는 추리 소설 작가인 아카가와 지로(赤川次郎)다. 이 작가는 코믹형 추리 소설가다. 살인 사건을 코믹 터치로 묘사하기 때문에 긴장하지 않고 읽을 수 있다. 검은 고양이를 사건 해결의 단서가 되는 장면에 등장시킨『고양이 탐정』(三毛猫) 시리즈는 아카가와의, 유명한 추리 소설 중 하나다. 작가 세금 납부 2위는 대개의 경우, 상기한 니시무라 교타로가 차지한다. 말하자면 일반 소설, 에세이, 논픽션, 기타 장르의 작품보다 일반적으로 추리 소설이 잘 읽히는 사회가 일본이다.

일본의 추리 소설이 다루는 내용은 대부분 실생활과 밀착되어 있다. 회사 내의 인간 관계와 갈등, 명예와 돈, 사랑과 원한 등 생활 주변에서 흔히 발견할 수 있는 내용을 주제로 한다. 우리의 경우에도 책방에 가 보면 여러 종류의 추리 소설이 나와 있지만, 일본에 비해서는 종류가 다양하지 않고, 기타 장르의 작품에 비해 그다지 많이 팔리지 않는다. 특히, 국내 추리 소설 작가의 작품은 그 수와 내용이 한정되어 있고, 베스트 셀러에 오르는 경우가 거의 없다시피 하다. 그러나 일본의 경우에는 추리 소설이 베스트 셀러에 오르는 경우가 많다.

그런데 왜 일본에는 이렇게 추리 소설이 인기가 있을까. 그리고 한국에서는 일본처럼 추리 소설 붐이 일어나지 않는 것일까. 한국인들도 기본적으로는 추리 소설의 독자가 될 가능성이 결코 낮지만은 않다고 생각된다. 필자도 초등학교 시절에 『괴도 루팡』이나 『명탐정 셜록 홈즈』 시리즈를 손에 땀을 쥐며 밤새도록 읽은 기억이 생생하다. 그리고 '유불란 탐정'이 등장하는 추리 소설도 많은 사람들이 읽었다. 그러나 이러한 소설들은 우리 실생활과 거리가 있는 내용을 주로 담고 있으며, 외국인에 의해 쓰여진 것들이다. 일본같이 일본인 작가들이 쓴, 실생활에 밀착하고 현실감 있는 추리 소설이 한국에서 발달하지 않은 것은 무슨 이유에서일까. 여러 가지 이유를 들 수 있겠지만, 그 중 우선적으로 꼽을 수 있는 것은 한국 사회의 보수성 때문일 것이다. 한국인의 정신 세계에는 유교적 모럴이 아직도 강하게 남아 있어, 인륜에 반하는 살인 사건에 대한 저항감이나 거부감이 강하다.

한국에서도 텔레비전 드라마나 영화에 형사극이 등장하기도 하나 크게 히트하는 예가 드물다. 한국적인 현실에서는 추리 소설보다 『쉬리』나 『아버지』같이 세태를 반영하는 것들이 훨씬 더 호소력이 강하고 잘 팔린다. 그러나 일본의 경우에는 살인 사건이 추리 소설뿐 아니라 텔레비전의 드라마나 영화에도 자주 등장한다. 그리고 상당한 인기를 끌고 있다.

일본인은 실생활에서 발생할 수 있는 테마를 죽음이나 살인으로 끌고 가는 픽션에 매우 익숙해 있다. 이것은 실제로 일본이 다른 나라보다 살인 사건이 훨씬 더 많아서 그런 것은 아니다(다음 항, 일본 범죄의 특징 참조). 오히려 일본은 세계 어느 나라보다 범죄가 적고, 살인 사건도 적은 편이다. 그리고 일본에서 실제로 발생하는 살인 사건도 계획적이 아니라 우발적으로 일어나는 경우가 대부분이다. 그런데도 일본인은 치밀하게 계획을 세운 살인 사건이 등장하는 얘기를 즐겨 읽는다. 이는 일본인의 내면 세계에 삶과 죽음을 동일 연장선상에서 생각하는 정신 구조가 있기 때문이 아닐까. 아니면, 일본인은 현실 속의 어떤 대상에 대한 범죄 충동과 스트레스를 소설을 통해 해소하려는 경향이 있어서일까. 그러나 이에 대한 해답은 결코 간단하지가 않다. 이러한 심리적 요인까지 분석해 본다는 것은 실제로 가능한 일도 아니다.

필자와 야마테 경찰서 K 외사과장의 추리 소설에 대한 얘기는 가지에 가지를 낳으면서 한참 흥이 오르고 있었다. 화제는 일본인은 어떤 경우에 살인을 하려고 생각하는가 하는 데까지 이르렀다. K 과장은, 그것은 간단히 한마디로 얘기하기 어렵다고 했다. 그러면서 그는 필자에게 일본인이 살인하게 되는 심리를 잘 설명해 주는 소설이 있다며, 한번 읽어 볼 것을 권했다.

K 과장이 내게 추천한 책은, 일본의 중견 작가인 미나카미 쓰도무(水上 勉, 1919년생)가 쓴 『기아 해협(饑餓海峽)』이라는 소설이었다. 이 소설은 작가가 1962년 1월부터 1년여에 걸쳐 『주간 아사히』(週刊朝日)에 게재한 적이 있는 장편 사회 추리 연재물이었다. 이 작품은 2차 대전에서 일본이 패전한 직후의 혼란한 사회상을 배경으로 한, 900여 페이지에 이르는 대하 소설인데, 그 줄거리를 단순화시켜 핵심적인 사건 중심으로 간단히 소개하면 다음과 같다.

1947년 가을 어느 날이었다. 홋카이도(北海道)의 남단 항구, 하코다테(函館) 앞바다인 쓰가루(津輕) 해협에서 항해 중이던 여객선이 태풍의 영향으로 침몰되어 수백 명이 사망, 실종되었다. 여객선의 침몰과 거의 때를 같이하여 하코다테에서 해안을 따라 120킬로 정도 떨어진, 인구 2만7천의 작은 항구 도시에서 전당포 주인 부부와 아들 부부 4명이 모두 처참하게 살해되고, 돈을 빼앗긴 후에 가옥이 방화된 사건이 발생하였다. 경찰은 쓰가루 해협에 떠오른 여객선의 승객 사체와 함께 신원 불명인 사체 2구도 인양하였다. 신원이 불명한 사체 2구는 전당포 주인을 살해한 공범 3

명 중 2명인 것으로 추정되었다. 아마도 나머지 1명이 돈을 독차지하기 위해 공범 2명을 죽인 것이리라.

혼슈(本州)의 최북단인 아오모리 현(靑森縣)에 속한 작은 도시의 환락가에서 몸을 파는 젊은 여인이 있었다. 여인의 어머니는 병으로 2년 전에 세상을 떠났다. 이 여인은 늙고 병든 아버지를 모셔야 했고, 어머니가 돌아가시기 전에 치료를 위해 빌렸던 돈도 갚아야 했다. 인근의 빈한한 촌이 고향인 이 여인은 밝고 명랑한 성격이었다. 그러던 어느 날 자신을 찾아온 남자가 있었다. 여인은 그 사람을 보고 깜짝 놀랐다. 왜냐하면 이 사람은 어제 고향의 아버지를 만나고 일하는 곳으로 돌아오던 중 기차에서 우연히 만난 남자였기 때문이다. 그 남자는 체격이 크고 친절했는데, 팔에 상처를 입고 있었다. 그리고 말이 매우 적은 사람이었는데, 어딘지 모르게 불안감에 사로잡혀 있는 것같이 보였다. 여인은 웬일인지 그 남자에 대해 연민의 정을 강하게 느꼈다. 그런데 그 남자가 갑자기 손님으로 나타난 것이다. 여인은 그 남자를 만난 것이 반가웠다. 팔에 상처를 입은 것이 애처롭게 느껴지기도 했다. 여인은 남자가 여전히 불안한 눈빛을 하고 있다고 느꼈지만, 그것은 아무래도 좋았다. 여인은 남자의 상처를 돌보고, 침구를 편 후에 남자를 맞을 준비를 하였다. 그러나 남자는 불안 때문인지 몸을 떨며, 여인에게 손을 대지 않았다.

다음날 남자는 떠나면서, 신문에 싸인 돈 뭉치 중에서 무작위로 돈을 꺼내 여인에게 주며 원하는 대로 쓰라고 말했다. 그리고 이 돈은 암거래를 해서 적당히 번 돈이니 부담 갖지 말라고 덧붙인 뒤에, 사양할 틈도 없이 훌쩍 떠나고 말았다. 여인은 멍한 상태에서 남자가 주고 간 돈을 세어 보고 깜짝 놀랐다. 여인이 받은 돈은 지금 지고 있는 빚을 다 갚고도 남는, 엄청나게 큰돈이었던 것이다.

여인은 너무 고맙고 감사했다. 하지만 감사의 뜻을 전하고 싶어도 그 손님이 어디에 있으며, 어떤 사람인지 알 수가 없었다. 여인은 그 돈으로 빚을 갚고 도쿄로 올라갔다. 그리고 술집 등에서 자유롭게 일하며 생활했다. 그러나 전당포 방화 살인 사건을 해결하기 위해 집요하게 수사를 하는 경찰의 손길은 여인에게도 조금씩 다가왔다. 여인은 도쿄의 이곳저곳을 전전하며 경찰의 눈으로부터 벗어나려고 노력했다.

인생 유전, 여인은 우여곡절을 겪다가 다시 예전같이 몸을 팔기 시작했다. 세월은 흐르고 흘러 그 일이 있던 때로부터 벌써 10년이 지났다. 여인도 이제는 30대 중반에 접어들었다. 여인의 마음속에 늘 자리잡고 있던, 그 남자에 대한 감사한 마음과 만나고 싶다는 생각도 이제는 사라진 듯했다. 그러던 어느 날, 우연히 신문을 보던 여인은 신문 기사에서 그 남자의 사진을 발견하고 깜짝 놀랐다. 신문에는 사진의 인물이 식품 회사의 사장이며 교육위원까지 겸하고 있는 지방의 명사로, 자선 사업에도 적극적으로 기여하고 있다고 소개하였다. 여인은 사진의 인물이 옛날 그 남자라고 생각했으나, 만나 보지 않고는 알 수가 없었다. 그분이 맞는다면 만나서 그때에는 정말 고마웠다는 말을 하리라, 하고 여인은 결심했다.

여인에게 그가 자선 사업가인지 아닌지는 관심이 없었다. 여인은 오랫동안 만나기를 고대했던 사람을 만날 수 있다는 흥분으로 잠을 이루지 못했다. 여인은 신문 기사에 난 회사의 주소를 보고 그 사람을 찾아 나섰다. 회사는 교토 북부에 위치한 마이즈루 시(舞鶴市)에 있었는데, 제법 큰 규모였다. 여인은 회사 근처의 여관에 짐을 풀고 하룻밤을 잤다. 그 다음날 설레는 마음으로 회사를 찾아갔다. 그러나 사장은 회사에 없었다. 물어 보니 자택에 있다고 했다. 여인은 사장의 자택을 찾아갔다. 교외의 한적한 곳에 있는 훌륭한 대저택이었다. 여인은 사장의 부인과 비서를 만나 옛날에 사장님께 은혜를 입은 사람인데 감사의 인사 말씀을 하기 위해 찾아왔다고 설명하고, 10분만이라도 좋으니 인사를 드리고 가게 해 달라고 부탁했다. 이렇게 하여 여인은 드디어 사장을 만났다. 여인은 사장을 만나는 순간 그가 바로 그 동안 그렇게 만나기를 원하던, 그때 그 남자라는 것을 알았다.

여인은 절규했다. 제가 생각나지 않으세요. 당신은 옛날 저에게 큰돈을 주셨습니다. 당신이 주신 돈으로 빚을 갚고, 아버지의 병도 고쳤습니다. 그리고 저는 도쿄에도 가게 되었답니다. 당신을 만나 감사하다는 말 한마디가 하고 싶어 얼마나 당신을 찾았는지 모릅니다. 그것뿐입니다. 정말 저는 기쁩니다. 저는 이제 돌아가겠습니다. 여인은 눈물 범벅이 되어 말을 마치고 일어났다. 그러자 사장이 여인에게 말했다. 무슨 얘기를 하는지 모르겠소. 사람을 잘못 본 것 아닙니까. 여인은 외쳤다. 아니 당신이 틀림없습니다. 그러나 사장은 냉정했다. 여인을 알지 못한다고 부정했다. 순간 여인은 자신이 창부라는 사실을 자각했다. 그리고 이 남자는 현재 자신이 누리고 있는 행복한 가정을 지키기 위해, 또 지방 명사라는 체면을 생각해서 자신을 모르는 척한다는 것을 알았다. 여인은 가려고 했다. 그러자 사장이 가기 전에 차나 한 잔 들고 가라고 하면서 직접 차를 따라 주었다. 여인은 혹시 이 사람이 그 남자가 아닐지도 모른다고 생각하면서 차를 마셨다. 차를 한 모금 마시자마자 여인은 경련을 일으켰고, 그리고 쓰러져 숨졌다. 사장은 젊은 비서를 큰 소리로 불렀다. 그리고 극약을 먹고 숨진 여인의 사체를 포대에 넣어 감추라고 명령했다.

한밤중이 되자 사장 저택에서 그 남자가 포대 2개를 끌고 나왔다. 2개의 포대 중 하나에는 여인의 시체가, 또 한 포대에는 사장의 젊은 비서의 시체가 들어 있었다. 비가 억수같이 내리는 밤에 2개의 포대를 실은 그 남자는 어디론가 사라졌다.

마이즈루에서 4킬로 정도 떨어진 바닷가에서 남녀의 시체가 발견되었다. 그런데 발견된 여자 시체의 옷 주머니에 식품 회사 사장에 관한 신문 기사가 들어 있었다. 그 신문 기사가 단서가 되어, 전당포 살인 사건을 집요하게 쫓던 하코다테의 형사와 남녀 살인 사건을 수사하던 마이즈루의 형사는, 이 두 사건의 범인이 식품 회사 사장인 그 남자라고 하는 사실을 입증하였다. 그 남자는 경찰에 의해 살인 사건의 용의자로 체포되었다. 그 남자를 체포한 형사가 그에게 말했다. 바보 같은 친구야, 무엇 때문에 여인을 죽였어. 안 죽여도 되는데. 여인을 안 죽였으면 당신은 안 잡히고 잘 살 수 있었을 텐데. 그러자 남자가 말했다. 죄송합니다. 그건 저도 압니다. 그렇지만 저로서는 여인을 그냥 놔둘 수가 없었습니다.

그 남자는 경찰에 의해, 10년 전 사건의 현장 검증을 받기 위해 아오모리에서 배를 타고 하코다테로 이송되던 도중, 경찰의 호송이 허술한 틈을 타서 쓰가루 해협에 몸을 던져 자살했다.

이 소설에 나오는 살인 사건은 모두 네 건이다. 첫 번째는 하코다테 전당포 주인 부부 및 아들 부부에 대한 공범 3명의 살인 사건. 두 번째는 공범 3명 중 1명이 다른 2명을 살해한 사건. 세 번째는 마지막 남은 범인(식품 회사 사장)이 자신의 범행과 직접 관계가 없는 여인을 음독 치사케 한 사건. 그리고 마지막은 범인이 비서를 살해한 사건. 이와 같은 네 건의 살인 사건 중 첫 번째는 강도 살인 및 방화, 두 번째는 강탈품을 독차지하기 위한 살인, 네 번째는 여인을 살해한 사실을 은폐하기 위한 살인으로, 범행의 동기가 확실하여 논의의 여지가 없다. 말하자면 이 세 건의 살인은 범죄 행위의 실행과, 그에 따른 후속 행위로 간주할 수 있다. 문제는 세 번째 살인 사건에 대한 해석을 어떻게 하느냐 하는 데 있다. K 과장이 필자에게 언급한, 일본인의 살인 동기란 바로 이 부분을 말한 것이라고 생각된다. 세 번째 살인 사건에 대해 조금 더 생각해 보기로 한다.

이 소설에서 가장 핵심적인 부분은, 그 남자가 자신을 찾아온 여인이 과거에 있었던 일을 경찰에 밀고하는 등 자신에게 위해를 가하지 않으리라는 것을 분명히 알았을 텐데 왜 여인을 죽였을까 하는 점이다. 여인은 그 남자가 오래 전에 자신에게 베푼 은혜에 감사의 말을 하기 위해 찾아온 사람이 아닌가. 그렇다면 일본인은 상대방이 자신을 배신하지 않는다는 확신이 있어도, 자신의 부끄러운 과거와 인연이 있다는 사실만으로 사람을 죽인단 말인가.

필자는 몇 명의 일본인 지인(知人)들에게, 위의 소설에 나오는 경우가 현실로 나타났을 때에 여인을 어떻게 할 것인지 물어 본 적이 있다. 모두 처음에는 뭐라고 답해야 할지 망설였다. 그러나 결과는 죽인다, 안 죽인다가 각각 절반 정도였다. 만일 똑같은 질문을 한국인에게 했다면 안 죽인다가 훨씬 더 많을 것이라고 생각한다. 결국 K 과장이 필자에게 전하려 했던 메시지는 상대방에 대한 확신이 있는 경우라도 최악의 경우를 상정해 보고, 그 경우에 다가올 세간의 비난을 받게 될 가상 현실을 두려워하여 안 해도 되는 살인을 할 수도 있는, 일본인의 미묘한 심리 상태를 설명하고 싶었던 것이리라 짐작해 본다.

일본 범죄의 특징

세계적으로 범죄 발생률이 제일 높은 곳은 영국이며, 살인 사건이 제일 많은 나라는 미국이다. 일본의 범죄 발생률은 영국의 6분의 1이며, 살인 사건은 미국의 7분의 1에 불과하다. 실제로 발생하는 범죄의 건수만으로 따지면, 일본은 미국의 15분의 1에 불과하다. 말하자면 범죄에 관한 한 일본은 매우 안전한 나라인 것이다. 1996년도 주요국의 인구 10만 명당 범죄 발생률을 보면 다음과 같다. 이 통계에 의하면, 한국은 일본에 비해 범죄 발생률이 2.3배나 높다.

　미국 5,079명, 영국 9,360명, 독일 8,125명, 프랑스 6,110명, 일본 1,440명, 한국 3,284명

　또한, 일본에서 1997년도에 검거된 살인범은 1,282명이고, 한국에서는 789명의 살인범이 검거되었다. 1997년 현재 일본의 인구가 1억 2,500만 명, 한국의 인구가 4,600만 명으로 한국이 일본 인구의 약 37% 정도의 규모임을 감안할 때, 우리의 인구당 살인범 발생률은 일본보다 1.6배나 많다.
　그러나 한국인이 일본에 와서 각종 매체를 통해 보도되는 범죄 관련 뉴스를 들으며 일본이 한국보다 범죄가 많은 것 같다고 느끼고, 특히 끔찍한 살인 사건이 많다는 얘기를 자주 한다. 인구당 총 범죄 발생률이나 살인범 발생률이 한국보다 적은데도 일본이 범죄가 더 많고, 살인 사건이 많다고 느껴지는 이유는 무엇일까.
　그 이유로는 여러 가지를 생각할 수 있겠지만, 제일 먼저 들 수 있는 것 중 하나가 일본에서 발생하는 살인 사건은 한국의 경우와는 달리, 살해 후의 시체 처리가 엽기적인 경우가 많기 때문일 것이다. 상대를 살해 한 후, 이를 어떻게 안전하게 처리할 것인가를 생각하는 것은 범죄인의 공통적인 패턴이다. 살인범은 시체를 남의 눈에 띄지 않는 곳에 유기(遺棄)하거나, 매장하는 것이 보통의 경우다. 어떤 경우에는 살인을 은폐하기 위해 방화를 하는 경우도 있다. 그러나 이것은 일반적인 경우고, 일본에는 이외에도 조금 독특한 사례가 눈에 띈다. 그것은 소위 '바라바라(토막) 살인 사건' 이다.
　'바라바라' 살인이란 살해한 시체를 여러 개로 절단하는 행위를 말한다. 법적인 용어로 말하자면, 사체 손괴(損壞) 행위라고 할 수 있다. 토막낸 사체의 일부 또는 전부를 본다는 것은 상상만 해

도 매우 끔찍한 일로, 범인의 잔혹성을 드러나게 한다. 이와 같은 행위는 그 수가 많지는 않으나, 어느 나라에서나 그 사례가 있다. 그러나 유럽의 경우, 바라바라 살인 사건의 대부분은 우발적인 것이 아니라 성적 이상자(性的異常者)의 범행으로 보고 있다. 말하자면 쾌락을 위해 살인을 범한 뒤에 사체에 상처를 내거나 토막을 내는, 새디즘적인 행위에 의한 경우가 많은 것이다. 그것도 그런 범행을 두 번, 세 번 반복하는 범인이 많다고 한다. 이에 비해 일본에서는 성적 이상자에 의한 범행이 거의 없다. 일본에서는 사체 처리에 곤란을 느끼거나 사체를 몰래 운반하기 쉽게 하기 위해, 또는 신원을 알지 못하게 하기 위해 사체 손괴를 하는 경우가 대부분이다. 살해 동기도 금전을 목적으로 하거나 말다툼 끝에 화가 난 경우, 상대의 횡포에 도저히 견디지 못하여, 또는 애정 관계가 대부분으로, 복수를 위해 완전 범죄를 노린 계획적 범행은 추리 소설과는 달리 의외로 적다.

통상적인 살인보다 몇 배나 더 잔인하게 생각되는 토막 살인을 규정하는, 일본의 법률상 죄명은 '사체 손괴의 죄'다. 그러나 이 죄는 일본에서 그렇게 무거운 죄가 아니다. 성폭행 후에 살해하거나 금품을 빼앗은 후에 살해하는 것같이 살해 상황이나 동기 등에 중점을 두고, 사체 손괴는 살인죄에 3년 이하의 징역이 가산되는 정도다. 한국에서도 마찬가지로 '사체 등의 오욕의 죄'는 2년 이하의 징역, 또는 500만 원 이하의 벌금에 처한다. 그런데 이러한 토막 살인 사건이 최근 일본에 많이 늘어나고 있다. 통계에 의하면, 2차 대전이 끝난 이후 일본에서는 1년에 1건 정도의 토막 살인 사건이 발생했으나, 1990년대에 접어들면서 연 평균 4건에 달했다. 1994년도의 경우에는 1년에 10건의 토막 살인 사건이 발생했다. 2001년도의 경우, 토막 살인 사건은 3건에 달했다.

2001년도에 발생한 토막 살인 사건에 대해 일본 신문에 보도된 내용 요지는 다음과 같다.

(1) 사이다마현경(埼玉県警) 수사과는 7월 19일, 오미야(大宮)적십자병원에서 근무하는 간호사(28세)를 동료 간호사에 대한 살해, 사체 유기 및 손괴 혐의로 체포하였다. 동 용의자는 이성 관계로 다툼 끝에 동료를 살해한 뒤에 자신의 아파트에서 10일에 걸쳐 토막을 낸 후, 쓰레기 봉투에 넣어 인근 쓰레기 수집소에 버린 혐의를 받고 있다.
 (2) 11월 19일, 도쿄 도(東京都)의 다이도쿠(大東區)에 있는 간이 숙박소에서, 양다리가 절단된 몸통 시체가 들어 있는 나무상자가 발견되었다.
 (3) 12월 7일, 시즈오카 현(靜岡県)의 해안가 도로변을 산보하던 행인이 봉투에 대퇴부(大腿部)가 들어 있는 것을 발견했다. 대퇴부가 발견된 곳으로부터 20여 미터 떨어진 해안에서 두부(頭部) 등 동일인으로 추정되는 피해자의 사체가 발견되었다. 사체는 전신이 일곱 부분으로 나뉘어 폴리에스테르 봉투 3개에 들어 있었다. 피해자는 사망 후 수일이 경과한 것으로 추정된다.

 한국에서도 사체 토막 살인이 발생하지 않는 것은 아니나, 그 예가 매우 드물다. 한국에서는 특별한 경우가 아니면, 전통적으로 사체에 손을 대지 않는다. 따라서 토막 살인 사건이 자주 발생하는 일본에 대해 한국적인 윤리관으로는 용납하기 어려운 사건이 많이 발생한다는 인식을 가지게 되고, 이로 인해 일본이 우리보다 더 범죄가 많다는 선입견을 갖게 되는 것 같다.
 1990년대에 발생한 사건 중 세인을 경악케 하고, 언론에서도 중대한 사회적 범죄로 크게 보도되었던 두 가지 예를 소개한다.
 우선 첫 번째는, 1995년 3월 20일 월요일 오전 8시경, 출근을 위해 지하철을 이용하던 승객들로 혼잡해 있던, 도쿄의 지하철역에서 발생한 소위 '지하철 맹독 사린 사건' 이다. '사린'이란 나치 독일이 개발한 화학 병기로, 강한 신경 독성을 가지고 있다. 청산가리의 수십 배의 살상력이 있고, 1밀리그램도 안 되는 사린 가스를 마시면 신경이 정상으로 기능하지 못하며, 호흡 중추가 마비되어 수분 내에 사망한다. 사린의 중독 증상으로는 어지럼증, 구토 및 눈동자 축소 등의 현상이 일어난다. 이렇게 무서운 화학 물질인 사린 가스가 출근으로 혼잡하던, 도쿄 중심부의 지하철역과 지

하철 안에서 동시 다발로 살포되어 5,500명의 중경증 환자와 12명의 사망자가 발생하였다. 이 사건과 관련, 의사 종교 단체인 '옴진리교'(オム眞理敎)의 교주 및 간부 수십 명이 살인 용의로 체포되어 현재까지도 재판이 진행되고 있다.

두 번째는, 1997년 5월에 고베(神戶)에서 발생한, 충격적인 소년 살인 사건이다. 고베 시내의 한 중학교 수위는 아침 출근 때, 예리한 칼로 잘린 소년의 머리가 학교 정문에 놓여 있는 것을 발견했다. 이 소년의 입에는 '귀신 장미' 등의 글이 쓰여진 종이가 물려 있었다. 이 머리는 인근 초등학교 6학년에 재학 중인 11세 소년의 것임이 밝혀졌다. 살해된 소년의 몸 부분은 인근 야산에서 발견되었다. 경찰은 엽기적인 살인 사건으로 보고 대대적인 수사를 하였는데, 범인을 잡고 보니 머리가 발견된 중학교의 3학년 학생인 14세 소년이었다. 이 소년은 학교 친구와 다투다가 상처를 입힌 후, 선생님으로부터 심하게 꾸지람을 듣자 학교에 복수하기 위해 얼굴을 아는, 나이 어린 동네 친구를 유혹한 후에 사건을 저질렀다고 한다.

일본에서 심각한 사회 문제 중 하나는 소년 범죄의 증가다. 소년에 의한 강도, 절도 등 범죄가 해마다 급증하고 있고, 살인 사건도 매년 증가하여 1996년에는 소년에 의한 살인 사건이 96건이나 발생했다. 물론 성인들에 의한, 잔인하고 비인도적인 범죄도 급증하고 있는 것이 일본의 추세다. 자기 아이를 표적으로 한 보험금 살인, 아무나 무차별로 죽이는 살인(소위 '도오리마' 살인, 通り魔殺人) 등과 같이 살인 동기나 방법에 전율을 느끼게 하는 사건이 일본에는 많다.

토막 살인 사건, 잔인한 살해 행위 등이 왜 이렇게 일본에 많이 일어나는 것일까. 평소에는 그렇게 친절하고 예의바른 일본인 중에 이토록 잔혹한 범죄자가 많다는 것은 믿어지지가 않을 정도다. 그러나 이에 대해서는 일본의 전문가들도 마땅한 답을 내지 못하고 있는 실정이다. 단지 이와 같이 잔혹한 범죄의 발생이 현대 사회의 병리적 현상이라는 것과, 흉악범 관련 범죄 보도가 빈번해지면서 이를 흉내내는 모방 범죄가 늘어나고 있기 때문이라는 정도의 분석밖에 하지 못하고 있는 실정이다.

그러나 다시 생각해 볼 때, 일본의 범죄만 잔인하고 한국의 살인 사건은 잔인하지 않단 말인가. 일일이 그 예를 들 필요도 없이 한국에서도 수적으로는 일본보다 적지만, 패륜적인 범죄가 증가하고 있다. 심지어 용돈을 주지 않는다고 부모를 살해하는 경우도 있다. 또한, 살인까지는 아니더라도 이보다 더 파렴치한 행위도 한국에서 발생하고 있다. 요즘 우리 나라의 이혼율이 높아지고 있다고 하는데, 이들 이혼 부부가 아이들을 버리고 가는 경우가 많다는 뉴스 보도를 보았다. 자기 자식을 버리고 가는 반인륜적인 행위는 산 아이의 장래를 죽이는 행위로, 살인보다 더 무섭게 느껴진다. 어디 그뿐인가. 2003년 2월 18일, 대구 지하철에서는 정신적으로 문제가 있는 남자가 무분별하게도 대중이 이용하는 지하철에서 방화하는 사건이 발생했다. 이 사건은 위기 대응을 제대로 하지 못한 역무원들의 무책임한 행동과 방관이 겹치면서 지하철을 이용하던, 무고한 시민 200명 이상이 사망하는 처참한 결과를 초래했다. 이와 같이 불특정 희생자가 발생할 수 있는 행위를 자행하는 것은 사회에 대한, 중대한 범죄 행위다. 참으로 개탄해야 될 일들이 바로 우리 주위에서도 발생하고 있다. 우리는 남의 얘기를 하기 전에 우리 자신을 돌아보고, 그리고 우리 사회를 도덕적으로나 윤리적으로 건전하게 만드는 노력을 기울일 필요가 있다.

교통 사고 사망자보다 자살자가 더 많은 일본

일본은 미국에 이어 세계에서 두 번째로 자동차를 많이 보유한 국가다. 2000년 현재 미국이 2억 2,147만 대, 일본이 7,265만 대, 독일이 4,731만 대, 프랑스가 3,381만 대, 영국이 3,146만 대, 한국이 1,206만 대의 자동차(전차종 포함)를 보유하고 있다.

그런데 이들 국가의 인구 10만 명당 교통 사고 사망자 수를 보면 (1998년도), 미국 15.7명, 일본 8.5명, 독일 9.5명, 프랑스 15.1명, 영국 6.0명, 한국 22.6명이다.

한국도 세계 각국에 비해 교통 사고 사망자가 많다. 구체적인 수치를 들면, 한국은 1998년의 경우에 9,057명이 교통 사고로 사망했다. 그리고 1999년 9,353명, 2000년 10,236명으로 약간 증가세에 있었으나, 2001년부터는 당국의 철저한 단속에 힘입어 1만 명 이하의 수준을 유지하고 있다. 일본의 경우에는 한국보다 자동차가 6배나 많은데도 전체 교통 사고 사망자 수는 우리와 비슷한 수준일 뿐 아니라, 해마다 조금씩 줄어들고 있다. 일본의 교통 사고 사망자는 1990년에 11,227명으로 피크에 달했으나 그 이후 꾸준히 줄어들어 1995년 10,679명, 1999년 9,006명으로, 최근에는 1만 명 이하의 상태를 유지하고 있다.

위의 통계에서도 나타나고 있듯이, 일본은 선진국 중에서도 영국 다음으로 교통 사고 사망자가 적은 국가다. 그러나 일본이 처음부터 자동차 사고 사망자가 적었던 것은 아니다. 일본도 1970년대에는 인구 10만 명당 사망자가 21.0명이었다. 1970년대는 일본에서 '마이 카 붐'이 한창 일어나기 시작한 때로, 1970년대 말 일본의 자동차 대수는 1,500만 대 수준이었다. 일본뿐이 아니다. 1970년대의 인구 10만 명당 교통 사고 사망자는 미국이 25.8명, 독일 27.7명, 프랑스 32.5명, 영국 14.0명으로, 현재의 한국보다 약간 더 높은 사망률을 보였다.

우리 나라에서는 한때 일본의 자동차 운전 매너를 배우자는 캠페인이 있었다. 지금부터 약 10년쯤 전의 일이었다. 텔레비전 방송국에서는 밤 12시가 지난 후에 한적한 거리에서 교차로 신호등의 신호를 지켜 자동차가 서는지, 또 자동차가 정지할 때에 정지선을 정확하게 지키는지를 조사하고, 모범적으로 신호와 정지선을 지키는 차를 운전한 사람에게 냉장고 등 가전 제품을 선물하는 프로그램을 기획하여 화제를 모은 적이 있었다. 그 당시 우리 나라에서는 운전자들 중 많은 사람이 신호등을 무시하고, 정차선도 지키지 않았다. 그러나 일본에서는 거의 대부분이 신호등을 잘 지켰다. 방송국에서는 일본이 교통 규칙을 잘 지키고 있는 것을 경이의 눈으로 방영하면서, 우리의 교통 규칙 준수 필요성을 강조하였다. 1990년 우리 나라의 인구 10만 명당 교통 사고 사망자는 사상 최악인 36.0명이었고, 일본은 11.6명이었다. 우리는 그 당시에 일본의 3배에 달하는 교통 사고 사망자를 내고 있었던 것이다. 그러나 그 후부터 우리의 사망자도 계속적으로 줄기 시작하여, 최근에는 10만 명당 20명 정도의 수준까지 개선되었다. 최근 들어서는 경찰 당국의 노력과 국민적 캠페인의 결과, 많은 운전자가 시트벨트를 하고 교통 규칙을 지키게 되기는 했다. 그러나 아직도 여전히 음주 운전과 난폭 운전이 많아, 각종 사고의 원인을 만들고 있는 것도 우리의 실정이다. 이에 반해 일본이 우리보다 6배나 되는 자동차 대국이면서도 교통 사고 사망률이 적은 것은, 범국민적인 교통 질서 준수 의식과 당국의 적극적인 노력의 결과가 합쳐진 산물이라고 생각된다.

    필자가 근무하던 히로시마의 리가로얄호텔(Rihga Royal Hotel)은 36층 건물로, 객실 600실을 구비한 일류 호텔이다. 이 호텔 옥상에는 카페라운지가 있는데, 거기서는 히로시마를 한눈에 볼 수 있다. 시내 한가운데를 흐르는 7개의 강과, 그 사이로 녹지대와 도로가 보인다. 50년 전에 원자 폭탄이 떨어져 시내 전체가 폐허가 되었던 도시였다고는 상상이 안 될 정도로 아름답다. 그리고 바둑판같이 반듯반듯한 도로, 그 위를 모든 자동차가 차선을 너무도 잘 지키면서 달린다. 그 어느 차도 끼여들기를 하거나 난폭하게 운전하지 않고 질서 정연하게 달린다. 어떻게 이처럼 질서를 잘 지킬 수가 있을까, 하고 감탄이 저절로 나올 정도다. 모든 일본인들이 자동차를 운전할 때에 교통 질서를 잘 지키듯이, 인생살이도 원칙에 맞도록 성실하게 최선을 다하면서 살고 있다는 느낌이 든다.

그런데 이렇게 교통 질서를 잘 지킴으로써 교통 사고에 의한 희생자가 세계에서도 가장 적은 나라로 분류되는 일본에, 인생을 포기하고 스스로 목숨을 끊는 자살자가 많다. 참으로 의외의 일이 아닐 수 없다. 2000년의 경우에 일본의 10만 명당 자살자는 25.2명으로, 총자살자가 모두 31,957명에 달했다. 그런데 2000년 한 해 동안 일본인 중 교통 사고로 사망한 사람은 9,066명이었다. 말하자면 하루에 교통 사고로 사망한 사람이 25명인데 반해, 이보다 3배 이상 되는 87명이 매일 자살한 셈이다. 교통 질서를 잘 지키는 일본인이, 인생의 질서에서는 이렇게 많은 사람이 이탈해 나가는 것은 무슨 이유에서일까.

자살은 시대와 지역에 따라 각각 그 양상이 다르다. 20세기 초부터 1955년까지 자살율이 높았던 나라는 일본, 스위스, 독일, 프랑스, 스웨덴 등이었다. 일본은 그 당시 세계에서 2~5위에 달하는, 매우 높은 자살율을 보였다. 특히, 1955년부터 1960년 사이 일본의 자살율은 세계에서 제일 높았는데, 일본은 '자살의 나라'라고 불렸을 정도였다. 그러나 이런 경향이 점차 변화하여, 일본의 자살자는 한동안 감소하기 시작했다. 즉, 1958년에는 인구 10만 명당 25.7명에 달해 세계에서 가장 높은 자살율을 보였으나, 그 후 자살율이 낮아져서 1967년에는 최저인 14.2명까지 떨어졌다. 그러나 이후 다시 증가하기 시작하여 1998년에는 26.0명(총 32,863명)으로 다시 20명 선을 넘었고, 1999년 26.1명(총 33,048명), 2000년 25.2명(총 31,957명), 2001년 24.7명(총 31,042명)으로, 25명 전후의 높은 자살율을 계속 유지하고 있다.

일본경찰청의 2000년도 통계에 의하면, 자살 이유 중 건강이 41.1%, 경제·생활 문제가 30.2%, 그리고 가정 문제 9.5%, 근무 문제 6.5%, 기타 순으로 나타났다. 그런데 눈에 띄는 것은, 일본에도 경제적인 문제로 자살하는 사람이 의외로 많다는 사실이다.

일본의 연령별 자살자를 보면, 과거에는 청년층의 자살이 많았다. 1955년의 경우에는 20~24세가 일본 전체 자살의 24%를, 15~24세가 36%를 점했다. 일반적으로 연령이 상승함에 따라 자살율이 증가 곡선을 그리는 경우를 발전 도상국형(또는 헝가리형)이라 하고, 60세 전후를 피크로 자살율이 내려가면 북구형(또는 핀란드형)이라고 부른다. 그러나 일본의 경우에는 청년기와 노후기로 나뉘는 N자형 곡선을 그렸다. 그러다가 1960년대에 접어들면서 청년의 자살율이 점차 줄어들어, 1982년에는 15~24세가 전체 자살자의 8.3%에 불과했다. 2000년도 통계에 의하면, 60세 이상 자살자가 34.4%(10,997명), 50대가 25.8%(8,245명), 40대가 15.1%(3,685명)다.

최근 일본에는 어느 날 갑자기 집을 나간 후에 집에 돌아오지 않는 남편 또는 아내(소위 가출자)가 해마다 늘어나, 사회적 문제가 되고 있다. 2001년도에는 전년도에 비해 5%나 늘어난 102,130명으로, 처음으로 10만 명대를 돌파했다. 가출 원인은 가정 관계가 22%, 사업 또는 직업 관계가 13%, 질병이 11%며, 무직자의 가출도 현저히 증가하고 있다. 가정 관계도 주로 경제적인 문제로 인한 불화가 많다는 점을 감안하면, 일본도 장기적인 불황으로 인해 발생한 경제적 어려움이 가정에도 심각하게 영향을 주고 있음을 느끼게 한다.

일본의 교통 사고 사망자와 자살자를 연계시켜 생각하는 것은 비합리적일지 모른다. 그러나 사람의 생명을 귀하게 여긴다는 관점에서 보면, 상관 관계가 전혀 없다고 볼 수는 없다. 그런 점에서 일본의 교통 사고 사망자가 감소하는데도, 이를 3배 이상이나 상회하는 자살자가 있다고 하는 사실은 매우 흥미롭다. 또한, 세계 제2의 경제력을 가진 경제 대국인 일본에 왜 이렇게 자살자가 많을까. 경제력이 강하면 자살자도 늘어나는 것일까. 반드시 그렇지도 않다. 예를 들어, 세계 제1의 경제 대국인 미국의 경우에는 자살율이 절반밖에 되지 않는다. 경제 대국이라고 해도 모든 국민이 다 경제적으로 부유한 것은 물론 아니다. 자연히 빈부의 격차도 생기게 마련이고, 경제적으로 윤택하다 하더라도 병 또는 기타 정신적인 요인에 의해 자살자가 늘어날 수도 있다. 일본이 2차 대전 종전 후의 사회 혼란기인 1950년대에 청년의 자살율이 높았으나, 그 후 도쿄 올림픽이 개최되고 경제가 도약을 하면서 중장년층의 자살이 늘어나고 있는 것은 우리의 주목을 끈다. 물론 최근에는 일본도 경제가 장기간에 걸쳐 침체되고, 기업의 구조 조정으로 인한 실업자가 늘어나면서 이들 중 생활을 비관하여 자살하는 사람이 늘어날 수 있다는 데 공감이 안 가는 것은 아니다.

자살의 원인에 대해서는 많은 학자들이 논하고 있다. 예를 들면, 철학자인 쇼펜하우어는 자살 가운데 삶에 대한 강한 의지를 발견하고 목표를 인식하면서도, 도달이 불가능함을 깨닫고 자기 자신에게 절망하는 것이 자살이라고 보았다. 정신 분석학자인 프로이드는 생의 본능에 대한 죽음의 본능을 상정하고, 자살은 긴장과 노력에서 완전히 해방되어 근원적, 무기적(無機的) 상태로 회귀하려는 행위로 해석하였다.

정신 의학적 관점에서는 자살자와 우울증, 분열증, 히스테리 등의 관계가 문제가 된다. 미국의 정신 의학자인 데이빗슨(G. M. Davidson)은 자살시의 정신 상태를, 생활 목표를 상실함으로써 의식(意識)이 협착(狹窄) 상태에 빠져 조정 기능이 저하한다고 지적했다. 그 밖에 일반적으로 정신 의학자나 심리학자들은 실패에 대한 내성(耐性) 부족, 현실 도피, 휴식 갈망, 자책 의식, 복수 또는 공격의 갈망(渴望), 명예 유지 갈망 등 제요인(諸要因)을 열거하고 있다.

그런데 일본의 경우에는 이러한 요인 외에, 종교적인 관점에서 생사관(生死觀)도 문제가 된다고 지적되고 있다. 살아서 극복하기보다는 죽음을 아깝게 생각하지 않는 전통이 있고, 또 추악한 속세가 싫어서 떠난다는 염리예토(厭離穢土), 극락에서 왕생할 것을 기꺼이 바란다는 흔구정토(欣求淨土)의 불교 사상도 영향을 주었다고 한다. 또한, 일본인들은 사무라이의 할복에서 보여지듯이, 죽음을 미화하고 자살을 로맨틱하게 생각하는 경향이 있다는 견해도 있다.

그 밖에도 경제적 관점에서 빈곤과 자살의 상관 관계를 논한 경우도 있다. 『자살론』(1897)을 저술한 프랑스의 사회학자 뒤르켐(Émile Durkheim)은 빈곤 그 자체가 자살을 방지하는 역할을 한다는 설을 주장했으나, 반드시 그런 것은 아니라는 것이 일반적인 견해다. 고수입자와 저수입자, 양쪽 다 자살자가 많다고 한다. 영국의 사회학자 세인즈베리(Peter Sainsbury)는 런던의 조사에서, 자살과 빈곤의 단순한 상관 관계는 인정하기 어렵다고 주장했다. 이에 반해 일본의 정신 의학자나 사회학자들은 일본의 자살자는 무직업자・직업 불안정자가 많다는 것, 그리고 상위 계층은 인구 분포상 저율이고 사회적 저소득층은 고율이라는 점을 들어, 일본에서는 자살의 원인으로 빈곤 문제가 중요하다는 견해를 취하는 경우가 많다.

우리 나라의 자살자 수는 일본에 비하면 현저하게 적다. 우리 나라는 1991년에 인구 10만 명당 9.1명이었던 것이 2001년에는 15.5명까지 증가했다. 우리가 1997년 말에 발생한 IMF 사태로 인해 사상 유례가 없는 경제적 어려움을 겪으면서 자살율이 증가했는데도 불구하고, 우리의 최근 자살율은 일본 자살율의 절반 정도 수준밖에 되지 않는다.

현재 일본의 경제가 어렵다고는 하나, 우리보다는 경제 선진국인 일본에서 자살자가 많이 발생하는 것은 무슨 이유에서일까. 일본에는 한국에 비해 삶의 최후 선택인 자살을 결심하기 쉬운 사회적 환경이라도 있기 때문인가.

또한, 자살자는 늘고 교통 사고 사망자는 줄어드는 것은 어떻게 해석하는 것이 좋을까. 일본인에게 자동차 운전이란 삶의 가치 판단의 문제가 아니라 교통 질서와 규범을 지킨다는 차원의 일이기 때문에, 교통 사고 사망자와 자살자를 연계시키는 것은 비합리적인 것일까. 이 문제는 역시 간단히 답하기 어려운 듯하다. 그러나 일본의 독특한 현상은 우리에게 여러 가지를 생각하게 만드는 것 또한 사실이다.

사무라이 정신의 현주소

일본의 자존심과 사무라이 정신

2002년 5월 8일, 중국 선양(瀋陽) 소재 일본총영사관에 여자아이를 포함한 탈북자 5명이 자유의 꿈을 이루기 위해 진입을 시도하다가 안타깝게도 실패하는 사건이 발생하였다. 당시 이 사건은 언론에 대대적으로 보도되었다. 이들 탈북자들이 일본총영사관에 이르러 진입을 시도하였으나, 정문 앞에서 경비하던 중국 경찰이 진입을 제지하였다. 그러나 이들 중 남자 2명은 저지선을 뚫고 총영사관 영내로 진입하는 데 성공하였다. 일본총영사관 영내는 국제법상 중국의 공권력이 행사될 수 없는 치외법권 지역인데도, 중국 경찰 5~6명은 영내에 들어가 이미 진입에 성공한 2명을 끌고 나왔다. 그리고 정문에서 제지당해 들어가지 못하고 있던 여자아이와 여자아이의 어머니를 함께 연행해 갔다.

이 사건을 인지하고 현장에 나온 일본총영사관의 직원은 영내에 진입한 남자 2명이 중국 경찰에 의해 결박, 연행되어 가는데도 적극적으로 사정을 파악하려 하지 않았다. 또한, 그 직원은 여자아이의 어머니가 정문에서 안으로 들어가려고 필사적으로 노력하였으나, 경찰이 그녀를 강제로 끌어내고 있는 현장에 서서 어머니에게 침착하라고 중국어로 말만 한 채 그냥 바라보고 있었다. 그리고 직원은 탈북자 저지 과정에서 모자를 떨어뜨린 중국 경찰에게 친절하게도(?) 모자를 주워 건네주었다. 조그만 여자아이는 아주 슬프고 걱정스런 얼굴을 한 채, 중국 경찰에 끌려가지 않으려고 발버둥치는 어머니를 정문의 약간 안쪽에 서서 쳐다보고 있었다.

탈북자들이 일본총영사관 정문에서 진입을 시도하고 이를 중국 경찰이 저지하는 광경, 그리고 일본 직원이 그 당시의 긴박한 분위기에 전혀 맞지 않은 친절한 태도로 중국 경찰이 떨어뜨린 모자를 주워 건네주는 광경, 또 현장에서 망연자실하게 슬픈 표정으로 서 있는 여자아이의 모습이 다음날 일본은 물론, 전세계의 TV에서 일제히 방영되었다. 일본 언론은 이구동성으로 이 사건이 일본 주권에 대한 침해 사건이라며 중국 경찰의 조치를 비난하는 동시에, 중국 측의 연행을 적극적으로 저지하지 못한 일본총영사관의 방관 자세를 문제삼았다. 특히, 이 사건의 방관은 탈북자의 망명을 받아들이지 말라는, 주중일본대사관의 방침에 따른 것이라는 보도가 나오면서 일본 여론은 들끓었다. 일본 공관의 안이한 상황판단으로 국제 사회에서 일본의 체면이 크게 손상받았다는 것이었다. 일본 언론은 이 사건이 일본의 주권 문제와 관련되어 있는 것은 물론, 망명 희망자에 대한 인도적 배려의 견지에서도 크게 잘못되었다고 지적하였다. 결국 이 사건은 일본 정부가 중국 측에 강력히 항의하고 외교 경로를 통해 교섭한 결과, 북한 주민 5명 전원에 대해 제3국을 경유한 한국 입국이 허용됨으로써 해결되었다.

  필자는 이 사건이 나던 당시에 히로시마에서 근무하고 있었다. 이 사건은 일본에서 대대적으로 보도되었기 때문에, 필자는 일본의 여러 지인들과 이 사건에 대해 여러 번 의견을 교환할 기회가 있었다. 물론 그들도 이 사건으로 인해 세계가 보는 가운데, 일본이 주권에도 인권에도 둔감하다고 웃음거리가 됨으로써 일본의 자존심에 상처를 받았다고 안타까워했다. 그들은 이 사건뿐만 아니라 일반적으로 최근의 일본인들이 가지고 있는 문제점은 어떤 돌발 상황이 발생했을 때, 그에 대해 신념을 가지고 대의가 통하는 행동을 하는 자세가 결여되어 있는 것이라고 지적했다. 일본인이 도덕적, 윤리적 가치관에 입각하여 소신을 가지고 사리에 합당한 행동을 취하기 위해서는 일본의 전통적인 '사무라이 정신', 즉 무사도 정신으로 무장해야 할 필요가 있다는 것이다.

'사무라이'(さむらい)를 한자로는 '侍'로 표기한다. 侍는 본래 그 발음이 사부라이(さぶらい)에서 전화되어 사무라이가 되었다고 하며, 역사적으로는 사무라히(さむらひ)라고도 표기하였다. 일본의 국어 사전에는 사무라이란, (1) 칼을 차고 무예(武藝)를 갖추어 주군(主君)을 섬기는 자. 무사(武士) (2) 특히, 에도 시대(江戶時代)에 사농공상(士農工商)의 신분 가운데 '사'의 신분을 가진 상급 무사 (3) 상당한 인물, 기골이 있는 인물이라고 설명하고 있다. 한국 내에서는 사무라이가 백제의 무사를 지칭하는 '싸울아비'(싸우는 남자)에서 유래되었다는 주장도 있으나, 그 근거는 확실치 않다. 사무라이 정신을 지칭할 때의 사무라이란 (1), (2)의 무사를 의미하는 것으로, '사무라이 정신'이란 다시 말해서 '무사도'(武士道)를 말한다고 할 수 있다.

필자는 일본 근무 중, 일본인이 여러 가지 경우에 사무라이 정신을 강조하는 것을 들었다. 일본인은 어떤 각오나 결의를 나타낼 때에 '사무라이 정신'이라는 말을 자주 사용한다. 그리고 일본인 특유의 기질이나 기백을 표현할 때에 '시마쿠니 곤조'(島国根性)와 더불어 '사무라이 곤조'라는 말을 사용하기도 한다. 또한, 한국인도 사무라이라는 단어에서 일본인의 이미지를 연상하게 된다. 태평양 전쟁 말기에 일본군 특공대인 '가미카제'(神風)가 미 군함에 돌격해 자폭한 행위도, 결국 사무라이 정신에 입각한 애국심의 발로로 설명되고 있다. 한국인에게도 잘 알려진 소설가인 미시마 유키오(三島由紀夫)는 1970년 11월 25일, 그가 주재하는 '다테(楯, 방패)회' 회원 4명과 함께 육상 자위대의 총감부 건물에 난입하여 총감을 감금하고, 막료 8명에게 중경상을 입혔다. 그리고 총감부 건물의 발코니에서 자위대의 각성 및 궐기를 촉구하는 연설을 한 후, 그 자리에서 할복 자살하였다. 미시마가 할복하게 된 정확한 동기는 30년 이상이 지난 지금까지도 아직 수수께끼로 남아 있다. 그러나 일본 내에서는 그의 할복이 극우적인 발상에서 이루어진 것이라는 분석과 더불어, 현대판 사무라이 정신을 보여 준 거사였다고 평가하기도 한다. 그 이유는 그가 평소 도쿠가와(德川) 시대의 무사도에 강한 관심을 가지고 있었고, 사무라이 고유의 의사 표현 방법인 할복을 행동으로 실천하였기 때문이다.

최근 들어 일본에서는 예전과 달리, 사무라이 정신을 말하는 사람들이 그다지 많지 않다고 한다. 이는 일본적 정신의 쇠퇴까지는 아니더라도, 21세기라는 새로운 시대를 맞이하면서 일본적 사고도 자유 분방한 서구적 개인주의에 의해 크게 영향을 받고 있기 때문인지도 모르겠다. 그러나 일본인이 아직도 '사무라이 정신', 즉 '무사도 정신'을 삶의 중요한 가치의 하나로서 추구하고 있음에는 틀림이 없다.

무사의 등장과 무인 정권

일본에 '무사'(武士)라는, 특유한 사회 계급이 역사에 등장하게 된 것은 대체로 11~12세기경이다. 무사가 등장하기 전까지는 나라 시대(奈良時代, AD 700~800)의 율령에 근거하여 확립된 군사 제도가 통치 장치로서 기능하였다. 그러나 12세기 말, 가마쿠라(鎌倉)에 막부(幕府)가 세워지는 것을 계기로 이러한 제도가 유명무실해지면서, 그에 대신하는 전문적인 전사로서 '무사'라는 존재가 윤곽을 드러내게 되었다.

무사란 당초에는 기마(騎馬), 궁사(弓射)처럼 특수한 기능을 보유한 전문 전사를 의미했다. 그러나 기마, 궁사의 기술은 하루아침에 몸에 익힐 수 있는 것이 아니라 어렸을 때부터 오랜 세월 단련한 후에야 자유로운 구사가 가능했으며, 그것도 '용사의 집'(쓰와모노노이에, 兵の家)이라고 불리는 특정한 집에서 부자지간에 대대로 전래해 주는 형태로 계승되었다. 기마 또는 궁사라는 전문 기능이 특징적인 무사의 기본 성격이기는 하나, 동시에 무사에게는 또 한 가지의 성격이 있었다. 그것은 영지(領地)를 가지고 있으면

서 농민이나 서인(庶人)을 지배하는, 영주(領主)로서의 성격이다. 말하자면 땅을 가지고 있는 영주로서의 무사라는 측면을 가지고 있었다.

무사 계급이 등장하는 11, 12세기는 관동(関東) 지역과 동북 지방을 중심으로 미개척지에 대한 개발이 활발하게 전개되던 시기이기도 했다. 이들 지역에 대해서는 일황이 거주하는 교토(京都)의 조정이 그 통치력을 행사하지 못하는 실정이어서, 힘을 가진 자가 지배하는 세계가 되어 있었다. 그와 같은 지역에서 효과적인 개척 및 개발을 추진하기 위해서는 무력이 불가결했기 때문에, 신흥 세력인 무사가 자연적으로 개척의 중심 역할을 수행하게 되었다. 또한, 현지의 유력자나 부호들이 자기의 재산을 투자하여 개발에 임하는 경우에도 개발의 순조로운 추진과 개발한 지역의 안전한 유지를 위해서도, 무력의 유지가 불가결하다는 점 때문에 그들 역시 무사화하는 경향을 보여 주었다.

이와 같이 개발된 경지(耕地)는 '쇼료'(所領)라고 불렸으며, 쇼료의 지배자이자 무사인 영주는 재지 영주(在地領主)라 칭해졌다. 그러나 고대 이래의 율령제에는 '공지공민'(公地公民, 황족·제호족(諸豪族)의 사유지와 사유민(私有民)을 폐지하고 모든 토지와 인민을 국가, 즉 천황의 소유로 하는 제도)의 원칙이 있기 때문에, 재지 영주들은 자신들의 쇼료에 대한 지배권을 둘러싸고 교토의 조정과 마찰을 일으키게 되었다. 이에 따라 재지 영주는 자기의 쇼료를 교토의 고급 귀족이나 유력 사찰에 기증하고, 스스로 현지 관리자 역할을 자임하는 형식을 취하기도 했다.

그러나 가마쿠라 막부(幕府)의 등장으로 무인 정권이 성립하면서 교토 조정의 눈치를 볼 필요가 없게 되었다. 막부는 전국의 무사 계급을 막부 휘하의 주종 관계로 조직하여 정권의 실질적인 요체를 장악하고, 그 대가로 무사는 쇼료의 계속적인 지배를 인정받는 '지토우'(地頭)에 임명되었다. 재지 영주인 무사는 '가마쿠라의 장군과 주종 관계를 맺은 무사'(鎌倉殿の御家人, 가마쿠라토노노 고케

닌)가 됨으로써 쇼료에 대한 지배권을 안정적으로 확립할 수 있게 되었다. 무사 영주(武士領主)들은 쇼료에 대한 지배권을 보장받게 됨에 따라 획기적으로 발전할 수 있는 계기를 맞이하였다.

그러나 이와 같이 무사 영주에게 확립된, 쇼료에 대한 보장은 무사 상호간에 쇼료 방어 및 확대를 지향하는 내란 상황을 초래하였으니, 어떻게 보면 이는 자연 발생적이고 피할 수 없는 상황이었는지도 모르겠다. 중세 말기 전국 시대(戰国時代, 15세기 말부터 16세기 말까지 무사 영주들이 패권을 다투던 시기)에 전개된 일본 전국의 내란 상황은 바로 이러한 영토 싸움이 그 근저에 있었다고 해도 과언이 아니다. 무사 영주들은 자신의 지배 영역을 확대하기 위해 무력 투쟁을 전개하는 동시에 상호간에 합종 연횡을 반복한 결과 점차 거대한 집단으로 형성되었다. 이와 같은 혼란과 분열 상태는 16세기 말, 오다 노부나가(織田信長)와 도요토미 히데요시가 전국을 통일할 때까지 100년 동안 계속되었다. 그래서 이와 같은 집단 사이에는 정복형은 물론 평등한 관계에 의한 동맹도 있었고, 최종적으로는 '다이묘'(大名) 또는 '가신단'(家臣団)이라는, 권력 집중적인 '다테'의 사회 조직을 구축하게 만들었다. 다이묘 또는 가신단으로 이루어진 조직이 바로 '다이묘케'(大名家), 즉 '한'(藩)이다. 이와 같은 정치 조직을 '막번 체제'(幕藩体制)라고 하는데, 이는 도쿠가와 이에야스(德川家康)에 의해 성립된 이후 19세기 말, 메이지 유신에 의해 왕정 복고가 이루어질 때까지 250년 간 계속되었다. 메이지 유신에 의해 무인 정권은 종언을 고했고, 천황은 가마쿠라 막부 이래 700년 만에 정치의 실권을 다시 쥐게 되었다.

일본의 각 현에는 그 현을 대표했던 영주, 즉 한슈(藩主) 또는 다이묘가 거처했던 성(城)이 있다. 물론 각 현의 한슈들은 여러 갈래의 정치적 역정을 거쳐 한슈가 되었고, 그에 따라 각종 전설적 이야기들이 남아 있게 마련이다.

무사도와 셋부쿠(切腹)

　이상에서 살펴본 것처럼 가마쿠라 시대가 시작되면서 무사 계급이 본격적으로 형성되기 시작했다. 그러나 무사 계급이 등장하자마자 무사도가 확립된 것은 물론 아니다. 우선, 무사 계급이 등장하면서 무사 중심의 새로운 생활 윤리가 형성되기 시작하였다. 그리고 이것이 서서히 이념적이고 구체적인 형태를 갖추면서 발전했다. 일반적으로 무사도는 에도 전기(江戶前期)인 17세기에 유학자이며 병학자(兵學者)였던 야마가 소코(山鹿素行, 1622~1685)에 의해 이념적으로 구상되었다고 알려져 있다.
　이와 같이 형성된, 무사의 생활 윤리와 규범은 무인 정권이 700여 년이나 계속되면서 일본 사회에 심대한 영향을 주었다. 국가의 요체를 장악한 무가(武家)의 논리와 법도가 천하의 규범이 되는 것은 당연하다고 할 수 있다. 어떻게 보면 무사도가 일본인의 기본적 생활 규범의 근간을 이루고 있으며, 동시에 일본인의 특성을 만드는 데 크게 작용한 요소였다고 할 수 있다.
　무사들이 출현하게 된 배경을 감안할 때, 그들에게 당초에 가장 소중하게 여겨진 것은 무용(武勇)과, 주종 관계에 있어서 충(忠)이었다. 일본 학자들은 이러한 무사의 기본 덕목을 바탕으로 하여 일본의 전통적인 사고 방식인, 신도적(神道的)이고 자연 종교적인 요소가 가미되고, 후일 불교 및 유교의 세계관과 윤리까지 감안한 것이 무사도라고 하면서, 무사도의 기본 규범으로 의(義), 용(勇), 인(仁), 예(禮), 성(誠), 명예(名譽), 충의(忠義) 등을 들고 있다.

　사무라이의 규범 가운데 의(義)는 용(勇)과 더불어, 무사도에 있어서 가장 중요한 역할을 하고 있다. 의는 무사에게 인체의 뼈 같은 역할을 하는 것으로, 가장 준엄하게 지켜져야 한다. 무사는 의에 입각하여, 뒷거래를 하거나 부정을 행하는 것을 가장 멀리해야 하며, 절의를 지켜야 한다. 용기는 의에 근거하여 발동되지 않으면 무사의 덕행으로 치지 않는다. 용은 올바른 일을 행하는 것으로, 단지 위험을 무릅쓰고 생명을 걸고 사지에 뛰어드는 용맹과는 다르다.

인(仁)은 따뜻한 마음, 어머니와 같은 덕(德)을 의미한다.

예(禮)란 사물의 도리를 당연한 것으로 인정하고 존중하는 것이다. 그것은 사회적인 지위를 당연한 것으로 존중하는 것을 포함한다. 가장 최상의 예는 경건한 마음으로 어려움을 참고, 친절하되 무턱대고 부러워하지 않으며, 자만하지 않고 우쭐대지 않는 것이다. 그러나 일본적인 예란 서양의 그것과 다르다. 서양에서는 상대방에게 선물을 주면서, 자기가 가장 마음에 드는 좋은 물건을 선택했다고 말한다. 그러나 일본은 다르다. 일본인은 자기가 준비한 물건이 너무 보잘것없어 당신에게 어울리지 않을 테지만 마음의 성의로 생각하고 받아 달라고 한다. 성(誠)이란 진실함과 정성을 의미한다. 무사라는 높은 사회적 신분은 상인이나 농민보다 더 높은, 성의 수준을 요구한다. 무사의 한마디는 진실이 보증되어야 한다. 무사의 한마디는 중천금이므로, 무사의 약속은 대개 증서 없이 정해지고 실행되었다. '두 말', 즉 '두 개의 혀' 때문에 죽음으로써 죄를 씻는 무사의 처절한 얘기는 수없이 많다.

명예(名譽)는 개인의 존엄과 뚜렷한 가치의 의식을 포함하고 있다. 무사에게는 어릴 때부터 사무라이의 기본으로서 명예를 지키도록 요구되었다. 그래서 사람에게 웃음거리가 되거나, 체면을 망가뜨리거나, 부끄러운 행동을 하지 말도록 교육을 받았다. 어느 마을 사람이 무사의 등에 벼룩이 튀는 것을 보고 호의에서 이를 알려 주었다. 그러자 그 무사는 '벼룩은 짐승에 기생하는 것이다. 고귀한 무사를 짐승과 같이 말하는 것은 용서할 수 없는 모욕이다'라는, 극히 단순하고 말이 안 되는 이유로 마을 사람의 목을 베었다. 이는 다소 지나친 예지만, 명예가 때로는 사무라이의 자의적인 행동을 정당화하기 위한 수단으로 이용되기도 했다.

어떠한 생명의 희생을 치르더라도 값지다고 생각되는 것 가운데에는 충효(忠孝)가 있다. 이것은 봉건 제도하의 수많은 덕(德)을 연결시키는 요석(要石) 같은 것이다. 충의라고 하는 덕목은 주군에 대한 군신 주종의 예와 충성의 의무로 특징지을 수 있다. 무사도에서는 개인보다도 나라를 중요시한다. 그러나 주군이 멋대로 하는 행동이나 취기에서 오는 광란, 또는 변덕 등에 부합하여 자신의 양심을 희생시키는 자는 무절조한 자로 경멸되었다. 주군과 의견이 다를 경우, 사무라이는 자기의 피를 가지고 자신의 말이 올바름을 최후까지 호소하였다. 생명은 주군을 돕는 수단으로 생각되었고, 이렇게 생명을 던지는 것이 명예로운 행동이라고 생각되었다.

일본인 가운데에는 일본의 무사도를 서양의 기사도(騎士道)에 비교하여 설명하는 사람이 있다. 그리고 서양의 기사도에 해당하는 것이 일본의 무사도이기는 하나, 무사도는 기사도보다 더 높은 차원의 가치를 포함하고 있다고 주장한다. 말하자면 무사도란 무사의 직분만을 의미하는 것이 아니라 일상 생활의 규범도 포함하고 있기 때문이라고 한다. 물론 좁은 의미의 기사도는 기능적인 면이 강한지 모르겠다. 그러나 서양에서 추구하는 기사도도 일반 생활 규범과 전혀 관계가 없다고는 할 수 없다. 또한, 기사도의 바탕을 이루는 사상 가운데에는 무사도에는 희박한, 종교적인 요소가 강하게 포함되어 있다.

일본의 무사들은 서양의 기사와는 달리 주종 관계를 중시한다. 일반적인 의미에서, 중세에 서양에서 발달한 봉건 제도가 토지를 중심으로 주종 관계를 갖는다는 면에서는 일본의 그것과 동일하다. 그러나 서양의 경우, 영주와 농민이 토지를 매개로 주종 관계를 맺고, 영주는 토지를 이용하는 농민에게 그 수확의 일정량을 세금으로 걷는다. 이때에 농민이 외부의 침입으로부터 안심하고 농사를 지을 수 있도록 보장해 주는 장치가 기사다. 물론 기사도 일정한 토지를 제공받아 군역 제공의 대가를 취한다. 이때에 기사와 영주의 관계는 상하 관계라기보다 계약 관계에 가깝다. 기사는 필요에 따라 계약을 해지할 수 있고, 다른 영주를 도울 수 있다. 또한, 영주는 국왕에게 토지 수확의 일부를 상납하고 장원의 안전을 보장받는다. 그러나 영주는 국왕으로부터 자유로울 수가 없다. 영주와 국왕은 주종 관계며, 동시에 군신 관계다. 영주는 기사같이 다른 국왕을 마음대로 모실 수가 없다.

그러나 일본의 경우에는 다르다. 일본에서는 가마쿠라 막부가 등장한 이래 천황은 군림하되 통치하지 않았고, 실제로 국정을 전단(專斷)하는 것은 막부의 장군이었다. 그리고 서양의 장원 같은 쇼료(所領)를 소유하고 있는 것은 무사였다. 영주가 곧 기사였다. 천황이 있는 조정으로부터의 간섭을 피하고 자신의 토지를 안전하게 지키기 위해, 무사는 장군 밑에 가서 그의 보호를 받지 않으면 안 되었다. 무사와 장군 간에는 계약 관계가 아닌 주종 관계가 생겼고, 이 관계는 서양의 군신 관계보다 더욱 가혹한 것이었다. 다이묘(大名)가 된 무사가 그 세력을 확장하기 위해서는 다른 다이묘와 투쟁하여 그 토지를 탈취하는 수밖에 없었다. 이러한 상황은 무사 계급 내부에서 엄격한 상하 관계를 요구하게 만들었다. 또한, 실질적 최강자인 장군과 명분상 군림하는 천황의 조정을 의식하면서 행동하는 무사 집단으로서는, 대외적인 활동에 있어서 명분을 중시하지 않을 수 없었다.

무사도에 있어서, 명예를 지키기 위해 죽음을 선택하는 것은 여러 가지 복잡한 문제를 해결하는 열쇠로 인식되었다. 큰 뜻을 품은 사무라이로서 다다미 위에서 죽는 것은 기개가 없는 죽음이며, 바람직한 최후라고 생각되지 않았다. 특히, 무사가 죄를 씻거나 과거를 사죄하고, 불명예를 벗거나 친구를 구하고, 스스로의 성실함을 증명하고자 할 때에 그들은 스스로 죽는 방법을 택했다. 이것이 셋부쿠(切腹)다.

셋부쿠란 배를 갈라 죽는 것이다. 일본에는 예로부터 무사가 아니라 일반인이라도 배를 갈라 죽는 할복 자살이 많았다. 인간이 자살하는 방법으로 선택할 수 있는 것은 여러 가지가 있을 수 있지만, 그 가운데서도 배를 갈라 죽는다는 것은 대단히 잔혹한 방법에 속한다. 물론 할복 자살이 일본에만 있는 것은 아니다. 한국에도 서양에도 있다. 인류가 존재하는 곳에서는 어디서든 그 예가 있다. 그런데 유달리 일본의 셋부쿠를 거론하는 것은 그것이 사무라이의 법 제도며, 동시에 의식 전례로서 오랜 전통을 가지고 있어서 사무라이를 상징하는, 하나의 특징이 되어 있기 때문이다.

무사가 행하는 셋부쿠는 대개 다음과 같은 절차를 거친다. 우선 셋부쿠를 행하는 장소에는 검시역(檢視役) 등 관계자가 입회한다. 또한, 셋부쿠를 행하는 무사와 그를 도와주는, '가이샤쿠'(介錯) 역할을 해 주는 사람이 함께한다. 가이샤쿠는 훌륭한 신분을 가진 자가 맡는다. 대개의 경우, 셋부쿠를 하는 자의 인척이나 우인이 행한다. 셋부쿠를 행하는 무사는 단도를 앞에 놓고 입회인들에게 셋부쿠에 이르게 된 경위를 고한다. 그러고는 웃옷을 벗어 상반신을 드러낸다. 무사는 호흡을 고르고 정신을 집중한 후, 단도로 왼쪽 복부를 깊게 찌른 뒤에 오른쪽으로 끌어서 약간 위로 올려 자른다. 무사의 얼굴은 일순 고통으로 일그러진다. 그때 가이샤쿠가 벌떡 일어나 검을 날린다. 무사의 머리가 몸체에서 떨어져 나간다. 입회한 사람들이 현장을 정리한다.

무사가 셋부쿠로 죽는 것은 원한을 풀기 위한 명예로운 일로 치부되었다. 그러나 이러한 영광은 정당하다고 인정되지 않는 범죄로까지 확대되어 남용되었다. 전혀 도리에 맞지 않은 이유나, 죽을 만한 가치가 없는 이유로 혈기 넘치는 젊은이들이 불에 뛰어드는 나방같이 죽어 갔다. 더구나 이들 중에는 명예를 노리고 셋부쿠를 하는 예도 많았다고 한다.

사무라이 정신과 선비 정신

일본에서는 가마쿠라 막부가 등장한 이래 19세기 말에 이르기까지, 약 7세기에 걸치는 오랜 세월 동안 무인 정권이 유지되었다. 천황의 조정은 형식적으로만 유지되었고, 무인 정권이 실질적으로 정권을 잡고 국정을 전단하였다. 이 무인 정권의 핵심을 이루는 구성원은 무사, 즉 사무라이였다. 물론 사무라이는 그 계급의 상하에 따라 차이는 있으나, 일반 백성보다 우월한 지위에 있었다. 이들은 명실공히 지배 계급이었다. 이들은 지배 체제를 안정시킨 후에 국가를 경영하는 과정에서, 국가와 민족의 발전을 위해서는 처절한 승패에 운명을 거는 무가(武家)의 논리 이외에도 이상적인 통치 이념이 필요했을 것이다. 그래서 유교에 착안하게 되었다.

유교 이념은 바로 무인들의 국가 경영에 그대로 적용할 수 있었다. 군주에 대한 충과 선조에 대한 효를 지키고, 인과 예 등을 중시하는 유교가 통치의 매뉴얼로 채택된 것이다. 이러한 통치 이념에는 무가 사회의 특성을 반영해야 했다. 또한, 무가 특유의 질서나 의례도 유지하지 않으면 안 되었다. 그러나 일반 백성이 관료로서 국정에 참여할 수 있는 기회를 제공하는 장치인 과거 제도는 채택할 수가 없었다. 왜냐하면 과거 제도를 통해 문인 관료를 받아들이게 되면, 무인 계급의 질서와 기득권에 손상을 줄 것이기 때문이었다.

17세기에 도쿠가와 이에야스(德川家康)가 등장한 이후, 250년간에 걸쳐 일본에는 그 이전 시대와는 달리 전쟁이나 전투가 없는 평화로운 시대가 계속되었다. 무사들은 더 이상 전장에 나가지 않았다. 그들은 자신들의 성(城)을 지키면서 점차 행정에 치우치게 되었다. 더 이상 싸울 필요가 없게 된 무사들은 관료화되어 갔다. 무인이 점차 문인화(文人化)하였다. 이 과정에서 무사도, 즉 무사의 규범이나 윤리는 보다 일반적이고 보편적인 가치로서 재정립되었다. 그리고 그것은 일반인의 도덕이나 윤리의 기준이 되었다.

중세 말 이후, 일본이 기본적으로 채택한 신분 서열은 사농공상(士農工商)이었다. 이는 유교적 정치 체제에서 기본적으로 채택하고 있는 사회 계급의 서열이다. 그런데 당연한 얘기지만, 일본의 경우에는 유의할 점이 있다. 즉, 일본에서 말하는 사농공상의 '사'(士)란 무사(武士)의 '사'라는 것이다. 유교를 국가의 통치 이념으로 채택한 조선의 신분 서열도 사농공상이었다. 그러나 이 경우의 '사'(士)는 무사의 '사'가 아니라 선비의 '사'였다. 이 차이는 대단히 큰 흥미를 불러일으킨다. 어떤 이들은 한국과 일본 간에 '사'의 의미가 정반대인데 대해 매우 놀라기도 한다. 그러나 양국의 역사를 살펴보면, 양자 사이에 차이가 있는 것은 당연하다고 할 수 있다.

선비는 우리말에서 학식과 인품을 갖춘 사람에 대한 존칭이다. 특히, 유교 전통에서는 유교적 이념을 구현하는 인격체를 가리키며, 사회적으로는 독서를 기본 임무로 삼고 관직을 담당하는 신분, 즉 사대부 계급을 가리킨다. 한자어에서는 주로 '사'(士)자가 선비와 같은 뜻으로 쓰이며, 그 밖에 '유'(儒) 자나 '언'(彦)자도 선비라는 뜻을 지니고 있다.

어원적으로 보면, 우리말에서 '선비'는 '어질고 지식이 있는 사람'을 뜻하는 말이며, 조선 세종 시대에 제작된 『용비어천가』(龍飛御天歌)에 '선비'라는 글자가 처음 나타난다.

조선의 선비는 국가를 운영하는 구성원이다. 물론 조선의 경우에는 일본과 달리, 국왕이 중앙 집권적인 국가 체제의 정점에 서서 실질적으로 국정을 운영하였다. 국왕의 능력에 따라 인척인 왕족이나 관료가 국정에 큰 영향력을 행사하기도 하였으나, 고려 시대와 같은 무인 정권은 더 이상 존재하지 않았다. 국왕을 보좌하여 국정을 시행하는 구성원은 기본적으로 문인인 관료들이었다. 이들 가운데에는 조선 초기의 개국 공신과 그 후손들도 포함되어 있기는 했으나, 많은 관료들이 과거 제도를 통해 등장하였다. 과거 제도에 무과(武科)가 없었던 것은 아니나, 관료는 기본적으로 문과(文科) 출신인 문인(文人)들이었다. 이들 관료들은 유교적 통치 이념을 충실하게 지켰다. 그러면서 임진왜란 같은 국가 변란시에는 앞장서서 무기를 들고 적과 싸웠다. 조선의 관료, 즉 지배 계급은 기본적으로 문인인 선비였지만, 필요시에는 무인적 소양이 요구되었다.

본서에서 구체적으로 기술하지는 않겠지만, 우리의 선비 의식은 역사적 뿌리가 깊다. 삼국 시대 초기부터 유교 문화가 점차 폭넓게 받아들여지게 되자, 유교적 인격체인 선비의 덕성에 관한 이해의 토대가 마련되었다. 그러다가 조선 시대에 들어와 유교가 통치 이념으로 확립되면서, 선비 정신은 유교적 이념에 근거하여 지배 계층이나 일반 백성이 추구해야 할 규범이나 도덕 그리고 윤리의 기준을 제시하였다.

한국의 선비 정신과 일본의 사무라이 정신을 동일한 관점에서 논하는 것이 적절하다고는 생각되지 않는다. 그러나 국가의 통치 이념, 또는 사회 구성원이 추구해야 할 가치를 제시한다는 점에서 이 두 가지는 같은 맥락을 가지고 있다. 동시에 분명히 다른 면도 있다. 우선 양국의 정치 체제가 상이하고, 지배 계층의 주된 구성원이 다르다. 일본이 무(武)에 치우치고 있다면 조선은 문(文)에 치우친다. 그렇기 때문에 동일한 유교적 이념을 어떻게 현실 세계에 적용하고 시행하느냐에 대해 차이가 있을 수밖에 없다. 이것은 사무라이 정신보다 선비 정신이 더 탁월한가 아닌가의 문제가 아니다. 그것은 각각의 역사적 특수성이 낳은 산물(産物)인 것이다.

3. 일본 역사와 관련된 몇 가지 에피소드

구석기 시대 유물 날조 사건

2000년 11월 5일자『마이니치 신문』(每日新聞)은 '구석기 발굴 날조'라는 제목하에 1면을 거의 다 채운 특종 톱기사를 게재하고, 이와 관련된 사건의 전모를 사회면과 문화면 등 5~6면에 걸쳐 대대적으로 보도하였다. 이 사건은 일본에 70만 년 전보다 앞서 전기 구석기 문화(前期舊石器文化)가 존재한 것을 증명하였다고 세계적으로 주목을 끌었던 미야기 현(宮城県, 일본 동북 지방에 소재)의 가미다카모리(上高森) 유적에서 발굴된 석기가, 사실은 발굴조사단장인 후지무라 신이치(藤村新一)가 남몰래 파묻고 자신이 스스로 발굴한 가짜임이 밝혀졌다는 것으로, 그 당시 일본 전국을 경악케 했다. 이 사건은 후지무라가 오래 전부터 수십만 년 전의 석기를 계속해서 발굴해 내는 데 대해 의심을 가진 마이니치 신문 취재팀이, 후지무라가 발굴 현장에 몰래 나와 흙을 파고 주머니에서 여러 점의 석기를 꺼내 묻는 장면을 비디오 카메라에 포착한 후, 이를 본인에게 확인시켜 자백받아 보도함으로써 폭로되었다.

남몰래 석기를 묻은 다음에 자신이 이를 발굴했다고 발표하는 사건을 연출한 장본인인 후지무라는 아마추어 고고학자로서, 민간 학술 단체인 동북구석기문화연구소의 부이사장이었으며, 사건이 발각되던 당시 50세였다. 그는 22살이었던 1978년, 미야기 현에서 개최된 고고학전을 본 것을 계기로 구석기 문화에 관심을 가지고 아마추어 연구가로서 발굴에 참여하기 시작했다. 그는 1981년에 미야기 현 내의 자자라기(座散亂木) 유적에서 당시 일본 국내

3. 일본 역사와 관련된 몇 가지 에피소드   115

후지무라의
구석기 유물 날조를
보도한 일본 신문

에서는 가장 오래된, 4만여 년 전의 석기를 발견하였다. 이 발견은 그간 일본 학계에서 논란이 되던, '3만 년 이전에 일본에 전기 구석기 시대가 존재했는가' 하는 논쟁에 종언을 고하게 만들었다.

일본에서는 3만 년보다 오래된 시대를 전기 구석기 시대, 3~1만 년 전을 후기 구석기 시대로 분류하고, 3만 년보다 오래된 시대의 유적이나 석기가 존재하는가 하는 것이 학계의 오랜 논쟁이 되어 있었다.

뿐만 아니라 그는 1984년, 미야기 현의 후루카와 시(古川市) 유적에서 17만 년 전의 석기를 발견함으로써 일본의 전기 구석기 시대의 존재를 결정적인 것으로 만드는 데 기여하였다. 그는 1992년, 동북구석기문화연구소 설립시 발기인이 되면서 발굴에 본격적으로 참가하였다. 그는 일본 동북부의 홋카이도(北海道), 이와테 현(岩手県), 미야기 현(宮城県), 야마가타 현(山形県), 후쿠시마 현(福島県), 도치기 현(櫔木県), 군마 현(群馬県), 도쿄 도(東京都) 등에서 180개 이상의 유적 발굴에 참여하였다. 그는 1994년에 50만 년 전의 석기를 발견하였고, 그 이후 60만 년 전과 70만 년 전의, 일본 최고(最古)의 석기를 잇달아서 발견하였다. 이들 석기의 발견으로 북경원인(北京原人)이 출현한 60만 년 전보다 더 오래 전에 일본에도 인류가 존재했을 가능성이 높아졌다고 일본 학계가 흥분하였다. 이와 같이 경이적으로 석기를 계속해서 발굴해 내는 후지무라는 '신의 손'이라고 불렸다. 그가 발굴 현장에 나타나면 '흙먼지가 일면서 석기가 얼굴을 내민다'며, 모두 경탄을 금치 못했다. 발굴 현장에서 아무것도 출토되지 않다가도 그만 나타나면 석기가 출토되는 예가 속출하였다. 그러나 그의 석기 발견에 대해 부자연스럽다고 이의를 제기하는 학자들도 여러 명 있었다. 그러나 이들 소수 학자들의 의문 제기는 일본 최고(最古)의 석기 발견이라는 탄성에 묻혀 세인의 관심을 끌지 못했다. 1980년대 전반, 답사에 운전수로 동행했던 남자가 석기를 땅에 묻는 후지무라를 목격하고 주위에 얘기를 했으나, 이를 믿어 주는 사람이 없었다.

일본고고학협회는 2002년 5월 26일에 기자 회견을 갖고 구석기 발굴 날조 사건과 관련하여, 그때까지의 후지무라의 석기 발굴 업적을 사실상 모두 부정하였다. 후지무라는 당초에 날조한 것은 두 건뿐이라고 얘기했으나, 실제로 그가 오랜 세월에 걸쳐 날조를 계속해 왔다는 것은 의심할 여지가 없게 된 것이다.

1997~1998년에 일본 문부성의 검정을 받은 고등학교 역사 교과서에는 후지무라가 발굴한 '카미다카모리' 유적에서 '구석기 시대의 전기에 해당하는, 약 60만 년 전의 석기가 발견되고 있다'고 기술하고 있을 뿐 아니라, '북경원인과 같은 원인(原人) 단계의 인류가 일본 땅에 도래했다는 것은 약 50만 년 이전의, 구석기 시대의 유적이 동북 지방에서 발견된 것을 볼 때에 의심의 여지가 없다'고 단언하는 부분도 등장하였다. 물론 이와 같이 기술한 일본 역사 교과서는 앞으로 다시 쓰여질 수밖에 없다.

그런데 후지무라의 구석기 유물 날조가 어떻게 가능했으며, 그토록 오랜 세월 동안 주위 사람들이 왜 눈치를 채지 못한 것일까. 이에 대해 일본 언론은 고고학 가운데서도 구석기 시대의 연구가 과학으로서 아직 미성숙하기 때문이라고 분석하고 있다. 석기 자체에서 연대를 측정하기 위해서는, 석기에 남아 있는 방사선의 양 등을 근거로 석기가 열을 받은 시기를 추정하는 '전자 스핀 공명법(共鳴法)'이 있다. 이러한 방법이 유효하기 위해서는 석기에 불을 사용한 흔적이 있는 경우에 한정된다. 그러나 불의 흔적이 인위적인 것인지, 화산의 분화 같은 자연 현상에 의한 것인지 구별하기가 어렵다. 측정을 하더라도 수십만 년의 오차가 나기도 한다. 후지무라는 아마추어 고고학 연구가로서 석기의 연대 측정을 확실히 밝혀 내기가 어렵다는 것을 알고, 이런 맹점을 이용해 자기가 묻고 자기가 발견하는 방법을 택한 것으로 보인다. 후일 날조 사건 조사를 위해 후지무라의 자택을 방문했던 조사단원들은 자택 창고에서 방대한 양의 토기와 석기를 발견하였다. 그런데 이 유물들은 대부분 '조몬 시대'(繩文時代, 지금으로부터 약 5천 년 전부터 BC 4~3세기까지 계속된 신석기 시대)에 출토된 것이었다. 이 석기들은 진짜 석기이기는 하나 실제로 1만 년도 안 지난 것으로, 후지무라의 유물 날조에 사용된 것으로 보고 있다.

이와 같이 연대가 그리 오래지 않은 석기가 수십만 년 전의 것으로 간주된 이유는 어디에 있을까. 석기의 연대는 출토된 지층이나 석기의 형상으로 추정하는 것이 일반적이다. 그러나 후지무라가 '발견'한 석기는 인류학 등 고고학과 관련된 분야의 연구 성과를 감안한 형상 검토가 충분히 이루어지지 않은 채, 지층만으로 연대를 결정하는 방법이 사용되었다고 한다. 이는 '층위(層位, 지층의 위치)는 형식에 우선한다'는 주장에 따른 것으로, 석기의 모양과 지층의 연대가 여태까지의 상식과 일치하지 않더라도 지층을 우선하여 연대를 추정해야 한다는 생각이다. 그래서 후지무라가 발굴한 석기의 형상을 분석하면 '구석기 시대의 것이라고는 생각할 수 없다'는 비판이 일부 전문가로부터 나왔으나, 무시되었다고 한다. 다시 말하자면, 5천 년 전의 석기를 50만 년 전의 지층에 몰래 파묻은 다음, 이를 50만 년 전의 석기라고 주장해도 받아들일 수밖에 없었다는 것이다.

2000년 11월 7일, 북경의 신화사 통신은 「일본 고고학회의 마음 아픈 날조 행위」라는 제목하에, 구석기 발굴 날조 사건은 세계적인 고대 문명국의 지위를 갖고 싶어하는 일본인의 심리가 그 배경이 되었다며, 다음과 같이 보도하였다.

일본같이 과학 기술이 발달한 국가의 문명사가 왜 한 개인의 언행에 의해 좌우되는지 의문이다. 더구나 문부성이나 문화청, 일본의 매스컴까지 후지무라의 성과를 안이하게 받아들인 배경에는 뒤떨어지고 싶지 않다는 일본 민족의 심리가 작용한 것으로 보인다. 일본인은 현재의 경제 대국의 지위에는 만족하지 않고, 세계적인 정치 대국, 고대 문명 대국이 되고 싶다는 생각을 하고 있는 것 같다.

후지무라의 구석기 날조 사건은 그냥 지나치기에는 너무나 충격적이다. 왜 이런 일이 생겼을까. 이 사건은 어느 공명심 높은 아마추어 고고학자의 일과성 해프닝이었다고, 그냥 지나치면 되는 일인가. 물론 후지무라라는 한 개인이 한 일을 일본 고고학계, 또는 일본인 전체의 의중을 반영한 것으로 확대 추론하는 것은 적절치 못하다. 그러나 후지무라가 이 사건을 꾸며 내게 된 동기의 깊은 곳에는, 일본의 구석기 시대 또는 상고사에 대한 일반적인 고정관념을 깨뜨리고 싶다는 욕구가 강하게 작용했다는 사실을 부인하기는 어렵다.

일본의 구석기 시대는 물론 신석기 시대도 아직까지 베일에 가려져, 불분명하고 불확실한 부분이 너무 많다. 특히, 일본인은 어디에서 왔는가 하는 '일본인 기원론'에 이르면, 그 논의는 끝을 맺을 수 없을 정도로 다양한 설들이 제기되어 있다. 이러한 논의의 일반적인 대전제는, 현 일본 민족의 선조가 선사 시대 이래 일본에 거주해 오던 원일본인(原日本人)이 아니라 도래인(渡來人)과 선주민(先住民)의 혼혈이라고 보는 데 있다. 그렇다면 도래인은 어디에서 온 것일까, 또 도래인은 선주민과 어떤 관계에 있었을까가 최대의 관심사가 될 수밖에 없다.

일본 열도에 도래인이 도착하게 된 것은 대개 BC 3~4세기부터 AD 4~5세기에 이르는 시기로 추정되고 있다. 그런데 이들 도래인은 어디에서 왔을까. 일본 학자들 간에도 여러 가지 설이 주장되고 있으나, 대체적으로 인정되고 있는 것은 한반도, 중국 대륙 또는 남방에서 도래인들이 일본에 이주하여 일본의 선주민과 혼혈이 되면서 일본 민족을 형성하게 되었다고 한다. 이에 관해서는 일본 학자들이 DNA 분석, 두개골 비교, 혈액형 분포 조사 등 과학적인 자료를 근거로 하여 비교 인류학적인 방법으로 많은 연구를 하고 있다. 일본의 도래인에 대해서는 한국 내에서도 많은 연구 서적들이 출간되고 있다. 이러한 자료들을 이곳에서 일일이 소개할 필요를 느끼지는 않는다. 다만 중국 대륙설이나 남방설도 나름대로 일리가 있다고 생각하지만, 현재까지 나타나 있는 연구 결과를 종합적으로 판단할 때, 일본에 이주해 온 주된 도래인은 한반도 출신이었다고 하지 않을 수 없다.

도래인과 선주민의 관계가 어떠했는가는 대단히 민감한 문제다. 도래인이 선주민보다 고도로 발달된 농경 문화를 가졌던 것은 일반적으로 인정되고 있다. 그러나 이들 도래인이 선주민을 제압하여 그들을 다스리는 지배자가 되었는지, 또는 선주민의 문화를 점진적으로 수용, 흡수하면서 선주민과 융화되었는지는 확실하게 단언하기 어렵다.

만일 후지무라가 날조하려고 했던 것같이 일본의 구석기 시대가 50~60만 년 전으로 소급해 올라갈 수 있다면, 일본은 인류 문화의 발상지 가운데 하나로서 당연히 평가받을 것이다. 그리고 그같이 우수한 선사 문명을 가졌던 일본의 선주민은, 장구한 세월에 걸쳐 이루어 놓은 문명의 토대를 바탕으로 도래인을 융화시킬 수 있는 능력을 가질 수 있었을 것이다. 혹시 후지무라는 바로 이처럼 선주민의 우수함을 입증하려는 사고의 연장선상에서, 구석기 유물의 날조를 생각하게 되었던 것은 아니었을까.

동해를 바라보는 '우라 니혼'의 선사 시대

시마네 현과 고진다니 동검 358개의 수수께끼

'우라니혼'(裏日本)은 우리 나라의 동해와 면하고 있는, 일본 혼슈(本州)의 서쪽 해안을 일컫는 말이다. 시마네 현(島根縣)은 우라니혼 중에서도 우리 나라의 경상도와 비슷한 위도의 해안을 따라 가늘고 기다란 형체를 하고 있다. 면적은 6,707km²이며, 인구는 약 72만 명에 불과하다. 해안을 제외한 현의 경계는 산맥으로 둘러싸여 있어서 교통이 불편하다. 시마네 현의 현청 소재지인 마

3. 일본 역사와 관련된 몇 가지 에피소드 121

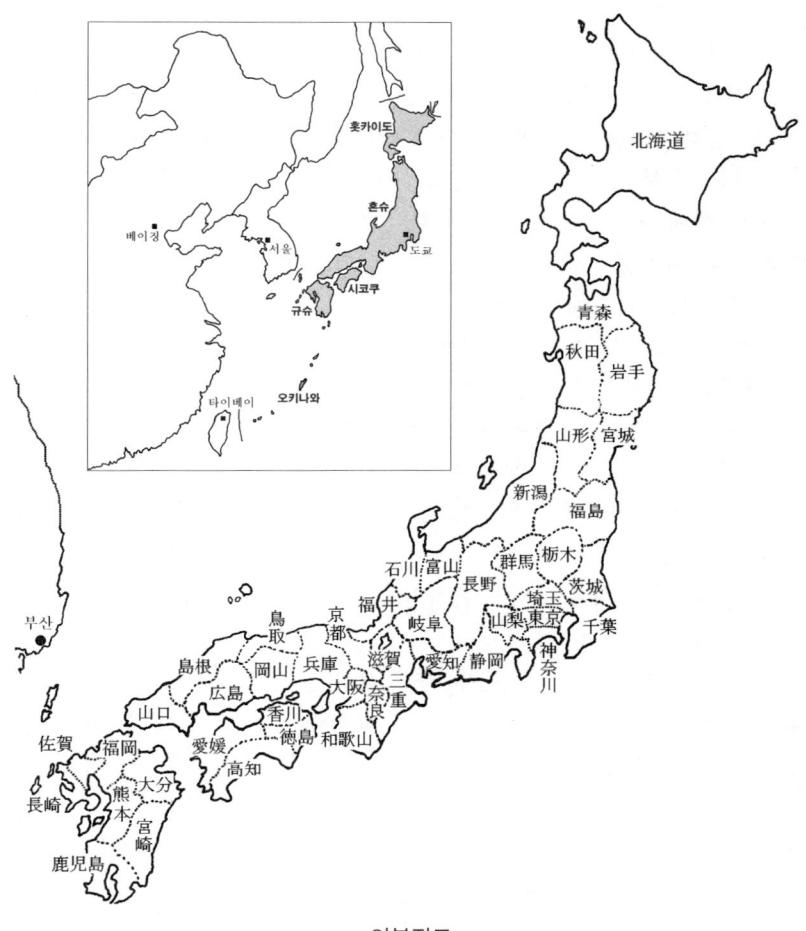

일본전도

쓰에 시(松江市)를 직접 연결하는 고속 도로나 신칸센(新幹線, 일본의 고속 철도)도 없다. 물론 현 내에 국도와 일반 철도가 연결되어 있기는 하지만, 다른 현에 비하면 왕래가 불편하다. 그러나 경관이 빼어나고 고대 유적지가 많다. 그래서 일본 전국에서 관광객들의 발길이 멈추지 않아, 연중 6~7백만 명에 달하는 사람들이 이곳을 찾는다.

  시마네 현은 한국인에게 독도(獨島)로 인해 잘 알려진 현이다. 한일 의정서(韓日議定書, 1904. 2) 및 을사 조약(乙巳條約, 1905. 11)을 통해 일본이 한국에 대해 주권 탈취를 자행하던 무렵(1905. 2), 일본 정부는 울릉도의 속도(屬島)인 독도를 강제로 탈취하여 시마네 현에 귀속시켰다. 물론 한국은 독립과 동시에 독도에 대한 영유권을 되찾았지만, 일본은 오늘날까지도 독도를 '다케시마'(竹島)라고 부르며, 독도가 일본 땅이라고 때때로 주장하여 한국 국민들의 분노를 사고 있다. 이런 사유로 한국인들 가운데에는 독도와 연관하여 시마네 현을 기억하는 사람도 있을 것이다. 물론 시마네 현 주민들도 독도에 대해 지대한 관심을 가지고 있다. 시마네 현청의 홈페이지를 방문해 보면, 독도에 대한 별도 항목을 만들어 자신들의 주장을 하고 있을 정도다. 그러나 그와는 관계없이 시마네 현 주민들이 역사적으로 한국에 대해 친근감을 느끼고, 한국과 우호 친선 교류에 큰 관심을 갖고 있다는 사실은 그다지 널리 알려져 있지 않다.

  시마네 현에는 재일 동포가 약 1,200명 정도 거주하고 있으며, 재일 동포 조직인 민단(在日本大韓民國民團의 약칭) 시마네 현 지방 본부가 현청 소재지인 마쓰에 시(松江市)에 있다. 일본 전국에 거주하는 재일 동포가 60만 명에 달한다는 점을 감안할 때, 시마네 현에 거주하는 우리 동포의 수는 아주 적은 편이다. 그러나 재일 동포 수가 적은 데 비해 시마네 현 민단의 활동은 매우 활발하다. 시마네 현 민단 지방 본부는 재일 한국인의 지방 참정권 획득 운동 등 법적 지위 향상에 적극적으로 참여하고 있고, 동시에 한일 간의 우호 친선 교류에도 적극적이다. 또한, 위에서 잠깐 언급한 바와 같이, 시마네 현에서는 일본인이 중심이 되어 조직된 일한친선협회의 활동도 활발하다. 경상북도는 시마네 현과 자매 결연을 맺어 각종 교류를 갖고 있으며, 시마네 현의 여러 도시들도 한국 도시들과 자매 결연을 맺고 있다. 이러한 시마네 현의 우호 친선 분위기 조성을 위해 큰 공헌을 하고 있는 사람으로, 시마네 현 민단 지방 본부의 박희택(朴熙澤) 단장을 들 수 있다. 올해 79세인 박 단장은 민단이 창단된 이래 민단 시마네 현 지방 본부 단장을 맡아, 한평생을 우리 동포 사회의 발전과 한일 우호 교류를 위해 노력해 온 원로로, 시마네 현의 일본 인사들로부터도 존경을 받고 있다.

시마네 현은 주히로시마한국총영사관의 관할 지역이다. 필자가 2000년 8월 하순에 히로시마에 부임한 후, 한달 쯤 지나 마쓰에 시를 방문했을 때의 일이었다. 필자는 우선 시마네 현의 지사와 마쓰에 시장을 방문하여 한국 총영사로서 부임 인사를 하고, 그 후에 시마네 현의 일한친선협회 회장 등 관계 인사들을 만났다. 또한, 민단 지방 본부 사무실도 방문했다. 이때에 필자와 동행하여 안내해 준 분이 박희택 단장이었다. 모든 방문 일정이 다 끝나고 히로시마에 돌아갈 일만 남아 있을 때였다. 180cm에 가까운 키에 아직도 목소리가 쩌렁쩌렁하게 힘에 넘치는 박 단장이 필자에게 말했다.

"박 총영사, 대학에서 역사를 전공했으니 역사에 관심이 있을 텐데, 가는 길에 시마네의 대표적인 유적지 한 군데만 보고 가세요. 마쓰에 시에서 20km 정도 떨어진 이즈모 시(出雲市)와 가까운 곳에 '고진다니'(荒神谷)라고 하는 유적지가 있는데, 동검(銅劍)이 대량으로 출토되어 유명해졌지요. 이즈모는 일본 서기(日本書紀, 중국의 正史인 漢書. 後漢書를 본떠서 서기 720년에 편찬한 역사서)에도 등장하는 고대 왕국이 존재했던 곳입니다. 이즈모 왕국은 한반도에서 온 도래인들이 세웠다고 전해지고 있는데, 고진다니의 유물들은 이즈모 왕국과 밀접한 관계가 있다고 하지요."

필자는 그간 일본에 여러 번 근무하였지만 시마네 현에는 가 본 적이 없었다. 그때가 처음 방문이었던 것이다. 박 단장의, 고진다니에 대한 설명에 강한 호기심을 느낀 필자는 시마네 현의 역사도 공부할 겸 유적지에 안내해 줄 것을 박 단장에게 부탁했다.

고진다니 유적 발굴 현장(왼쪽이 동검, 오른쪽이 동탁 및 동모 발굴 현장)

고진다니는 시마네 현 전체로 보면 동쪽 끝에 위치한 마쓰에 시로부터 서남쪽으로 약 20Km 정도 떨어진 곳에 위치하고 있다. 마쓰에 시를 끼고 있는 호수인 '신지코'(しんじ湖)를 끼고 국도 9호선을 따라 15Km 정도 서쪽으로 가다가, 히로시마로 가는 국도 54호를 만나 남쪽으로 5Km 내려가면 우측에 고진다니가 있다. 이곳은 이즈모 시와 인접한 지역이다. 이즈모는 평야 지대이나, 고진다니는 '간나비야마'(神名火山, 佛経山이라고도 함. 높이 366m)의 자락에 위치하고 있어서 낮은 구릉으로 둘러싸여 있는 골짜기다. 간나비야마 정상에서는 우리의 동해 바다가 눈앞에 펼쳐진다.

고진다니 유적지는 1983년에 이 지역에 광역 농도(廣域農道)를 만들기 위한 사전 조사를 했을 때, 고대 토기 한 조각이 발견된 것이 단서가 되어 발굴하게 되었다. 시마네 현 교육 위원회가 1984년 7월에 이 지역에 대해 발굴 조사를 행하자, 생각지도 않던 동검(銅劍)이 대량으로 발견되어 일본 전국을 놀라게 만들었던 것이다. 이 동검은 모두 358개로, 언덕 사면(斜面)에 네 줄로 가지런하게 놓여 있었다. 이때까지 일본 전국에서 약 300개의 동검

동탁 및 동모가 출토된 상황

이 발견되었지만, 한 장소에 이렇게 몰려 있는 것은 처음이었다. 일본 언론은 동검의 대량 출토를 대대적으로 보도하였다.

이어서 1985년에는 동검이 있는 부근에 다른 청동기가 잠자고 있을지 모른다는 생각으로, 최신 기계를 사용하여 지하를 탐색하기 시작했다. 그러자 동검이 발견된 곳으로부터 동쪽으로 7m 떨어진 곳에서 동탁(銅鐸) 6개와 동모(銅矛) 16개가 다시 발견되었다. 한 번도 아니고 두 번씩이나 대단히 중요한 유물이 발견된 고진다니 유적은, 일본 전국에서도 매우 중요한 유적지가 되었다.

현재 이 유적지를 중심으로 한 1.3ha는 일본 정부에 의해 사적(史蹟)으로 보존되어 있고, 이곳에서 발견된 동검, 동탁, 동모는 중요 문화재로 지정되었다. 이들 동검 등 출토품에 대해 시마네현 히가와초(斐川町)에서 1993년 3월에 발행한 『고진다니 유적』이라는 관광 안내 팜플렛에는 다음 같은 내용이 기재되어 있다.

동검은 일본의 야요이(弥生) 시대 전기인 BC 3세기~BC 2세기 무렵에 한반도에서 일본으로 건너온 무기다. 동검은 동에 소량의 주석이나 납을 섞어서 만든 청동 제품으로, 만들어졌을 당시에는 황금색으로 빛나고 있었다. 동검에는 크게 3단계의 역사가 있다. 전기의 것은 세형 동검(細形銅劍), 중기에는 중세형 동검(中細形銅劍), 후기가 되면 평형 동검(平形銅劍)으로 형태나 크기가 변화했다. 이 가운데 전기의 세형 동검은 대륙에서 들여온 것으로 전해지고 있으나, 중기 이후의 중세형 동검과 평형 동검은 일본에서 만들어진 것이라고 한다.

이곳에서 출토된 동검은 중세형 동검으로 길이 50~53cm, 무게 400~500g이다. 여태까지 동검이 제일 많이 발견된 것은 효고 현(兵庫縣) 아와지시마(淡路島)의 고츠로(古津路) 유적에서 나온 13개였으나, 이번에 고진다니에서 발견된 것은 이를 훨씬 상회한다. 동검을 묻은 의미에 대해서는 '땅 속에 만일의 경우에 대비해 묻어 두었다가 마쓰리(祭り)를 할 때에 꺼내어 사용했다', '필요 없게 되었기 때문이다', '어떤 이유 때문에 감추었을 것이다' 등 여러 가지 설이 있다. 또, 누가 묻었는지, 어디에서 만들어졌는지도 큰 의문점이며, 지금 이에 대한 연구가 진행되고 있다. 또한, 동검의 손잡이 부분에 X 표시가 들어가 있는 것이 다수 발견되었다. 이러한 표시가 들어가 있는 동검은 다른 곳에서는 그 예가 없었다.

동탁, 동모 모두 야요이 시대 전기에 한반도에서 전해진 것으로, 농경의 마쓰리에 사용되었다고 한다. 동검이나 동모가 악령을 쫓는 물건인데 비해, 동탁은 신(神)을 부르는 종(鍾)이었다고 생각된다. 동탁은 높이가 21~24cm, 무게 605~1,120g으로 소형이다. 동모는 길이 69~84cm, 무게는 995~2,095g 이다.

지금까지 일본 청동제 제기(靑銅製祭器)의 분포는 '긴키(近畿) 지방을 중심으로 하는 동탁 분포권'과 '기타큐슈(北九州)를 중심으로 하는 동검, 동모 분포권'으로 구별되어 있었다. 그 분포권에는 정치적, 종교적으로 통합된, 2개의 다른 집단이 있었다고 생각되고 있다. 그러나 고진다니 유적에서 동탁과 동모가 같은 장소에 묻혀 있다는 사실과 일본 전국의 출토 수를 크게 상회하는 대량의 동검이 출토된 것을 감안할 때, 금후 청동기의 2대 분포설은 다시 검토하지 않을 수 없게 되었다.

고진다니 유적지는 나지막한 산자락 사이에 놓인 골짜기다. 유물이 발굴된 지역을 중심으로 예쁜 정원이 조성되어 있고, 관광객들을 위한 주차장도 있다. 유적지 안에는 기념품을 파는 매점이 있다. 매점 안에서는 유물들이 발굴되던 당시의 광경을 비디오로

3. 일본 역사와 관련된 몇 가지 에피소드 127

동검이 다량으로 출토된 상황

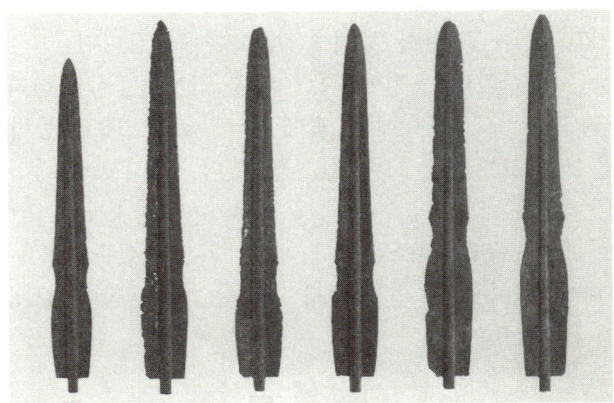

여러 형태의 동검

보여 주고 있었고, 전시실을 마련해서 유물의 샘플을 몇 점 전시해 놓았다.

필자는 전시실에 놓인 동검 샘플을 찬찬히 살펴보았다. 이곳에서 출토된 중세형 동검은 야요이 중기인 BC 2세기~BC 1세기에 만들어진 것으로 판명되었다고 했다. 2천 1백 년쯤 전, 이곳 고진다니에서는 무슨 일이 있었을까. 고조선이 멸망하고 삼국 시대가 등장하던 시기에 한반도에서 넘어온 도래인들이 이곳에 정착하여 나라를 일으키고, 그리고 동검을 만드는 기술을 전해 주었을까. 무엇 때문에 이렇게 많은 동검을 한 장소에 묻었을까. 이곳에서 발굴된 동검의 손잡이 부분에 남아 있는, 그 이유를 알 수 없는 X라는 표시는 과연 무엇일까.

동검 손잡이의 X 표시

한창 전시되어 있는 출토품에 정신이 팔려 있는 필자에게 박 단장이 말을 걸어 왔다.

"이제 어두워지기 전에 히로시마에 가셔야지요. 동검에 관해 더 알고 싶으면 이 책을 읽어 보세요. 참고가 될 겁니다."

박 단장은 고진다니 유적에 관한 학술 잡지를 구해 필자에게 주었다. 그리고 박 단장은 매점 안에 걸려 있는 모조 동탁의 끈을 당겨 종을 울리고, 손을 모아 합장을 했다. 그리고 지나가듯이 한 마디했다.

"사실 이게 다 우리 선조한테서 배운 게 아니겠습니까."

히로시마에 돌아오는 차 안에서 필자는 박 단장이 건네준 책을 꺼내 읽기 시작했다.

1985년 7월 28일. 그러니까 고진다니에서 일본 고고학상 유례없이 358개의 동검이 발굴된 지 1년 뒤, 유물이 발굴된 히가와초에서「동검

358개의 수수께끼를 풀어본다」라는 제목으로 심포지엄이 열렸다. 이 심포지엄에는 6~7명의 고고학자들이 참가하여 고진다니 유물에 대한 각자의 의견을 발표하였고, 참석자들 사이에 토론도 있었다. 히가와초는 인구 2만8천 명밖에 되지 않는 작은 마을이다. 그런데 이렇게 작은 마을에서 개최된 학술 심포지엄에 무려 800명이 넘는 청중이 모였다. 고진다니 유물에 대한, 현지의 뜨거운 열기를 반영한 것이리라.

오전 오후로 나뉘어 개최된 심포지엄에서 중점적으로 거론된 내용은 이렇게 대량의 동검을 묻은 것은 누구일까, 무슨 의도로 묻었을까, 동검의 제작은 어디에서 했을까, 동검을 만든 원료는 어디에서 왔을까, 고진다니의 유물 발견은 이즈모 고대사에 대해 무엇을 말하고 있을까 등이었다.

필자가 고진다니 유물에 관한 심포지엄을 정리한 책을 읽으면서 큰 흥미를 느꼈던 부분은, 나라 대학(奈良大學) 미즈노(水野正好) 교수의 의견이었다. 그는 이번에 출토된 동탁이나 중세형 동검이 일본에서만 발견되고 있는 것으로, 중국이나 한국에는 없다고 설명했다. 그러나 청동기는 동(銅), 납(鉛), 주석(錫)의 합금으로 만들어지는데, 그 당시 일본의 수준으로는 동이나 납을 캐낼 수 없었기 때문에 이러한 원료는 결국 중국이나 한국에서 가져와 일본에서 제조했다는 것이다.

그렇다면 중국 또는 한국에서 수입된 원료를 이용해서 청동 제기를 만든 곳은 어디일까. 미즈노 교수는 동검이나 동탁을 만들기 위해서는 다량의 주형이 필요하나, 이즈모에서는 그러한 흔적이 발견되지 않는 것으로 보아 이즈모는 생산지가 아니라고 추정했다. 그래서 규슈(九州)나 긴키(近畿)의 기술자가 청동기 소재를 가지고 이즈모에 와서 주조했거나, 또는 규슈나 긴키에서 만든 완제품을 이즈모에 가져왔을지도 모른다는 것이었다. 그러나 당시 발달하지 못한 운송 수단과 취약한 도로 사정으로 보아, 규슈나 긴키에서 그렇게 간단히 대량의 재료를 갖고 다닐 수 없었다는 점을 감안하면 그 같은 추정은 무리한 가정이라는, 다른 참가자의 의견도 제시되었다.

그러나 더욱 필자의 관심을 끈 것은 미즈노 교수에 대한 반론으로 제기된, 하야미 야스다카(速水保孝)의 의견이었다. 그는 히가와가 원래 이즈모 왕국의 근거지였으며, 이즈모 왕국은 청동기의 원료들을 신라로부터 수입했다고 주장했다. 그리고 원료 수입항으로, 시마네 현의 북부에 있는 섬인 오키노시마(隱岐島)를 들었다. 그 이유로, 우선 이즈모는 『이즈모국 풍토기』(出雲国風土記)에서 보이는 바와 같이 신라와 깊은 관계가 있고, 그 다음으로 신라 방면에서 이즈모에 오는 것은, '리만' 한류(寒流)를 타고 남하하여 쓰시마 난류(対馬暖流)를 바꿔 타면 오키노시마에 도착할 수 있기 때문이라고 설명하였다(이와 관련된 내용은 뒤의 '서일본과 한반도 간 교류의 원점과 동해'를 참조). 그래서 지금도 오키노시마에는 한국계 지명이 많이 남아 있다고 했다.

나라 시대(奈良時代)에 전국 각지 지명의 유래, 전설 등을 조사하여 만든 책으로, 일본 전국 60여 지방의 풍토기가 만들어졌다고 하나 대부분 소실되고, 그 중 가장 완벽한 상태로 남아 있는 것이 『이즈모국 풍토기』다. 이 풍토기에 의하면, 이즈모의 신(神)인 '야쓰가미츠오미츠누노미코도'가 "이 나라는 처음에 너무 작게 만들었다. 조금 큰 나라로 만들어야겠다. 그런데 한반도의 신라의 산부리를 보니 토지에 여유가 있다."라고 한 후, "신라여, 이리 오너라, 이리 오너라."라고 말하여 신라 땅을 가져와서 이즈모에 붙였다고 한다. 일본 학자들 대부분은 이즈모 고대 왕국의 존재를 실체적으로 인정하지 않고, 단순히 설화 차원에서만 인식하려는 경향이 강하다. 그러나 이즈모를 중심으로 한 지방의 학자들 가운데에는, 이 설화가 신라에서 온 도래인의 도움을 받아 강력한 이즈모 고대 왕국을 건설했다는 단서를 제공하고 있다고 보는 사람도 있다.

차창 밖으로 어두워지는 하늘 밑에 히로시마 시내의 불빛이 보이기 시작했을 즈음, 그날 다녀온 시마네 현의 여러 가지 일들이 머리를 스쳐 갔다. 그 중에서도 고진다니의 유물은 머리에서 떠나지 않았다. 정말 신라인들이 2천 년 전에 이즈모 왕국을 일으키는

데 결정적 역할을 하고, 동검을 만드는 원료도 배로 신라에서 운반해 왔을까. 한국과 일본이 고대부터 교류를 가져 왔다는 것은 일일이 설명할 필요가 없다. 또한, 이를 웅변하는 수많은 유적과 유물이 일본 도처에서 발견 또는 발굴되었고, 앞으로도 나올 것이다. 그러나 일본의 역사 시대가 시작되기 전인 선사 시대 또는 일본의 역사 시대가 겨우 태동하려고 했던 시절, 한반도에 살던 사람들이 일본과 어떤 형태로 교류를 했을까 하는 궁금증이 머리에서 떠나지 않았다.

도이가하마의 야요이 인골은 왜 동해를 향해 누워 있는가

한반도에서 현해탄을 넘어 일본 열도를 향할 때에 제일 가까운 지역이 어디일까. 쓰시마(対馬島)나 기타 작은 섬을 제외하고는, 규슈(九州)의 북부인 후쿠오카(福岡) 지역과 혼슈(本州)의 남서쪽 끝으로, 규슈와 마주보고 있는 야마구치 현(山口県)의 시모노세키(下関) 부근이 될 것이다. 부산을 기점으로 할 때, 후쿠오카나 시모노세키까지의 거리는 200km 정도밖에 되지 않는다. 고속 도로가 놓인다면 자동차로 두 시간 남짓밖에 걸리지 않는 거리다. 이렇게 가까운 거리에 놓여 있는 규슈 및 야마구치 현과 한반도의 교류는 활발할 수밖에 없다. 그래서 오늘날에도 인천, 부산 및 제주와 후쿠오카 간의 항공편이 빈번하게 운항되고 있는 것은 물론, 하카다(博多)와 부산, 그리고 시모노세키와 부산을 잇는 페리 여객선도 매일 운항되고 있다.

규슈가 일찍부터 한반도와 깊은 교류를 가져 왔다는 것은 너무나 잘 알려진 사실이다. 그러나 야마구치 현도 한반도와의 교류에 중요한 역할을 수행해 왔다. 시모노세키는 조선 통신사가 혼슈에 최초로 상륙하는 지역이었으며, 일제 때에는 일본과 한반도를 연결하는 연락선이 떠나는 출발지였다. 그뿐만 아니라 야마구치 현과 한반도의 교류 역사는 고조선 시대보다 더 과거로, 선사 시대

도이가하마의 모습(상단에 보이는 바다를 건너면 한반도의 동해안에 달한다)

까지 거슬러 올라가지 않으면 안 될 것이다.

시모노세키 시에서 국도 191호선을 따라 해안을 북상하여 45km 정도 가면 호우호쿠초(豊北町)라는 마을이 나온다. 이 마을의 서쪽 해안에는, 규모는 작지만 해안 평야가 있어서 논이 보인다. 해안 평야의 중앙에는 동쪽이 높고 서쪽이 낮은 구릉(丘陵)이 있어서, 평야를 이분(二分)하고 있다. 구릉의 서쪽 끝에는 해안에서 불어온 모래가 쌓여 조그마한 모래 언덕이 형성되어 있다. 이곳이 '도이가하마'(土井ヶ浜)다.

도이가하마의 모래 언덕에서는 예전부터 때때로 인골이 나왔다. 그런데 이 부근 일대에는, 13세기 후반에 일본을 공략한 원의 군대가 폭풍을 만나 이곳 해안까지 밀려와 좌초했다는 말이 전해지고 있어서, 주민들은 이 인골이 '몽고 병사의 뼈'일 것이라고 생각하고 있었다.

원나라는 일본이 조공을 하지 않는다는 이유를 들어 일본을 치기 위하여, 1274년에 원나라 병사 2만 명과 고려 병사 1만 명을 900척의 배에 태우고 마산을 출발, 쓰시마를 점령한 후에 이어서 규슈의 하카다(博多)를 공략하였으나, 폭풍우로 인하여 패퇴하였다. 원은 이어서 1279년에도 10만의 병력으로 하카다를 다시 공략하였으나 실패하고 퇴각하였다.

 1931년 3월경, 중학교 교사가 이곳의 모래 언덕에서 판석(板石)과 6구의 인골을 발견하여 규슈대학(九州大学)에 보냈다. 그러나 그다지 주목을 받지 못한 채 오랜 세월이 흐르다가 1953년에 이곳에서 인골과 조개 팔찌가 다시 발견된 것을 계기로, 1953년부터 1957년까지 5년에 걸쳐 규슈대학과 일본고고학협회가 본격적인 발굴 조사를 했다.
 발굴 초기에는 모래를 계속 파 내려가도 아무 것도 출토되지 않았다. 그러나 계속해서 파 내려가자 인골이 나타나기 시작했다. 조개 팔찌를 팔에 낀 소아 유골, 토기를 베고 누운 인골, 두개골만 모아 놓은 재장묘(再葬墓) 등이 발견되었는데, 모두 207구의 인골이 나왔다. 토기 등 유물을 검토한 결과, 이 인골들은 야요이 시대(弥生時代) 전기(BC 3세기~BC 2세기)에서 중기(BC 2세기~BC 1세기)에 속하는 것임이 밝혀졌다. 단일 유적에서 이같이 다량으로 야요이 인골이 출토된 것은 일본 고고학사에서 처음 있는 일이었다.
 야요이 인골이 출토된 후 20년의 세월이 흘렀다. 그 동안 학자들이 출토된 인골에 대한 연구를 통해 많은 사실을 알아내기도 했으나, 여전히 많은 수수께끼가 남아 있었다. 그러나 다량의 인골 발견은 형질 인류학(形質人類學, 사람의 몸을 구성하고 있는 뼈 하나하나에 대한 형태나 크기 등을 면밀하게 분석하여 특징을 추출하고, 그 원인을 조사하는 학문)을 위해서는 아주 좋은 자료를 제공하였다. 형질 인류학자였던 가나세키 다케오(金関丈夫)는 도이가하마 야요이인(弥生人)의 특징을 조사하고, 이들은 한반도를 포함한 대륙으로부터의 도래인들이며, 먼저 거주하고 있던 조몬인(繩文人)의 자손들과 혼혈되었다는 '도래 혼혈설'(渡來混血說)을 발표하였다. 도래 혼혈설의 발표는 일본인과 일본 문화의 기원을 연구하는 인류학이나 고고학에 큰 영향을 주었다.

도이가하마의 유적은 학문적으로 큰 의미를 가졌으며, 일본 정부로부터 사적지로 지정받기도 했으나, 이에 대한 일반인의 관심은 그다지 높지 않았으며, 유적지는 그대로 방치되어 황폐화했다. 그래서 누구라도 유적지를 방문하면 그 의미를 알 수 있도록 하자는 캠페인이 전개되었다. 그래서 1980년부터 1990년에 걸쳐 유적지 정비가 행해졌고, 이와 병행하여 조사 발굴 작업도 행했다. 이 조사에 의해 새로운 묘역이 발견되었고, 100여 구에 달하는 인골이 추가로 발굴되었다. 이들에게는 몸의 일부를 잘라서 매장하는 '단체 습속'(斷体習俗)이 있었음을 추정케 하는 예도 발견되었고, 조개 장신구 등도 발견되었다. 현재 도이가하마 유적지에는 야요이인 인골을 발견 당시의 모습으로 재현시킨 '도이가하마 돔', 야요이인의 생활상을 보여 주는 '인류학 뮤지엄' 등이 있다.

BC 3세기에서 AD 3세기에 걸쳐 일본 열도에 살고 있던 사람들을 야요이인이라고 한다. 야요이인 인골은 규슈 및 야마구치 현의 서북부에서 대량으로 출토되고 있으나, 기타 지역에서 출토된 예는 매우 적다. 산성 토양인 일본에서는 패총(貝塚), 사구(砂丘), 동혈(洞穴)에 유체를 묻든지, 또는 주위의 흙이 인체에 직접 닿지 않도록 용기에 넣지 않는 한 인골이 남지 않는다. 서북규슈(西北九州), 남규슈(南九州) 및 야마구치 현 서북 지역에서는 사구에서 인골이 출토되고, 북부 규슈에서는 옹관(甕棺)이 인골을 보존시켰다.

이 세 지역에서 대량의 야요이 시대 인골이 발견되고 있는데, 이들은 지역에 따라 각각 세 가지의 상이한 특징을 보이고 있다. 우선 '북부 규슈·야마구치'형으로 얼굴이 길고, 키도 크고, 얼굴 윤곽이 뚜렷하다. 다음으로는 '서북규슈'형으로 얼굴이 짧고, 코가

3. 일본 역사와 관련된 몇 가지 에피소드　135

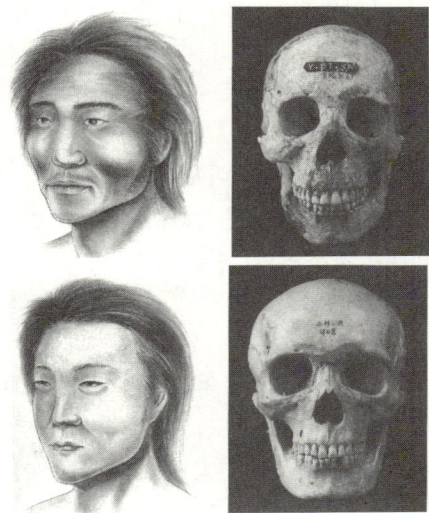

북부 규슈·야마구치형 야요이인

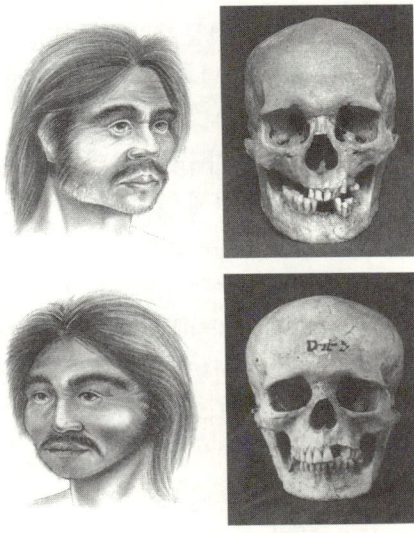

서북규슈, 남규슈·이도형 야요이인

높으며, 얼굴 윤곽이 뚜렷하다. 마지막으로 얼굴이 작고, 서북규슈형보다 얼굴이 짧고 넓은 경우가 많으며, 머리를 위에서 보면 원(圓)에 가까운 단두형(短頭型)이고, 키가 아주 작은 '남규슈·이도(離島)'형이 있다.

이상 세 가지 가운데 '서북규슈'와 '남규슈·이도'형은, 야요이 시대 이전에 이 지역에 살았던 조몬인의 특징을 그대로 갖고 있다. 말하자면 이들은 이 지역에 살던 조몬인의 후손으로 생각된다는 것이다.

그렇다면 조몬인의 특징을 전혀 가지고 있지 않은 '북부 규슈·야마구치'형 야요이인은 도대체 그 정체가 무엇인가. 도이가하마 유적과 사가 현(佐賀縣)의 미츠나가다(三津永田) 유적에서 출토된 야요이 인골을 연구한 가나세키 다케오(金関丈夫)는, 이들이 야요이 문화를 일본에 전한 대륙의 도래인, 또는 그 자손이라는 설을 주장하고 있다. 이를 '도래계'(渡來系) 야요이인이라고 부르기도 한다.

필자는 고고학 전문가가 아니다. 그러나 주어진 사실에 입각해서 추론과 공상의 날개를 펴 보는 것은 자유일 것이다. 이런 견지에서 한번 생각해 보기로 한다.

규슈 북부나 야마구치 현의 서북부는 위에서도 기술한 것같이 한반도와 아주 인접해 있는 지역이고, 이 지역은 자고이래로 한반도와 여러 가지 교류를 가져 왔다. 우리의 고조선 시대 말기나 삼국 시대 초기에, 농경 사회를 이루고 발달된 문화를 가진 '한반도 도래인'이 여러 가지 배경과 이유로 이 지역에 도착했다. 도래인이 도착한 지역에는 이미 그곳에서 오랫동안 계속해서 거주해 온 조몬인들이 살고 있었다. 고도의 문화를 가지고 있는 '한반도 도래인'들은 이들 조몬인이 살던 지역을 장악하여 지배하게 되었는데, 그 과정에서 다소의 혼혈도 있었을 것이다. 이들 도래인은 후일 일본의 중심적인 지배 세력으로 성장해 갔으리라고 추정된다.

그런데 여기에서 우리의 흥미를 끄는 사실이 한 가지 있다. 그것은 '북부 규슈·야마구치'형 야요이인은 그 매장 방식이 상이하다는 점이다. 즉, 북부 규슈의 야요이인은 옹관에 유체를 넣어 매장하는 데 반해, 야마구치 현 서북부인 도이가하마 야요이인은 판석이 있기도 하나, 유체가 모래에 직접 닿게 매장되었다. 사구에 유체를 묻은 것이다. 만일 이들이 '한반도 도래인'이라면 왜 매장 방법이 다를까. 그렇다면 규슈 북부 또는 야마구치 현 서북부의 어느 쪽인가, 한반도가 아닌 중국 대륙에서 온 것일까. 일본 학자 가운데에는 도이가하마 야요이인의 기원을 찾기 위해, 중국 대륙을 염두에 두고 그 가능성을 탐구하고 있는 사람들도 있다.

이 같은 미스터리의 해답을 어떻게 구하면 좋을까. 그러나 생각을 조금만 바꿔 보면 쉽게 해답에 도달할지도 모른다. 말하자면 북부 규슈의 야요이인과 도이가하마의 야요이인이 같은 '한반도 도래인'이기는 하나, 한반도에서 떠난 지역이 각각 다르기 때문이라고 하면 정답이 될 수 있을 것이다.

매장된 도이가하마 야요이인의 유체는 거의 예외 없이 머리를 동남 방향으로 두고 누워 있다. 말하자면 마치 서북쪽에 놓인 바다 쪽으로 얼굴이 향하도록 의도적으로 묻은 것처럼 보인다는 것이다. 이는 우연의 일치인가. 그렇다고 보기에는 너무나 일률적이다. 얼굴을 일정한 방향으로 향하게 했다면, 그들이 바라보는 방향에 어떤 의미가 있다고 해석하는 것이 당연하다. 사람이 고향을 떠나 죽을 때에 생각하는 곳은 어디인가. 그것은 두고 온 고향이다. 무슨 사정이 있어서 고향을 떠나게 되었는지, 우리는 그 자세한 사정을 알지 못한다. 그러나 죽어서도 가고 싶은, 고향을 향한 마음은 예나 지금이나 다름이 없다. 그래서 죽은 자의 희망에 따라, 또는 그러한 마음을 헤아린, 살아 남아 있는 사람들의 생각으로 죽은 자가 고향을 향하도록 했으리라. 그러면 도이가하마의 야요이인들이 바라본 북서쪽 고향은 어디인가. 그곳은 바로 지금의 경상도 지역이다. 도이가하마의 야요이인들은 바로 신라의 후손이 아니겠는가. 그렇다면 북부 규슈인들은 어디에서 도래했을까. 그것은 여러 가지 정황으로 보아 백제 지역의 후손들이라고 아니할 수 없겠다.

도이가하마의 야요이인이 보고 있는 방향에 대해 일본 자료에 미묘한 차이가 있다. '도이가하마 유적·인류학 뮤지엄'에서 발행한 1997년 4월판(제3판)에 의하면, '서북쪽 바다 방면'이라고 되어 있다. 그러나 어떤 책에는 단지 '서쪽'을 향하고 있다고 하면서, 이때 서쪽이란 현해탄 넘어 한반도도 들어가나, 주로 중국 대륙을 의미한다고 서술하고 있다. 여기서 중국 대륙이란 산동성(山東省)을 지칭하며, 일본의 야요이 시대 전반과 일치하는 전한(前漢) 시대의 고인골(古人骨, 산동성의 '린시'에서 발견된 300구의 인골)이 일본 도래계의 인골과 일치했다고 한다. 일본 학자들은 한반도에서는 고인골 발견이 희소하다는 점을 들어, 야요이 문화의 중국 연계설을 주장하는 경우가 많다. 그렇지만 일본 학자들도 도래인이 산동성에서 직접 일본에 도래했다고 할 수는 없으며, 한반도를 경유했을지 모른다는 입장을 취하고 있다.

서일본과 한반도 간 교류의 원점과 신비스러운 동해 해류

일본의 야요이 문화가 도래인에 의해 규슈(九州) 북부에서 시작되었다는 사실은 일반적으로 잘 알려져 있다. 규슈 북부에서 시작된 야요이 문화는 세토나이카이(瀨戶內海)를 지나 야마토(大和, 지금의 나라(奈良) 지방)로 진출하여, 야마토 문화의 모체가 되었다.
그러나 앞에서 고찰한 바와 같이, 일본의 야요이 문화는 도래인에 의해 야마구치 현과 시마네 현을 중심으로 한 지역은 물론, 서일본의 해안을 따라 북쪽으로 연결된 호쿠리쿠(北陸, 니가타, 도야마, 이시가와, 후쿠이 현이 있는 지역을 총칭하는 말)에서도 시작되었다는 사실은 그다지 많이 알려져 있지 않다. 서일본에서 시작된 야요이 문화는 한반도와 일본 열도 사이의 동해를 중심으로 이루어지고 있었기 때문에, '환동해 문화'(環東海文化)라고도 불린다. 환동해 문화는 북으로 고구려와 발해, 그리고 가깝게는 신라와 가야국 등 고대 한반도 문화의 흐름을 이어받아 서일본 연안에 신문화의 씨를 뿌렸다. 그래서 야마구치와 시마네에서 발달한 야요이 문화는 주고쿠 산맥(中国山脈, 주고쿠 지방 북부의 산맥)을 넘어 제철과 농경 기술을 중심으로 전파되어 기비(吉備, 오카야마 현), 하리마(播磨, 효고 현), 아와(阿波, 도쿠시마 현) 문화를 창설하는 동시에, 호쿠리쿠에서 내려온 문화와 더불어 규슈의 문물과 합류함으로써 야마토 문화의 융성에 크게 기여하였다. 말하자면 환동해 문화는 규슈 북부 문화 못지않게 야마토 문화를 창출해 낸, 중요한 역할을 했다고 할 수 있다.

규슈 북부의 야요이 문화와 환동해 야요이 문화가 합류되어 야마토 문화가 형성되었다고 할 때, 이 두 문화 중 어느 쪽이 일본 열도에 먼저 도착한 것일까. 그리고 이들 두 문화가 합류되어 야마토 문화가 형성되던 당시에 어떠한 상황이 발생했을까. 이하에서 그 답을 찾아보기로 하자.

야마구치 현과 시마네 현의 해안에는 한국에서 흘러온 생활 쓰레기들이 자주 나타난다. 쓰레기 가운데에는 한국산 라면 봉지나 유리병도 보인다. 그리고 한국산 플라스틱 용기나 부엌 용품, 신발류 등이 계속해서 표류해 온다. 해안 주민들에게 물어 보면, 이 같은 현상은 어제오늘이 아니라 아주 오래 전부터 계속되고 있다고 한다. 그러나 일본 쓰레기가 부산 앞바다나 포항 쪽에 밀려온다는 얘기는 들은 적이 없다. 왜 그럴까. 또, 동해 바다는 파도가 높고 차가운데, 서해 바다는 비교적 잔잔한 것은 무슨 이유에서일까. 그건 바로 해류의 신비스러운 움직임 때문이다.

일본 근해의 주된 해류는 7개가 있다. 흑조(黑潮), 친조(親潮), 쓰시마 해류(對馬海流), 리만 해류, 동(東)사할린 해류, 중국 연안(沿岸) 해류, 북적도(北赤道) 해류다.

이들 해류는 모두 독특한 성질을 가지고 있다. 따뜻한 바닷물과 차가운 바닷물, 빠른 흐름과 느린 흐름, 폭이 좁은 흐름과 넓은 흐름이 있으며, 여름과 겨울에 흐르는 위치가 크게 달라지는 것도 있다.

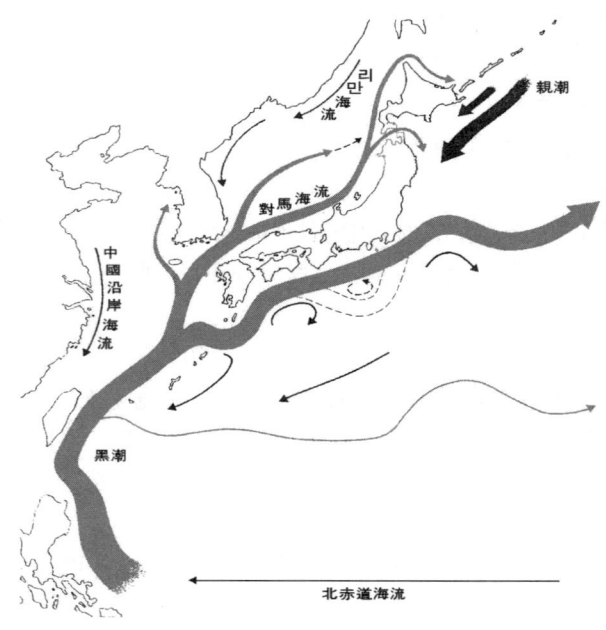

일본 근해의 표면 해류

 이상의 해류 중 일본 열도에 가장 큰 영향을 주는 것은 흑조다. 흑조는 따뜻한 남쪽 바다에서 생긴 해류로, 그 발생지가 북적도 해류의 북쪽인 것 같기도 하나 확실치가 않다. 대체로 대만의 동쪽이 흑조의 남쪽 끝인 것으로 생각된다. 흑조는 필리핀의 동쪽 바다에서 북으로 흐르는 북적도 해류와 연결되어 있으나, 해수를 흑조가 직접 받고 있지는 않은 듯하다. 그러나 일반적으로 필리핀 동쪽에서 대만에 이르는 바다에서 흑조가 발생한다고 보고 있다.
 필리핀에서 대만에 이르는 바다에서 발생한 흑조는 표면 온도가 15도에서 20도 정도다. 흑조는 대만의 동쪽에서는 300km 정도의 폭을 가지고 북동 방향으로 올라오다가, 류큐(琉球) 서쪽을 지나 일본 열도를 만나면서 폭이 150km 정도로 다소 좁아진다. 흑조의 깊이는 400~500m에서 800~900m에 이른다. 흑조의 속도는 느릴 때에는 시속 1노트(1.85km)고, 빠를 때에는 4노트 (7.4km)나 된다. 해류란 '바다에 흐르는 강'이라고 한다. 폭이 150~300km에 이르고, 깊이도 수백m에 달하는 큰 해류가 하나의 흐름으로 이동하는 것이다. 참으로 대단한 자연의 신비라고 하지 않을 수 없다.

이 흑조는 북상하면서 여러 가지 영향을 받는다. 남쪽에서 올라온 흑조의 대부분은 규슈에 이르기 전에 오른쪽으로 빠져, 일본 열도의 동쪽을 지나 태평양을 건너간다. 그리고 나머지는 제주도 동쪽을 지나 쓰시마를 거친 후, 한반도와 일본 사이의 동해로 들어가 일본 열도를 끼고 북상한다. 이것이 쓰시마 해류다. 그리고 제주도에서 동해로 빠지지 못한 흑조가 우리의 서해 바다 쪽으로 올라가는데, 이것이 황해 해류다.

쓰시마 해류는 우라니혼의 해안을 끼고 북으로 올라가다가, 러시아의 연해주(沿海州)를 따라 남으로 내려오는 한류를 만난다. 이것이 '리만 해류'(Liman 海流)다. 바로 이 리만 해류가 한반도와 일본 열도 간에 교류의 원점을 제공하는 '운명의 해류'다. '리만'은 러시아어로 강만(江灣, ЛИМАН)을 의미한다. 리만 해류는 남하하면서 사할린과 러시아 대륙 사이의 좁은 해협을 지나, 한반도의 동쪽 해안으로 조용히 내려온다. 그러다가 한반도의 동남 부근에서 올라오는 쓰시마 난류와 합류하여 다시 북상한다. 그래서 경상도 앞바다에서 이 해류를 타고 표류하면, 처음에는 리만 해류를 타고 남쪽으로 내려가다가 쓰시마 난류를 만나 다시 북상하여, 이즈모(出雲)를 거쳐 노도 한토(能登半島, 이시가와 현의 북부에 돌출해 있는 반도)의 앞바다에 도착하게 된다. 이때 해류의 폭은 여전히 넓으며, 깊이는 100미터, 최대 유속은 시간당 2~3노트나 된다.

물론 이 같은 현상은 북한의 동해안과 일본의 호쿠리쿠(北陸)에도 영향을 미치고 있다. 우라니혼의 야마가다(山形)나 아키다(秋田)에는 북한의 물건이 표류해 온다. 결국 동해를 사이에 두고 자연의 힘에 의한, 한반도와 일본 열도 간의 '해상의 길'이 열려 있는 셈이다.

　그렇다면 제주도에서 서해 바다로 올라간 황해 해류의 운명은 어떠할까. 이 황해 해류는 쓰시마 해류보다 훨씬 약화된 채 북상한다. 그러나 한반도의 해안을 거슬러 올라가는 황해 해류는 신의주 부근에서 회전하여, 산동 반도 앞을 거쳐 중국 연안을 따라 다시 내려오다가 소멸하는 수밖에 없다. 왜냐하면 북쪽에서 별도로 내려오는 해류가 없기 때문이다. 한반도의 서쪽 바다에서 표류하면 자연적으로 일본 열도에 도달하는 방법이 없다는 말이 된다. 즉, 한반도 남부에서 현해탄의 험한 파도를 넘어 규슈 북부로 진출하기 위해서는, 북으로 올라가는 해류를 인위적으로 극복하지 않으면 안 된다. 이러한 사실은 북부 규슈로 진출한, 한반도의 도래인들은 항해술과 조선 기술이 상당히 발달한 뒤의 사람들임을 나타내고 있다.

　이에 비해, 우라니혼의 해안은 한반도 남쪽에서 통나무나 뗏목으로도 용이하게 도착할 수 있는 해로를 가지고 있었다. 이렇게 보면, 고대 이즈모나 도이가하마는 일본에 처음으로 온 도래인들의 오아시스였을 가능성이 높다고 하지 않을 수 없다. 이를 한마디로 정리해 보면, 환동해 야요이 문화가 규슈 북부의 야요이 문화보다 선행했다고 상정된다. 결국 일본 열도에 대한 대륙 문화의 전파는, 태평양을 면한 후쿠오카 쪽에서 시작된 것이 아니라 우라니혼 연안에서 시작되었다고 말할 수 있다.

　이상과 같은 가정은 우리에게 매우 흥미로운 시사를 던져 주고 있다. 백제가 신라에 의해 멸망하면서 백제인들이 대거 규슈로 이주하고, 이들이 후일 일본의 야마토 정권 수립에 결정적인 기여를 하게 되었다는 것은 학계에서도 일반론으로 받아들여지고 있다. 따라서 한반도 서남부 지역과 규슈의 관계는 백제 왕조가 존재하던 시기는 물론, 그 이전부터도 존재했다고 보는 것이 타당할 것이다. 다시 말해서, 북부 규슈에 야요이 문화를 가져다 준 한반도 도래인은 백제 연고 지역 출신이라고 보아야 할 것이다.

그러나 이상의 해류 설명에서 나타나는 것같이, 한반도 도래인에 의해 규슈에 야요이 문화가 전래되기 이전에 이즈모 및 도이가하마 지역에는 한반도의 동남부, 즉 신라 연고 지역으로부터 자연현상의 결과로 도래하기 시작한 한반도인이 독자적인 야요이 문화를 누리고 있었다고 상정된다. 이들 한반도 동남부의 도래인들은 『이즈모국 풍토기』(出雲国風土記)에 나타나 있는 바와 같이, 현지의 원주민과 융화하면서 강력한 고대 국가를 일으킬 정도로 번영을 구가했을 것이다.

이처럼 상이한 이주 배경을 가진 두 그룹의 한반도 도래인들은, 그 후 각자의 세력을 확장해 나가는 과정에서 서로 충돌을 피할 수 없었을 것이다. 이들 두 그룹의 한반도 도래인들이 주도하는 대충돌이 언제, 어떤 형태로 일본 열도 내에서 일어났는지 우리는 알지 못한다. 그러나 그 결과, 북부 규슈 야요이 문화 세력은 환동해 야요이 문화 세력을 패퇴시키고 실질적인 일본의 지배 세력으로 등장했을 것이다. 그렇다면 북부 규슈 야요이 문화는 승자의 입장에서, 환동해 야요이 문화를 자신들의 문화로서 흡수했을 것이다. 필자가 지나친 상상력을 발휘하는 것인지 모르겠지만, 일본사에서 이즈모국이 정통적인 역사의 일부로 받아들여지지 않고 있고, 고진다니 유물에 대한 평가가 상이한 것은 북부 규슈 문화와 환동해 문화 간의 합류, 즉 한반도 출신 도래인들 간의 대충돌이 가져다 준 결과가 아닐까. 물론 이러한 가정의 사실 여부를 확인하기 위해서는 고고 인류학자나 역사학자들의 연구를 필요로 할 것이다. 그러나 한반도와 일본 열도 간 교류의 원점에 서서 생각해 보는 것은 우리의 흥미를 불러일으키기에 충분하다. 역사란 승자의 입장에서 쓰여지게 마련이라고 한다. 그렇다면 야마토 정권을 일으켜 일본을 지배하게 된 북부 규슈 야요이 문화 계승자들은 승자의 입장에서 일본 역사를 쓰면서, 자기들에게 유리한 기록이 후세에 남기를 원했을 것이다. 이러한 가정을 전제로 승자의 입장에서 쓰여진 역사의 뒤안길을 거니는 기분으로 고진다니 동검과 도이가하마의 야요이 인골이 던져 주는 수수께끼를 풀어 보는 것도, 먼 옛날 일본 땅에서 벌어졌을 상황을 이해하는 데 도움이 될 것 같다.

1만8천 년 전 현해탄은 큰 강에 불과했다

지금까지 우리는 일본의 구석기 시대, 조몬 시대 그리고 야요이 시대에 대해 몇 가지 각도에서 생각해 보았다. 일본에서는 3만 년 전 시대를 전기 구석기 시대, 그리고 3만~1만 년 전을 후기 구석기 시대라고 부른다. 후기 구석기 시대에 이어 조몬 시대가 대체로 1만2천 년 전 또는 1만년 전부터 시작되고, 2천3백 년 전부터 야요이 시대가 시작되었다고 보는 것이 일반적이다.

한반도의 구석기 시대는 약 70만 년 전부터 시작되었다고 보고 있다. 또, 우리는 신석기 시대가 약 8천 년 전부터 시작되었고, 청동기 시대는 기원전 10세기, 그러니까 약 3천 년 전에 성립되었다고 보는 것이 일반적이다.

일본의 구석기 시대에 관해 검토할 때, 꼭 짚고 넘어가고 싶은 수수께끼가 있다. 일본 열도는 마지막 빙하기가 끝나기 전에는 대륙과 연결되어 있었다고 한다. 그렇다면 일본 열도는 구체적으로 언제 대륙으로부터 떨어져 나가 해양으로 둘러싸이게 되었을까. 그리고 일본 열도가 대륙에서 떨어져 나가기 직전에는 어떤 형태로 대륙과 연결되어 있었을까.

이 문제는 한일 간의 구석기 시대, 특히 일본의 구석기 시대를 연구하는 데 대단히 중요한 단서를 제공할 것으로 생각된다. 그러나 아무도 이 문제를 심각하게 거론하는 사람이 없는 것같이 느껴진다. 최근 들어 한국의 지리학계에서는 지구상의 지각 변동과 대륙 형성기에 한반도가 어떻게 형성되었는지, 그리고 빙하기에 한반도는 어떤 상태에 있었는지를 구체적으로 연구하려는 움직임이 있다고 한다. 그러나 아직까지 이에 대해 본격적인 연구 단계에 이르지 못하고 있는 듯하다.

최근 일본 역사책에는 일본 열도가 대륙과 연결되어 있었다는 사실을 서술하는 예가 늘어났다. 그러나 매우 단순하게 서술하고 있을 뿐이다. 상술한 후지무라의 구석기 날조 사건이 백일하에 거짓말로 드러나기 전, 그는 70만 년 전의 구석기 시대 석기도 찾아냈다는 주장을 했다고 한다. 지질학자에 의하면, 70만 년 전에 한반도와 일본 열도는 서로 연결되어 있었다고 한다. 그렇다면 일본 열도 내에서 70만 년 전의 유물이 발견되었다고 하더라도, 그것은 일본인만의 우수한 문화를 웅변한다는 차원이 아니라 동아시아 전체의 문화라는 견지에서 보아야 하지 않을까. 왜냐하면 연결된 육지를 통해 유입된 문화라는 면을 고려해야 하기 때문이다. 일본뿐 아니라 한반도의 구석기 문화도 이런 관점에서 새로운 시야를 가지고 보는 것이 좋지 않을까.

지구상의 최초 빙하기는 5억 7천만 년 전에 시작되었다. 이후 해빙기를 거친 후에 다시 빙하기에 접어드는 등 지금까지 모두 네 차례의 빙하기가 있었고, 마지막 빙하기는 250만~1만 년 전이었다. 빙하기와 해빙기가 반복되는 동안 지각 변동을 통해 지구상의 각 대륙이 형성되었다. 아시아 대륙은 약 2천5백만 년 전에 틈새가 벌어지기 시작하면서 지구대(地溝帶)가 만들어졌고, 호수군(湖水群)이 형성되었다. 말하자면 오늘날의 한반도와 일본 열도가 형성되기 시작한 것이다. 이후 1천4백5십만 년 전에 이르기까지, 지금 동해의 모체인 내해(內海)가 생겼다. 그리고 약 5백만 년 전에 지금의 한반도와 일본 열도의 모습이 대체적으로 갖추어졌다. 그러나 한반도의 남부와 규슈는 아직 서로 육지로 연결된 상태였다.

지질학자들은 이렇게 추론한다. 약 1만8천 년 전까지도 서해는 육지였으며, 한반도와 중국 대륙은 육지로 연결되어 있었다. 또한, 일본 열도의 규슈, 혼슈, 시코쿠, 홋카이도는 사할린과 더불어 하나의 육지로 연결되어 있었고, 사할린은 대륙과 닿아 있었다. 그리고 현해탄은 큰 강 정도로 매우 좁은 해협이었거나, 또는 한반도와 규슈가 서로 육지로 연결되어 아직 현해탄이 생성되지 않았는지도 모른다. 그리고 동해 바다는 일종의 내해가 되어 있었다.

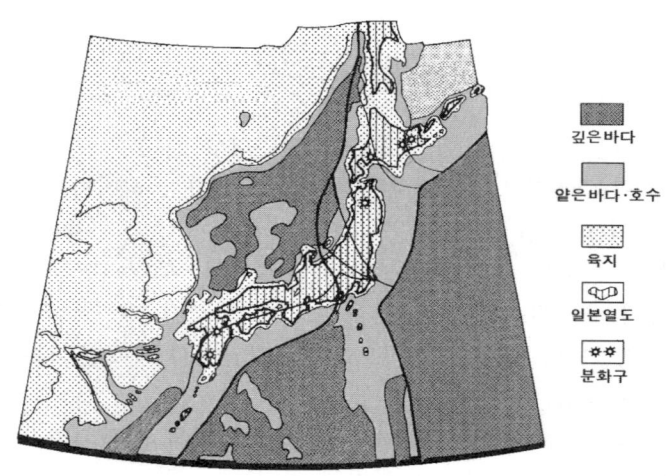

약 1만8천 년 전의 한반도와 일본 열도(동해는 거의 막혀 있는 내해였다)

1만8천 년 전부터 추론을 계속해 보자. 1만8천 년 전부터 지구상의 빙하기가 끝나는 1만 년 전에 이르는 8천 년 동안, 지구상의 바닷물은 북극의 빙하가 급격히 녹으면서 그 전보다 훨씬 빠른 속도로 불어나고 있었다. 따라서 현해탄에 점차 더 많은 바닷물이 범람하기 시작하면서 한반도와 일본 열도는 서서히 멀어져 갔다. 동해는 점점 더 넓어졌고, 사할린과 홋카이도 사이가 바닷물로 채워지면서 이 두 섬은 대륙으로부터 떨어져 나갔다. 이때에는 규슈와 시코쿠도 섬이 되었다. 한반도의 서쪽에도 바닷물이 채워졌다. 중국 대륙과 한반도 사이에는 서해가 새롭게 생겼다. 그리고 오늘날과 같은 한반도와 일본 열도가 형성되었다.

한반도에서 70만 년 전의 구석기 문화 유적이 발견되었다. 그렇다면 이들 구석기 문화를 가졌던 한반도인들은, 당시에 어떤 환경을 거치면서 지구상의 마지막 빙하기를 보냈을까. 상상의 날개를 한번 펴 보자.

 70만 년 전, 아직 빙하기가 끝나려면 69만 년이나 더 기다려야 되는 시기였다. 한반도의 날씨는 매우 춥고 혹독했다. 여름은 매우 짧았고, 겨울은 길었다. 비는 거의 오지 않았고, 해양은 말라붙어 육지가 되어 있었다. 그래서 몹시 건조했다. 산은 나무나 풀이 거의 없는 민둥산이었다. 사람들은 개천이 흐르는 지역을 중심으로 살면서 강에서 고기를 낚거나, 야생 동물을 잡아먹었다. 그리고 얼마 남아 있지 않은 나무나 풀의 열매를 채집하여 식료(食料)로 사용했다. 여름에는 개울가에 움막을 만들고, 겨울에는 산등성이에 동굴을 만들어 거주했다. 매우 어려운 생활이 매일같이 계속되었다. 그렇게 세월은 자꾸만 지나갔다. 몇 백 년이 흘렀을까, 몇 천 년이 흘렀을까. 아니, 몇 만 년이 그렇게 지나갔다. 그리고 몇 십만 년이 흘렀을까.
 오랜 영겁의 세월이 지나면서 날씨가 조금씩 따뜻해지기 시작했다. 개울물은 자주 내리는 비로 넘쳐서 강이 되었다. 낮은 지대에는 바닷물이 넘쳐 들어오기 시작했다. 사람들은 예전보다 따뜻해진 날씨 덕분에 이동이 훨씬 용이해졌다. 산에 나무가 무성해지기 시작했다. 사람들에게는 국경이 없었다. 현해탄도 없었다. 수량이 풍부해지고 비가 일정하게 내리게 되면서 벼농사를 짓고, 한군데에 정착하게 되었다. 사람들이 농경을 하게 되면서 여러 가지 문제가 발생했다. 경작지를 놓고 다투는 일도 생겼다. 여러 명이 모여 사는 마을에선 서로 싸우는 일이 자주 생겼고 외부에서 살기 좋은 마을을 공격해 오는 경우도 있었다. 마을에서 살던 사람들 중에는 여러 가지 사정으로 고향을 떠나는 사람도 생겼다. 또, 힘이 세고 강한 사람이 등장하여 마을을 다스리기도 했다.
 1만8천 년 전, 주위의 자연 환경은 급하게 변해 갔다. 도처에 강이 생기고, 바다는 자꾸 내지로 밀려 들어왔다. 이들은 자연 환경에 적응하기 위해서도 이동을 해야 했다. 이제 한반도와 일본 열도가 점차 그 윤곽을 확연히 드러내기 시작했다.

 이상을 사실이라고 가정한다면, 이런 추론이 가능하다. 1만8천 년 전의 일본 구석기 문화는 한반도 내지는 중국 대륙에서 도래한 사람들이 이룬 것이리라. 또는, 그 가능성이 얼마나 높은지 알 수는 없으나 남방 지역에서 육로로, 당시에는 육지였던 중국 대륙의 남쪽 바다를 거쳐 규슈 지방에 도달한 사람이 있을지도 모르겠다. 즉, 일본의 조몬 시대 문화란 한반도나 중국 대륙이나 일본 열도의 개념이 없던 시절에 내해(內海)인 동해를 중심으로 살던 사람들이, 어떤 배경으로 그곳까지 와서 살게 되었는지는 자세히 알 수 없으나, 내해 연안을 따라 이동하면서 이루어 놓은 문화일지도 모른다.

1만 년 전, 현재와 같은 한반도와 일본 열도가 형성되자, 동해는 더 이상 내해가 아니라 거대한 해양으로 변했다. 더 이상 자유스럽게 이동할 수가 없게 된 것이다. 수천 년의 세월이 또 흘렀다. 한반도에 사는 사람과 일본 열도에 남은 사람들 사이에 수천 년의 단절이 있었으리라. 이들은 각각 다른 환경에서 지내면서, 서로 다른 문화를 가지게 되었는지도 모르겠다. 한반도 사람들은 고기 잡으러 뗏목을 타고 동해 바다에 나갔다가 때때로 표류하여 도이가하마, 또는 시마네 한토(島根半島)에 도착하곤 했다. 세월이 지나면서 한반도 남부의 사람들은 해류를 이용해 일본 열도에 도달하는 방법을 터득하게 되었다. 이들이 일본에 야요이 문화를 제일 먼저 가져다 준 사람들이 아니었을까.

뮤지컬 『쓰바메』를 통해 생각해 보는 조선 통신사

왜구에 의해 일본으로 끌려간 조선 여인의 기막힌 설화

2002년 4월, 어느 날 오후였다. 필자는 시모노세키 시 중심부에 위치한 '시-몰파레스'라는 공민관의 한 회의실에서 개최된, 야마구치 현 일한친선협회의 정기 총회에 참석했다.

일한친선협회는 한국과 일본 간의 우호 친선을 도모하기 위해 전국적인 조직으로 결성된 민간 단체다. 이 협회는 일본인이 중심이 되어 활동하고 있다. 그러나 민단의 단원이나 간부, 또는 유력 인사 등 재일 동포들도 이 협회의 임원이나 일반 회원으로 참여하여 협회의 각종 친선 교류 활동을 지원하고 있다. 일한친선협회는 중앙 본부를 도쿄에 두고 있으며, 중앙 본부의 회장은 일본의 거물급 정치인이 추대되는 것이 관례다. 2002년은 한국과 일본의 월드컵 축구 대회 공동 개최로, 일본인들의 친한 무드가 그 어느 때보다도 고조되어 있었다. 그래서인지 시모노세키에서 개최된 야마구치 현 일한친선협회 총회도, 많은 일본 측 인사와 민단 인사들이 참석한 가운데 성황리에 끝났다.

행사가 끝난 후, 필자가 고속 철도인 신칸센(新幹線)을 타고 히로시마에 돌아가기 위해 회의장에서 나와 밖으로 나가려고 할 때였다. 필자를 안내해 주던 민단 야마구치 현 본부의 조동파(趙東波) 단장은, 일본 극단 사람이 한국 총영사를 만나기 위해 기다리고 있으니 잠시 만나 차 한 잔 마시면서 얘기를 들어 주면 좋겠다고 말했다. 무슨 일이냐고 물었더니, 조선 통신사와 관련된 공연을 지원해 달라는 얘기라고 했다. 마침 기차 시간도 남아 있어서 잠시 얘기를 들어 보기로 하고, 회의장 로비에 있는 커피 숍으로 갔다.

커피 숍에는 극단의 관계자 두 명이 필자를 기다리고 있었다. 두 명 다 중년 여성으로, 극단의 책임자라고 했다. 극단의 이름은 '와라비(わらび, '짚을 태운 불'이라는 의미)좌(座)'라고 했다. 이들은 조선 통신사의 비극을 그린 뮤지컬, 『쓰바메』(燕, 제비)를 공연할 계획이라고 했다. 그래서 2002년 8월부터 2003년 1월 말까지는 극단의 본거지인 아키다 현(秋田縣)의 다자와고초(田澤湖町)에 있는 와라비 극장에서 공연을 한 후, 2003년 2월부터는 일본 전국을 순회하며 공연할 예정이라고 했다. 그리고 최종적으로는 한국에서도 공연할 계획을 갖고 있다는 설명이었다. 이들이 필자에게

희망하는 것은 앞으로 히로시마에서도 공연하게 되는데, 그때에 주히로시마한국총영사관의 후원 명칭을 사용할 수 있도록 해 달라는 것이었다.

필자는 후원 명칭 사용 검토에 필요하니, 극단 안내서 등 참고 자료를 나중에 총영사관으로 보내 달라고 말했다. 그리고 이들에게 공연 예정인 뮤지컬, 『쓰바메』의 내용을 간략히 설명해 줄 수 있겠느냐고 물었다. 그러자 극단의 관계자는 이 뮤지컬은 제임스 미키(ジェームス三木)라는 필명을 가진 일본 작가가 각본, 작사, 연출을 할 예정이라고 설명하였다. 또한, 극의 줄거리는 조선 통신사와 관련하여 일본에 설화로 전해 오는 내용을 소재로 하였다고 부언한 후, 필자에게 구두로 간략히 그 내용을 소개해 주었다.

필자는 공민관의 커피 숍에서 극단 관계자로부터 조선 통신사의 비극을 소재로 한, 이 뮤지컬의 줄거리를 들으면서 그 내용이 너무 슬프고 마음이 아파, 주위에 사람들이 앉아 있는데도 불구하고 눈시울이 뜨거워져 손수건을 꺼내 몇 번이나 눈언저리를 눌렀다. '쓰바메'의 줄거리가 사실이었는지 또는 사실이 아니었는지는 불문하더라도, 이미 장년을 훨씬 넘어 눈물이 어느 정도 말라 있을 필자를 감동시킨 것을 보면, 이 작품은 공연을 하기도 전에 이미 푸치니의 『나비 부인』보다 더 성공적임을 나타내고 있다면 지나친 얘기일까. 이하에서 기술하는 줄거리는 후일 극단 관계자로부터 각본을 입수하여, 필자가 들은 내용을 좀더 상세히 보완, 정리한 것이다.

에도 시대 초기. 임진왜란이 끝나고 9년이 지난, 1607년 4월. 시가 현(滋賀縣)의 히코네한(彦根藩, '비와코' 호수를 끼고 있는 지역)에 총 500명에 달하는 조선 통신사 일행이 도착했다. 이들은 에도를 향해 가던 도중에 히코네한에 잠시 유숙하게 된 것이다. 임진왜란이 끝난 후, 조선에서 처음으로 파견된 조선 통신사 일행을 맞아 마을 사람들은 온통 떠들썩했다. 임진왜란 당시 왜군에 의해 조선에서 강제로 끌려온 후, 고향에 돌아가지 못해 한이 맺혀 있던 사람들이 조국으로 돌아가게 해 달라고 통신사 일행에게 사정하는 모습도 보였다. 어떤 조선 사람들은 일본 여자와 결혼하여 가정을 이루어 살고 있어서, 혹시 강제로 조선에 송환될까 봐 두려워하면서 통신사 일행을 불안의 눈으로 바라보기도 했다. 일본 주민들은 통신사 일행의 장대한 행렬에 놀라기도 하고, 통신사 사절에게 글을 써 받으려고 쫓아다니기도 했다.

히코네한의 중신들은 조선 통신사 일행을 위한 연회를 개최했다. 조선 통신사 일행은 접대하는 일본 측 인사들에게, 금번 통신사의 방문은 임진왜란으로 인해 심대한 피해를 입어서 일본에 대한 조선 백성들의 원한이 아직 가시지 않았으나, 도쿠가와 이에야스(德川家康)의 간곡한 희망에 따라 국교 회복을 하기 위한 것이라고 설명했다. 특히, 통신사 일행 중 상판사(上判事)인 이경식(李慶植)은 도요토미 히데요시(豊臣秀吉)에 의해 납치되어 일본에 끌려온 7만5천 명의 동포를 전원 귀국시켜야 한다고 주장하여, 일측 인사들과 신경전을 벌였다.

전쟁 책임에 대한 화제로 분위기가 어색해진 가운데 연회의 여흥으로, 손님들을 위한 고려 춤이 피로(披露)되었다. 5명의 여인들이 나와 부채춤을 추기 시작했다. 여인들의 부채춤을 보고 있던 이경식의 시선이 리더격인 여인에게 멈추는 순간, 그는 너무 놀란 나머지 몸이 경직되었다. 여인도 이경식과 눈이 마주치자 정신을 잃을 듯이 비틀거리다가 들고 있던 부채를 떨어뜨렸다. "제비!" 이경식은 이렇게 외치면서 벌떡 일어났다. 춤이 끝나고, '제비'라고 불린 여인은 부채로 얼굴을 가린 채 황황히 퇴장했다. 이경식은 경악했다. 이 여인은 10년 전, 임진왜란의 난리 통에 행방불명이 되어 그간 그토록 애타게 찾던, 자신의 처인 '제비'였다.

제비라고 불렸던 그 여인은 지금은 '쓰바메(燕)라는 이름을 지니고, 히코네한의 사무라이인 미즈시마(水島)의 처가 되어 있었다. 그리고 그 여인과 미즈시마 사이에는 젖먹이 아기도 있었다. 연회가 끝나서 집에 돌아온 쓰바메에게 남편인 미즈시마가 물었다. 조선 통신사, 이경식을 아느냐고. 그리고 무슨 관계냐고. 쓰바메는 처음에는 모른다고 부인했다. 그러나 미즈시마가 계속해서 추궁하자 이경식이 자신의 남편이었다고 고백했다.

10년 전에 왜군이 조선을 공격했을 때, 이경식은 전라도 영광군(靈光郡)에서 군량 조달관으로 복무 중이었다. 왜의 대군이 밀려오면서 조선군은 패주(敗走)하고, 주민들은 배를 타고 바다로 도망갔다. 남편이 왜군과 대항하는 전장에 나가 있는 동안 여인은 집에서 시부모를 모시고 있었다. 그러나 시부모는 밀어닥친 왜군에 의해 살해되었다. 제비는 몸을 피해 도망가려고 다른 마을 사람들과 같이 배를 탔다. 그러나 왜군의 공격에 의해 배가 침몰되고, 배에 탔던 사람들은 물에 빠지거나 왜군의 총에 맞아 죽었다. 바다는 죽은 사람들의 피로 물들어 주위가 마치 지옥 같았다. 제비는 나뭇조각을 붙잡고 표류하다가 기력을 소진해 정신을 잃었다. 그리고 눈을 떠 보니 왜군에 의해 납치된, 수많은 다른 조선 사람들과 함께 왜군의 배에 태워져 있었다. 여인은 자신의 남편인 이경식이 왜군과 맞서 최후까지 싸우다가 전사했다고 믿었다.

얘기를 들은 미즈시마는 쓰바메에게 조선에 돌아가고 싶으냐고 물었다. 이에 쓰바메는 이미 미즈시마 집안에 시집을 왔으니 죽어서도 미즈시마 집안의 묘에 묻힐 것이라고 하면서, 조선에는 돌아가지 않겠다고 답했다. 그러고는 이렇게 말했다. "10년의 세월은 강의 흐름을 바꾸고 사람의 마음을 바꿉니다. 서로 증오했던 조선과 일본이 모든 것을 잊고 이렇게 사이 좋게 지내려고 하듯이, 먼 옛날의 일은 분노도 슬픔도, 그리고 수많은 추억도 바다 밑에 모두 가라앉아 버렸습니다. 그것을 이제 와서 들춰낸들 무엇 하겠습니까."

이경식은 미즈시마를 찾아가, 쓰바메는 임진왜란 때에 행방 불명이 된 자신의 처, 제비가 틀림없다고 하면서 만나게 해 달라고 요구했다. 그리고 미즈시마에게 어떻게 제비를 납치해 왔느냐고 힐난했다. 이에 미즈시마는, 자신은 임진왜란에 출병한 적이 없으나 6년 전에 쓰바메와 결혼하게 되었다고 설명했다. 그리고 이경식의 원대로 쓰바메를 만나게는 해 주겠으나, 쓰바메는 조선에 돌아갈 생각이 없다고 말하고, 쓰바메를 단념할 것을 요구했다. 그러나 이경식은, 여인의 본심은 조국에 돌아가는 것임을 확신한다고 하면서 미즈시마에게 항변하였다.

전란의 와중에 서로 생사도 모른 채 헤어진 후, 10년 만에 이경식은 그토록 보고 싶고 만나고 싶던 아내, 제비를 만났다. 이경식은 자신의 처였던 여인이 도대체 무슨 연유로 이곳 일본 땅에 와 있는지, 자초지종을 얘기해 보라고 했다. 조선의 부군을 만나 어쩔 줄 몰라하던 여인은 흐느끼면서 과거에 일어났던 일을 말하기 시작했다.

영광에 왜의 대군이 공격해 온 날. 그녀가 도망가려고 탔던 배가 침몰된 후, 왜의 군선은 표류하는 여인을 나포하여 다른 조선인 포로들과 함께 일본 시코쿠(四国)에 내려놓았다. 여인은 시코쿠에서 오사카(大阪)로 옮겨져, 도요토미 히데요시의 여자로 헌상되었다. 그러나 당시에 도요토미가 병중이어서 여인은 그의 얼굴도 보지 못했다. 그러다가 도쿠가와가

3. 일본 역사와 관련된 몇 가지 에피소드 153

정권을 잡은 후에 여인은 히코네 성주(城主)의 여자가 되었으나, 그도 곧 병사하였다. 이에 도쿠가와는 여인을 히코네한의 사무라이인 미즈시마에게 물려주었다. 이로 인해 여인은 미즈시마의 사람이 되었다. 여인은 자신의 기구한 운명을 비관하여 그 동안 몇 번이나 죽으려고 했으나 번번이 실패하였다. 여인의 처지를 딱하게 여긴 미즈시마는 여인의 처지를 이해하면서 따뜻하게 대해 주었다. 여인은 이에 감동을 받았다. 여인은 결국 미즈시마의 처가 되었고, 둘 사이에 아기도 태어났다.

여인은 이경식에게 자신은 이미 몸이 더러워졌으니, 자신을 잊으라고 했다. 그리고 이제 조선에는 돌아갈 수 없는 처지가 되었다고 말했다. 그러나 이경식은 지난 10년 간 제비가 살아 돌아올 것을 매일같이 애타게 기다리면서 혼자 살아왔다고 말했다. 그리고 전쟁으로 인해 생긴, 불행했던 과거는 모두 물에 씻어 보내고 옛 고향 집에 돌아가 예전같이 서로 사랑하면서 함께 살자고 권했다. 여인은 울면서 자신은 이미 조선에 돌아갈 수 없는 몸이 되었으니 그대로 일본에 있게 해 달라고 애원했다. 그러나 여인의 마음은 이미 흔들리고 있었다.

이경식은 미즈시마를 만나, 쓰바메는 원래 자신의 처니 함께 데리고 귀국하겠다고 말했다. 이에 미즈시마는 쓰바메가 조선에 돌아가지 않겠다고 했음을 고했다. 그러나 이경식은 금번 사절단은 강제로 연행되어 온 조선 사람들을 데리고 가기 위한 쇄환사(刷還使) 역할을 수행하고 있다고 주장하면서, 도쿠가와에게 얘기해서라도 쓰바메를 데리고 귀국하겠다고 강경하게 말했다. 이경식은 에도 방문이 끝나고 귀국하게 되는 한 달 뒤에 다시 히코네에 들러 쓰바메를 데리고 가겠다고 말한 후, 통신사 일행과 함께 에도를 향했다.

미즈시마는 쓰바메에게, 막부(幕府)가 조선과 화해를 위해 조선인 포로를 귀국시킬 방침이라는 것을 설명하였다. 그리고 쓰바메의 본남편이 그간 쓰바메를 한시도 잊지 않고 애타게 찾고 있었을 뿐 아니라 이번에 함께 귀국하기를 원하고 있어서, 이를 거절하기 어려우니 미즈시마와 이별할 수밖에 없다고 말했다. 쓰바메는 자신이 귀국하여 행복한 생활을 하기를 바라는, 미즈시마의 따뜻한 마음에 감동되었다. 쓰바메는 겉으로는 일본에 계속 남아 있겠다는 입장을 고수했으나, 이미 마음은 조선으로 날아가고 있는 것을 억제할 수 없었다. 한달 뒤, 에도에서 돌아온 이경식은 미즈시마를 만났다. 미즈시마는 쓰바메가 조선에 돌아가겠다는 마음을 가지고 있음을 확인했다고 하면서, 통신사 일행이 배로 귀국하는 날 쓰바메를 항구로 보내겠다고 약속했다.
　불행했던 과거를 모두 잊고, 내일이면 옛 남편과 함께 귀국하여 새출발을 하려는 쓰바메. 쓰바메는 귀국 준비로 마음이 바빴다. 쓰바메는 미즈시마의 모친으로, 시어머니가 되는 '세츠'에게 인사를 했다. "그 동안 신세를 너무 많이 졌습니다. 대단히 송구스럽지만 저는 이번에 조선으로 돌아가게 되었습니다. 제가 떠난 후 아기를 잘 부탁합니다." 그러자 세츠가 차갑게 말했다. "너는 조선에 돌아가게 되어 좋을지 모르나, 우리 아들은 이제 스스로 칼로 배를 째고 셋부쿠를 해서 죽게 되었다. 우리 집안을 망친 것은 다 너 때문이야!" 세츠의 말에 놀란 쓰바메가 그게 무슨 뜻이냐고 물었다. "조선 통신사에게 포로를 돌려보내겠다는, 막부의 방침이 정해져서 저도 귀국하게 되었다고 들었는데 그게 무슨 말씀입니까." 세츠가 설명했다. "포로가 조선에 돌아가는 것과 네가 조선에 돌아가는 것은 다르다. 우리 아들은 너를 장군으로부터 물려받았다. 장군으로부터 여자를 물려받은 자가 장군의 고마운 뜻을 어기고 자기 마음대로 다른 사람에게 물려받은 여자를 내주면, 이는 이유 불문하고 바로 장군에 대한 불경죄를 범하는 것이다. 장군에 대한 불경죄의 대가로, 미즈시마는 셋부쿠로 자결하여 속죄하도록 명을 받았다. 우리 아들이 너를 조선에 보내고, 자신은 셋부쿠로 죽으려 한다는 것을 너는 알기냐 하느냐!"
　이 말을 듣고 쓰바메는 고민에 빠졌다. 원래 남편을 따르자니 현재의 남편이 죽어야 하고, 현재의 남편을 살리자니 고향에 함께 가려고 애타게 기다리는 원래 남편은 어이할꼬. 여인은 너무나 괴로운 나머지 가슴을 쥐어뜯으며 쓰러졌다.
　다음날 이경식은 조선으로 귀국하는 배 앞에 서서 쓰바메를 기다렸다. 그러나 쓰바메는 약속된 시간이 되어도 나타나지 않았다. 배의 출발 시간은 다가오는데 아무리 기다려도 나타나지 않는 제비. 이경식의 눈에는 흰 한복을 입고서 춤을 추는 제비의 환영이 보였다. 그는 노래를 불렀다.

　　　　　가슴에 퍼지는 검은 구름
　　　　　벌레가 움직여도 몸이 굳는다
　　　　　제비여 왜 안 오시나
　　　　　급한 병인가, 누가 못 가게 막았나
　　　　　마음이 변했나, 배반당했나

쓰바메를 기다리다 지친 이경식 앞에 나타난 사람은 쓰바메가 아닌 미즈시마였다. 미즈시마는 이경식에게 쓰바메가 이경식과 함께 귀국할 수 없게 되었다고 고했다. 무슨 일이 생겼느냐고 묻는 이경식. 미즈시마는 쓰바메가 자기 잘못으로 인해 불쌍하게 되었다고 하면서 사죄를 했다. 이경식은 안색이 변하여 허리에 찬 칼에 손을 대면서 "네가 쓰바메를 죽였지!"하고 고함을 쳤다. "아닙니다. 쓰바메는 스스로 목을 찔러 자결했습니다." 미즈시마는 이경식 앞으로 쓴 쓰바메의 유서를 내밀었다.

… 먼저 가는 죄를 용서해 주세요. 미즈시마님께 셋부쿠의 하명이 내려진다고 해서…

이경식은 하늘을 쳐다보다가 땅에 엎드리고 말았다. 그러고는 절규했다. "제비! 내가 잘못했다. 너를 죽인 것은 나다!" 옆에서 미즈시마가 울면서 말했다. "아닙니다. 그렇지 않습니다. 쓰바메의 목숨을 뺏은 것은…." 두 남자는 넋이 나간 채 말을 잊고 서 있었다. 멀리서 합창이 들려왔다.

나라와 나라 사이에 다툼이 없다면
나오는 한탄은 없었을 것을
바다여 잠잠해라, 별이여 빛나라
사랑의 텅 빈 줄기에 생명 불 붙여
소원이 이루어질까, 제비가 고향에 간다

이상의 뮤지컬을 각본, 연출한 작가는 두 사랑과 두 나라 사이에서 번민하는 세 사람을 통해 국가란 무엇인가를 생각해 보고 싶었다고, 신문과의 인터뷰에서 밝혔다. 정말로 뮤지컬 『쓰바메』와 같은 아픔과 비극이 한일 양국에 두 번 다시 일어나지 않기를 바라고 싶다. 그러나 불행히도 임진왜란이 끝나고 3세기가 지난 후, 일본은 다시 한 번 조선에 침략의 손길을 뻗쳐 한반도를 35년 간이나 식민지화하였다. 이로 인해 일본이 한국인에게 남긴 상처는 그 얼마나 컸던가. 그 한 많은 사연을 다 얘기하자면 『쓰바메』보다 몇 백 배, 몇 천 배나 더 마음 아픈 뮤지컬이 쓰여져야 한다는 사실을, 지금의 일본인들은 어느 정도나 인식하고 있을 것인가.

일본 땅의 흙으로 산화한 조선 여성들

 임진왜란 때에 왜군에 의해 일본에 끌려가, 결국 일본 땅의 흙으로 산화한 조선 여성들의 수는 일일이 다 셀 수가 없다. 위에서 본 쓰바메의 얘기는 설화를 드라마화한 것이나, 조선 통신사의 기록이나 일본의 기록 등에 남아 있는 실화(實話)를 몇 가지 더 소개해 보겠다.

 임진왜란이 끝나고 26년이 지난 1624년, 조선 통신사의 부사(副使)인 강홍중(姜弘重)이 눈발이 흩날리는 초겨울에 조선인 가도(朝鮮人街道, 조선 통신사를 맞이하기 위해 정비한 도로)의 풍경을 감상하면서 히코네(彦根)의 소우안지(宗安寺)에 도착하자, 조선 여성 2명이 찾아왔다. 이들은 자신들이 양반 집 딸이라고 하면서 고향 소식을 물었으나, 오랜 세월 동안 고향을 떠나 있어서 모국어를 대부분 잊어버렸기 때문에 서로 말이 통하지 않았다. 이들은 눈물을 흘리면서 모국에 계신 부모님의 소식을 알려고 필사적이었다. 고향에 돌아가고 싶으냐고 묻자 데리고 온 아이들을 가리키기만 하면서 말을 제대로 못하였는데, 아마도 아이들 때문에 고향에 돌아갈 수가 없는 처지라고 하는 것 같았다.

 시코쿠(四国)에는 임진왜란 때에 끌려온 조선 여성의 묘가 많이 남아 있다. 다카마쓰 시(高松市)의 교외인 미키초(三木町)의 시라야마(白山)에 있는 '야마사키'가(山崎家)와 '와타나베'가(渡辺家)의 묘지에는 고소에(小添), 오소에(大添) 자매의 묘가 있다. 아름다운 조선 여인이었던 이들 자매는 임진왜란 때에 다카마쓰(高松)의 성주(城主)였던 이코마 사누키노가미(生駒讃岐守)를 따라서 간, 다카오카(高岡)라는 왜군 장수에 의해 끌려와 도요토미 히데요시의 여자(側女)로 바쳐졌다. 그러나 도요토미가 사망하자 이들은 다카마쓰로 되돌려 보내져, 그곳에서 한 많은 일생을 마쳤다. 지금도 와타나베 가에서는 매년 8월15일의 '오봉'과 9월 22일의 명일(命日)에는 향을 피우고, 이들 박복한 자매의 혼령을 위로하는 추모제를 거행하고 있다.

고치 현(高知県) 나카무라 시(中村市) 가미가와구치에키(上川口駅) 부근의 토호(土豪)인 고다니 요주로(小谷與十郞)는, 조선에서 직녀(織女)를 납치해 와서 마을의 직조 기술 향상에 큰 덕을 보았다. 그 여인은 아름답고 친절하여, 낯선 타국에서도 마을 사람들의 사랑을 받았다. 마을에서는 그 여인을 기려 매년 추모제를 지낸다.

소녀인 '오다 주리아'(한국명 미상)는 임진왜란 때에 고니시 유키나가(小西行長)의 포로로 일본에 끌려가 고니시 부인의 양녀가 된 후, 천주교에 귀의하였다. 정유재란이 끝나고, 천하 대권을 잡기 위해 일본의 영주들이 둘로 나뉘어 싸우던 '세키가하라'(関ヶ原)의 전투에서 고니시가 패하여 그 가문이 멸망하였고, 주리아도 붙잡혀서 도쿠가와(德川)의 시녀가 되었다. 그녀는 당시에 일본에서 국법으로 금지시킨 천주교 신앙을 버리지 않아 고쓰지마(神津島)에 유배되었다가, 그곳에서 생애를 마쳤다. 일본 천주교에서는 매년 5월 셋째 일요일에 '주리아 추모제'를 가진다. 서울의 한강변에 있는 절두산성당도 주리아를 기념하고 있다.

그 밖에 일본의 다이묘(大名)나 왜군 부장(部將)의 시녀가 된, 수많은 조선 여성들이 귀국의 소망을 이루지 못하고 일본 땅에 묻혔다. 쓰시마한(対馬島藩)의 가신으로, 조선에 건너가 통신사 파견 교섭을 위한 외교 절충에 임했던 다치바나 도모마사(橘智正)의 처, 그리고 고니시 유키나가(小西行長)의 부장인 오카다(岡田)의 처 등도 그 예에 속한다.

조선 통신사의 일본 파견

임진왜란이 끝난 이후, 조선과 일본이 서로 국교를 회복하고 사절을 교환하는 데는 우여곡절이 없을 수 없었다. 임진왜란에 의해 인적, 물적으로 엄청난 피해를 입은 조선으로서는 당연히 일본과의 국교 회복에 매우 소극적이었다. 그러나 임진왜란을 일으킨 장본인인 도요토미 히데요시가 병사하고, 그 뒤를 이어 서기 1600년에 일본을 제패한 도쿠가와 이에야스는 "일본과 조선은 예로부터 화평을 유지하는 것이 양국 간의 도리였다. 그러나 도요토미에 의한 조선 침략 이후, 이와 같은 도리가 깨어지고 말았다. 일본과 조선간의 통교(通交)는 양국을 위해 도움이 된다"라고 하면서, 쓰시마 한슈(藩主)인 소우요시도시(宗義智)에게 화평 교섭을 하도록 명하였다. 물론 도쿠가와의, 이와 같은 대조선 화해 제스처에는 무리한 조선 침략으로 국내 기반이 허약해지면서 결국은 몰락의 길에 빠진, 도요토미의 전철을 밟지 않겠다는 전략적 사고가 작용했을 것이다. 그리고 도요토미의 뒤를 이어 권력을 장악한 도쿠가와로서는 자신이 국제적으로도 인정받고 있음을 보여 주는 것이 정권 기반의 확립에 도움이 된다는 판단하에, 조선과의 국교 회복 및 조선 통신사의 방일을 적극 활용하려는 의도도 있었던 것으로 분석된다.

　조선에 의존하여 살아왔으면서도 임진왜란 때에 조선 침략의 선봉장 격인 역할을 함으로써 조선인의 원한을 샀던, 쓰시마 한슈가 조선 조정에 접근하는 것은 쉬운 일이 아니었다. 그러나 도쿠가와의 엄명을 받은 쓰시마 한슈는 필사적으로 일본과 조선 간의 국교 회복과 조선 사절단의 파견을 위해 노력하였다. 그는 평화 교섭을 위해 사자(使者)를 조선에 보냈으나 돌아오지 않았다. 2차, 3차 사자를 파견했지만 모두 조선에 억류되었다. 그도 그럴 것이, 왜구에 의해 강토가 유린되어 그 상처가 아직 아물지도 않았는데 국교를 회복한다는 것은 너무나 시기상조였기 때문이다. 그러나 계속되는 일본 측의 간청에, 조선으로서도 마지못해 어떤 조치를 취하지 않을 수 없었다.

　조선 조정은 임진왜란이 끝난 6년 후인 1604년 9월에 일본이 진정으로 조선과 화평할 의도가 있는지 확인하고, 일본의 정세를 파악하기 위해 '탐적사'(探賊使)를 일본에 파견했다. 이때에 탐적

사로서, 도요토미의 조선 침략 이후에 처음으로 일본 땅을 밟은 사람은 사명당 유정(維政)과 손문욱(孫文彧) 등이었다.

이들은 쓰시마 한슈의 안내를 받아 교토를 방문하여 도쿠가와를 만났다. 이때 도쿠가와는 조선의 사절에게 통신사 파견을 요청하면서 다음과 같이 말했다. "나는 임진왜란 때에 간토(関東, 도쿄를 중심으로 한 지역)에 머무르고 있어서 병사(兵事)에 관계한 바 없다. 조선과 나 사이에는 원한이 없다. 화(和)를 통하기를 청한다."

도쿠가와의 국교 회복과 통신사 파견의 간청을 들은 유정 등 탐적사 일행은, 포로로 끌려간 조선인 1,390명을 데리고 10개월 만에 귀국했다. 이와 관련하여 조선의 조정에서는 대일 문제에 대한 대책 회의가 열렸다. 조정에는 아직도 일본을 경계해야 한다는 의견이 강했다. 그러나 선조는 "통신사 파견은 신의가 있는 가운데에 이루어져야 하므로 지금 곧바로 실시하는 것은 곤란하다. 그러나 왕도(王道)에 이(夷)를 거절하는 도(道)는 없으며, 조선과 일본은 주야(晝夜)가 병행하는 것처럼 지리적으로 매우 가까워, 오래도록 국교를 단절하는 것은 바람직하지 않다."라고 하면서, 가까운 장래에 국교를 회복할 것임을 시사하였다. 임진왜란으로 인해 한양을 떠나 피난 길에 오르기도 했던 선조지만, 그는 감정적인 대응을 자제하고, 냉정한 안목으로 일본에 대한 우호 관계의 필요성을 인식하고 있었다.

탐적사를 파견하고부터 2년 후 1606년, 조선 조정은 국교 회복을 위한 두 가지 조건을 제시한 국서를 일본에 보냈다. 그것은 첫째, 도쿠가와가 먼저 국서를 조선에 보낼 것, 둘째, 임진왜란 중 조선 선왕의 능묘를 파헤친 범인을 잡아 보낼 것 등이었다.

쓰시마한은 국교 회복을 서두른 나머지 일본의 국서를 위조하고, 별개의 건으로 체포한 죄인을 범인으로 꾸며서 조선에 보냈다. 쓰시마한으로서는 조선과 국교 회복을 실현시키라는 도쿠가와의 엄명을 받았기 때문에, 목숨을 걸고 현실적인 계략을 쓴 것이었다.

조선 통신사가 에도 성에서 행진하는 광경(1748년, 고베시립박물관 소장)

　조선에서는 일본의 국서가 너무 빨리 도착하였고, 범인의 연령이 너무 어려 앞뒤가 맞지 않기 때문에 쓰시마한의 공작이 뒤에 감추어져 있음을 감지하였으나, 화평을 우선한다는 판단하에 국교회복에 응했다.
　이런 우여곡절 끝에 1607년 정월, 정사(正使)를 여우길(呂佑吉)로 하는, 총 467명의 외교 사절단이 일본을 방문하게 되었다. 그러나 이 대사절단의 명칭은 처음에는 조선 통신사가 아니라 '회답 겸 쇄환사'(回答兼刷還使)였다. '회답'이란 일본에서 보낸 국서에 대한 회답, '쇄환'이란 일본에 연행된 포로를 조사하여 데리고 간다는 의미로, 이 두 가지 목적을 가진 사절이라는 뜻이었다. 조선 측으로서는 전후 처리를 확실히 하겠다는 의미에서 이와 같은 명칭을 붙였던 것이다.

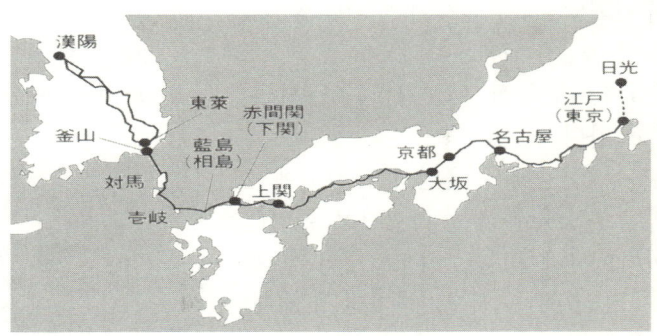

조선 통신사의 일본 방문 경로

 이렇게 재개된 조·일 국교는 조선이 한 단계 높은 위치에서 진행되었다. 일본 사신의 서울 입경은 허락하지 않고, 동래의 왜관에서 실무를 보고 돌아가게 하였다. 일본은 조선의 예조참판이나 참의에게 일본 국왕의 친서를 보내어, 사신 파견을 요청해 오는 것이 관례였다. 이에 따라 일본은 60여 차에 걸쳐 일본 사신을 보내 왔으며, 조선은 1607년부터 1811년에 이르기까지 12회에 걸쳐 일본에 통신사를 파견하였다. 조선 통신사가 일본에 파견되었던 250년 간, 조선과 일본 양국은 그 어느 때보다도 평화적이고 우호적인 관계를 유지하였다.
 조선 통신사는 3회에 이르기까지 '회답 겸 쇄환사'라는 명칭을 사용하였으나, 4회째인 1636년부터 통신사라고 불렸다. 국교가 재개된 이후, 한동안은 포로 송환 문제 등 전후 처리가 중심적인 과제였다. 그러나 세월이 흐르면서 통신사의 성격은 우호 교류를 주목적으로 하는, 통신사로서 역할이 더 중요시되었다.
 일본은 막부의 장군이 바뀔 때마다 그 권위를 국제적으로 보장받기를 원하여 통신사 파견을 조선에 요청하였고, 조선은 이러한 요청을 받아들여 축하 사절이라는 이름으로 통신사를 파견하였다. 조선 통신사 일행은 총인원이 대략 400~500명에 달했는데, 이들을 맞이하기 위해 1,400여 척의 배와 1만 명의 인원이 일본 측에서 동원되었고, 통신사가 한 번 방일하는 데 들어가는 접대비가 100만 냥(지금의 일본화로 약 600억 엔, 한화 약 6,000억 원 정도)이나 소요되었다. 이런 규모의 경비는 당시 한 주(州)의 1년 예산과 맞먹었다고 한다.

통신사는 한양에서 출발하여 부산에 도착한 후, 부산에서 쓰시마를 거쳐 이키(壹岐), 아이노시마(相島), 시모노세키(下關), 가미노세키(上關), 시모가마가리(下蒲刈), 도모노우라(ともの浦), 우시마도(牛窓), 무로쓰(室津), 아카시(明石)를 거쳐 오사카에 도착하였다. 이후에는 요도가와(淀川)를 배를 타고 올라가 교토(京都)로 가서, 그곳에서 육로로 에도(지금의 도쿄)까지는 육로로 가는데, 전체 왕복 기간은 대개 5개월에서 8개월이 걸렸다.

통신사는 국왕의 외교 문서인 서계(書啓)를 휴대하고 인삼·호피·모시·삼베·붓·먹·은장도·청심원 등을 예물로 가지고 갔다. 일본은 전국민적인 축제 분위기 속에서 통신사를 맞이하고, 성대한 향응을 베풀었다. 통신사가 통과하면서 유숙하는 숙소에는, 수행원으로부터 글이나 글씨를 받기 위해 몰려든 군중으로 인산인해를 이루었다. 1636년부터는 막부의 요청에 의해 마상재(馬上才)라고 불리는 광대 2명을 데리고 가 곡예를 연출했는데, 그 인기가 대단하여 곡마 묘기나 통신사의 행진 광경을 자개로 새긴 도장 주머니가 귀족 사이에 널리 유행했다.

에도(江戶) 시중(市中)에서 막부의 금령(禁令)을 무시하고 조선 통신사 일행의 소동(小童)을 따라온 마을 사람이 종이를 펼쳐서 글씨를 써 받고 있다(1711년 작).

일본의 화가들은 다투어 통신사 일행의 활동을 대형 병풍, 판화, 두루마기 그림 등으로 그려서 수많은 작품이 지금까지도 전해지고 있으며, 통신사가 준 사소한 선물을 귀중하게 간직하여, 현재 문화재로 지정되어 있는 것이 적지 않다. 통신사가 한번 다녀가면 일본 내에 조선 붐이 일고, 일본의 유행이 바뀔 정도로 일본 문화 발전에 많은 영향을 주었다.

조선 통신사의 왕래에서 보여진, 조선과 일본 사이의 우호 친선 관계는 메이지 유신에 의해 일본이 군국주의 국가로 전환하면서 깨지고 말았다. 조선보다 한발 앞서 산업화에 성공한 군국주의 국가, 일본은 조선 통신사에 대해 경외를 보였던, 그런 일본이 이미 아니었다. 그들은 쇄국으로 인해 근대화에 뒤떨어진 조선을 멸시했다. 일본은 아시아의 일원으로 남아 있을 필요를 느끼지 않았다. 일본은 산업화에 성공하여, 식민지 쟁탈에 몰두하고 있는 유럽의 일원이 되겠다는 야심으로 '탈아입구'(脫亞入歐)를 선언하고, 군국주의의 길을 걸어가기 시작했다.

시모노세키 시와 조선 통신사 기념비

시모노세키 시(下関市)는 한반도와 매우 깊은 인연을 갖고 있다. 일제 식민지 기간 중 시모노세키 시는 일본과 한반도를 연결하는 대동맥 역할을 수행했다. 시모노세키와 부산을 왕래하는 관부 연락선(関釜連絡船)이 1905년에 개설된 이래, 2차 대전이 끝날 때까지 40년 간에 걸쳐 운항되었다.

이 연락선을 이용한 인원은 전성기에 연간 총 3백만 명에 달했다. 그 후 한국이 독립하면서 연락선 운항이 일시 중지되었으나, 한일 간에 국교가 정상화된 이후 1970년부터 여객 페리로 바뀌어 운항이 재개되었다. 이 여객 페리는 현재에 이르기까지 30년 이상 운항되고 있는데, 한일 양측이 각각 별도로 설립한 회사에 의해 공동으로 운영되고 있다. 예전과는 달리 현재 한일 간에는 항공편 및 기타 여객선이 일본 전국과 한국의 여러 주요 도시들을 연결하고 있는데도, 부산과 시모노세키 간의 페리를 이용하는 한일 양국 국민은 연간 총 25만 명에 달하고 있다.

시모노세키 시는 인구 20만의, 비교적 작은 도시지만 현재 약 1만2천 명의 재일 동포가 이곳에 집중적으로 거주하고 있다. 이는 일본의 패전으로 한국이 해방되자, 일본 전국에 분산 거주하던 한국인들이 모국으로 돌아가기 위해 시모노세키 시에 집중했던 것과 관련이 있다. 당시 한국에 돌아가는 방법은 연락선 이외에는 없었다. 그래서 이들은 관부 연락선을 타고 귀국하기 위해 이곳에 모였으나, 제한된 수송 능력 때문에 마음대로 귀환할 수 없었다. 연락선을 타고 귀국한 사람들도 많았지만, 기회를 놓쳐 귀환하지 못한 한국인도 많았다. 귀환하지 못한 사람들은 다시 일본 전국에 흩어졌는데, 개중에는 모국이 지척인 시모노세키 시에 머물면서 귀국 기회를 보려고 남은 사람들도 꽤 있었다. 그러나 귀환 연락선이 끊기고 한일 간에 국교도 정상화되지 않아서, 귀국 수단도 상실되고 말았다. 이들은 결국 시모노세키 시에 정착할 수밖에 없게 된 것이다.

시모노세키 시에서 자동차를 타고 라디오를 돌리면 한국 방송이 아주 깨끗하게 들린다. 그뿐인가. 시내에는 한국에서 수입해 온 한국산 식품이나 상품을 파는, 우리 동포들의 상점이 많다. 이 상점들은 시내 중심가에서 중요한 상권을 형성하고 있다. 이곳에 가면 김치, 김, 젓갈, 라면, 소주, 의류 등 웬만한 한국 물건들이 다 있다. 그리고 시내에는 페리를 타고 관광하러 온 한국 관광객들도 눈에 많이 띈다. 또한, 이곳의 민단은 일본 전국에서도 뒤떨어지지 않는 결속력을 자랑한다. 이곳 일본 주민들도 친한적이어서 일한친선협회의 각종 행사 및 활동이 활발하다. 또한, 시모노세키 시는 부산 광역시와 자매 결연 관계를 맺고, 각종 교류를 통해 한일 간의 우호 증진에도 기여하고 있다.

이 시모노세키 시에서 3~4년 전부터 조선 통신사를 '문화의 전달자'로 재조명하자는 움직임이 일어났다. 이 움직임은 시모노세키 시의 시장을 역임하고, 1997년 이래 초대 주시모노세키 한국 명예 총영사를 맡은 바 있는 이가와 가쓰미(井川克己) 선생의 주도로 시작되었다. 이가와 선생은 에도 시대에 12회에 걸쳐 일본에 파견된 조선 통신사가, 정치적인 의례만을 행한 것이 아니라 조선의 선진 문화를 전달하는 사자의 의미도 지녔다는 점에 착안하였다. 그리고 조선 통신사가 일본을 방문하는 과정에서, 혼슈에서 제일 먼저 상륙하여 일측으로부터 접대를 받고 교류를 하게 되는 장소가 시모노세키(아카마세키, 赤間関)였다는 점에도 유의하였다. 이들 조선 통신사 일행은 12회의 일본 방문 중 시모노세키를 8회 방문하였는데, 그때마다 시모노세키의 문인, 학자들과 교류하면서 조선의 문화를 전달해 주었다. 그러나 지금 일본인들은 이러한 사실을 점차 잊고 있으니, 이를 지금의 일본인은 물론 후손에게도 알릴 수 있도록 기념비를 건립하자는 것이 이가와 선생의 아이디어였다.

이러한 이가와 선생의 뜻에 따라 야마구치 현 일한친선협회(당시 회장은 주조 가쓰미, 中條勝美)가 중심이 되어 '조선통신사상륙엄류지기념비(朝鮮通信使上陸淹留地記念碑, '엄류'란 '머무르다'는 뜻)건립기성위원회'가 2000년 10월에 구성되었다. 건립 기성 위원장에는 시모노세키상공회의소 회장인 하야시 고스케(林孝介, 현재 2대 주시모노세키 한국 명예 총영사) 씨가 추대되었다. 시모노세키 시의 에지마 기요시(江島潔) 시장, 야마구치 현 민단 지방 본부의 조동파 단장과 필자는 고문으로 추대되었다. 동 위원회에는 시모노세키 시 및 야마구치 현의 일본인 유지와 민단 중진들 상당수가 회원으로 가입하였다.

총기금 1천만 엔(약 1억 원)을 모금 목표로 정했다. 일본의 경제적 여건이 전반적으로 어려운 가운데서도, 기념비를 만들자는 뜨거운 열의로 모금은 순조로웠다. 기념비는 한국에 주문해서 제작한 후, 부산에서 페리로 운반해 오기로 했다. 기념비에는 조선 통신사에 대한 설명을 한국어, 일어, 영어로 각인하기로 했으며, 기념비 전면에 통신사 행렬도를 그려 넣기로 했다.

기념비가 건립되는 장소는 조선 통신사 일행이 배로 도착한 지점인, 아카마세키의 바닷가 바로 앞에 있는 시민공원으로 결정되었다. 시모노세키 시의 에지마(江島) 시장은 이 기념비가 건립된 후, 관리를 시모노세키 시청이 맡겠다고 약속했다. 그리고 이 기념비의 휘호를 누구에게 맡길 것인가를 여러 차례 논의한 결과, 양국 간의 공식 우호 친선 기구인 한일의원연맹의 김종필(金鍾泌) 회장에게 부탁하기로 의견이 모아졌다. 건립기성회 측의 요청을 받은 김종필 회장은 기념비 건립 취지를 듣고, 휘호를 써 줄 것을 기꺼이 약속했다.

이렇게 해서 2001년 8월 25일, 시모노세키 시의 아카마세키공원에서 조선 통신사 기념비의 제막식이 거행되었다. 동 제막식에는 한국 측에서 한일의원연맹의 김종필 회장, 한일친선협회의 김수한(金守漢) 회장, 최상용(崔相龍) 당시 주일 대사가 참석하였고, 일본 측에서는 일한친선협회 미치쓰카 히로시(三塚博) 회장, 아베 신조(安倍晋三) 관방부장관, 에지마 시모노세키 시장 등 다수 인사가 참석한 가운데 성황리에 개최되었다. 그런데 참으로 아이러니컬한 것은, 제막식이 거행되던 시기가 역사 교과서 문제로 한일 간에 외교적 긴장이 고조되어, 양국 간의 각종 교류가 중지 또는 연기되는 등 영향을 받고 있던 때였다는 것이다. 조선 통신사가 이루어 놓은, '문화의 전달자'로서의 위업이 역사 교과서 문제로 경색된 한일 양국 간의 냉랭한 분위기에 따뜻한 훈풍을 보내 준 셈이었다.

이상에서 보듯이, 조선 통신사 기념비는 기성회 결성에서 건립까지 불과 10개월 만에 이루어졌다. 일본에서 이와 같이 초스피드로 계획이 추진된 것은 전례가 없는 일이라고 해도 과언이 아니다. 이러한 배경에는 기념비 건립 실행 위원장을 맡은 이가와 선생의 노력이 있었다. 선생은 80세의 고령에다 건강도 좋지 않았

조선 통신사 기념비 제막식 기념 사진(기념비의 글씨가 보이는 부분의 왼쪽으로 미치쓰카 회장, 김종필 회장, 김수한 회장, 최상용 대사, 그리고 한 사람 건너 에지마 시장, 왼쪽 끝이 조동파 단장이다. 윗 열 맨 오른쪽이 이가와 명예총영사, 한 사람 건너 아베 관방부장관이 서 있다. 아랫 열 오른쪽 끝이 필자)

는데, 조선 통신사 기념비 건립을 일생 일대의 사업으로 여기고 혼신의 힘을 쏟았다. 그리고 기념비 제막식에 참석한 다음날 기력이 다하여 병석에 누웠다가, 며칠 후에 별세하였다. 삼가 고인의 명복을 빌며, 고인의 생전 소원대로 일본의 후손들이 조선 통신사가 일본에 대한 '문화의 전달자'였다는 사실을 잊지 않기를 기대해 본다.

히로시마 원폭과 일본인

우라늄 핵폭탄을 생각해 본다

최근 신문이나 TV 등 매스컴에 심각하게 보도되는 뉴스 중 하나는 북한의 핵무기 개발과 관련된 것이다. 북한은 미국의 켈리 특사가 2002년 10월 초에 방북했을 때, 우라늄 농축을 통한 핵무기 개발 계획을 갖고 있음을 자인했다고 하며, 2002년 12월에는 제네바 합의에 따른 핵 동결 조치를 해제한다고 선언하였다. 이러한 북한의 핵무기 개발 의혹과 관련된 일련의 움직임은 국제적인 주요 관심 사항으로 대두되고 있을 뿐 아니라, 우리 정부는 물론 미국을 포함한 국제 사회가 해결책 강구를 위해 골몰하고 있다.

북한과 켈리 미 특사 간에 거론되었다는, 농축 우라늄을 이용한 핵무기란 어떤 것인가. 1990년대 초에 북한이 핵무기를 제조하려다가 국제 사회의 압력으로 포기했다는 사실은 잘 알려져 있다. 이때 북한이 개발하려고 했던 핵무기는 플루토늄을 이용한 것이었다. 플루토늄은 원자로를 가동해서 얻게 되는 '사용 후 연료봉'을 재처리해서 추출하기 때문에 방대한 시설이 필요하다. 그러나 고농축 우라늄은 좁은 장소에서도 추출하기가 용이하다고 한다. 북한이 고농축 우라늄을 이용한 핵무기 개발 계획을 추진하려는 것은, 고농축 우라늄은 남의 눈에 잘 띄지 않고도 비교적 손쉽게 만들 수 있다는 점 때문이었다고 한다. 북한이 만들려고 한다는 우라늄 핵폭탄은 2차 대전 때, 히로시마에 투하된 원자 폭탄과 같은 것이다.

지구상에서 피폭을 경험한 나라는 일본이 유일하다. 1945년 8월 6일에 히로시마(広島), 그리고 사흘 뒤인 8월 9일에 나가사키(長崎)에 투하된 원자 폭탄 두 발로 일본은 무조건 항복을 선언했고, 이로써 2차 대전이 종료되었다. 이때 히로시마에 투하된 원폭은 우라늄탄이었고, 나가사키에 투하된 원폭은 플루토늄탄이었다. 히로시마에서는 원폭으로 약 20만 명이 생명을 잃었고(1945년 12월 말까지 약 14만 명 사망이라는 공식 통계가 있으나, 피폭 후 장애로 사망한 사람을 어느 연도까지 포함시킬 것인가에 대해 약간씩 상이한 통계가 있다), 나가사키에서는 8만 명이 사망했다. 히로시마에 투하된 원폭은 12.5kt(킬로톤)이었고, 나가사키에 투하된 것은 그 두 배 가까이 되는 22kt이었는데도 피해는 히로시마가 더 컸다. 히로시마는 폭심지가 시내 한복판이었고, 나가사키는 시 중심에서 떨어진 교외가 폭심지였기 때문이다.

2002년 5월 하순, 히로시마의 민간 TV 방송국은 한일 간의 월드컵 공동 개최를 앞두고 여러 차례에 걸쳐 한국 특집 방송을 했다. 그 중의 한 특집을 보니, 캐스터가 서울에 가서 길을 걸어가는 한국의 젊은이 10여 명에게 히로시마를 아느냐고 묻는 장면이 있었다. 대부분 알고 있다고 답했다. 그리고 캐스터가 히로시마 하면 무엇이 생각나느냐고 묻자, 대부분이 원자 폭탄이라고 말했다. 한국인에게 히로시마 하면 곧 원폭이 연상되는 것이다.

한국인들은 히로시마에 원자 폭탄이 떨어진 것은 알지만, 그로 인해 어떤 참상이 일어났는지에 관심을 갖고 있는 경우는 매우 적다. 원폭이 얼마나 무서운 것인지 알고 있는 한국인도, 히로시마에 원폭이 떨어진 것은 일본 사람들이 나쁜 짓을 많이 했기 때문에 벌받은 것이라고 생각하는 경우가 많다. 그러나 일본이 과거에 한국에 대해 무슨 일을 했는가 하는 것과, 원폭의 피해가 어떠하였느냐 하는 것과는 분리해서 생각해 볼 필요가 있다.

원폭 투하, 10초의 충격과 그 피해

히로시마가 피폭된 8월 6일이 되면, 히로시마 시의 평화공원에서는 '원폭 사몰자 위령식 및 평화 기원식'이 거행된다. 일본 총리, 히로시마 현 지사, 히로시마 시장 및 피폭자 유족 그리고 관계 인사 등 1천 명 이상이 모이는 위령제는 아침 8시 정각에 시작하여, 원자 폭탄이 투하된 8시 15분부터 1분 간 묵념을 한다. 필자도 이 위령제에 두 번 참석했는데, 그때마다 너무 더워 식이 진행되는 동안 땀을 닦느라 정신을 차리지 못할 정도였다. 8월 6일이면 여름이 막 기승을 부리기 시작하는 때다. 거기에다가 습도까지 높아서 그야말로 후텁지근한 여름 날씨다. 그래서 위령식 참석자 중에는 가끔 더위로 쓰러지는 사람도 나올 정도다.

1945년 8월 6일, 그날도 날씨가 몹시 더웠다. 전날 밤, 미군기가 공습하기 위해 온다는 경보 사이렌 소리에 사람들은 제대로 잠을 잘 수가 없었다. 사람들은 아침 일찍부터 시내에 볼일을 보러 나가거나 직장에 나갔다. 그날 아침 히로시마의 하늘은 청명했다. 아침 8시 10분이 조금 지났을 때였다. 파란 하늘에 미군 B29기 두 대가 조그맣게 보였다(한 대는 원폭을 적재한 비행기, 다른 한 대는 폭발 장면을 관측하는 장비를 탑재한 비행기였다). 고도 8,500m에서 비행하고 있던 비행기의 동체가 햇살에 반사되어 매우 아름답게 보였다. 공습 경보도 없이 나타난 적기였지만 사람들은 그다지 놀라지 않았다. 모두 전쟁에 지치고 피곤했기 때문이리라. 누군가가 말했다. "아, 참 예쁘다." 그러자 누군가가 또 말했다. "아! 저기 낙하산 같은 게 떨어진다." 사람들은 떨어지는 물건을 보기 위해 고개를 돌리려 했다. 그러자 그 순간 섬광이 눈앞에서 번쩍했다. 8시 15분이었다. 인류 역사상 처음으로 투하된 원자 폭탄이 폭발한 것이었다.

  원자 폭탄은 히로시마 시가지 상공의 약 580m 지점에서 눈을 멀게 할 정도로 강력한 섬광과 함께 작렬하여, 폭심지로부터 2km에 이르는 시가지의 건물이 흔적도 없이 부서지고 불타 버렸다. 그리고 강력한 폭풍과 열선으로 많은 사람들이 날아가 부딪치거나, 또는 불에 타 죽었다. 겨우 살아 남은 사람들도 피로 범벅이 된 채 불에 타 누더기가 된 옷을 걸치고, 폐허가 된 거리를 헤매고 다녔다. 원자 폭탄이 폭발하자마자 발생한 폭풍에 의해 각종 먼지와 입자가 말려 올라가면서, 연기 기둥인 '버섯 모양의 구름'이 형성되었다. 원폭이 폭발한 후 20~30분이 지나자, 히로시마의 북서부 지역 일대에 '검은 비'가 내렸다. '죽음의 비'라고 불리는 이 비는 핵분열에 의해 생긴 방사능 물질을 다량으로 포함하고 있어서, 폭심지로부터 상당히 떨어진 곳에도 큰 피해를 주었다.

  원자 폭탄의 특징은 통상적인 폭탄과는 달리, 방사선의 영향에 의해 인체에 큰 장애를 준다는 점이다. 특히, 폭심지로부터 1km 이내에 있던 사람들은 치명적인 영향을 받아, 대다수가 수일 내에

피폭 다음날인 8월 7일, 히로시마의 번화가였던 혼도리(本通り)의 참상. 이곳은 폭심지에서 100~150m 부근이다.

사망했다. 피폭 직후 단기간에 나타나는 급성 장애는 발열, 구토, 설사, 출혈, 탈모, 전신 피로감 등 여러 가지 증상이 있다. 피폭 후유증은 2, 3년 내지 10여 년의 기간이 지난 후에도 발병하며, 수많은 피폭자들이 켈로이드(화상으로 벌겋게 불거진 종양) 및 백혈병, 암 등의 병으로 고통을 받았다.

 원자 폭탄은 폭발 순간에 폭발점의 중심 온도가 섭씨 1백만 도를 넘어, 거대한 불덩어리가 생겼다. 불덩이는 0.2초 후에 최대 직경이 310m의 크기에 이르렀으며, 표면 온도는 5천 도에 달했고, 강한 열선이 방사되어 큰 피해를 가져왔다.

 폭발 순간에 중심부는 수십만 기압에 이르는 초고압 상태가 되었고, 공기가 크게 팽창하여 강렬한 폭풍이 발생했다. 그 압력은 폭심지로부터 5백m 떨어진 지점에서 $1m^2$ 당 15t에 이르렀으며, 대부분의 건물이 눌려 부서지고, 사람들도 날아가 버렸다.

이상과 같은, 원폭 작렬에 의한 파괴 현상은 원폭이 점화된 후 단 10초 만에 일어났다. 원폭은 폭발 후에 1.5초가 경과하면 에너지의 80%를 방출한다. 그리고 10초 후에는 99%를 방출한다. 10초, 이는 인간에게 너무도 짧은 시간이다. 대피 행동을 취할 시간이 없다. 히로시마에 투하된 우라늄 원폭은 투하된 후 43초 뒤에 폭발하도록 설계되어 있었다. 말하자면 B29에서 원폭이 투하된 지 1분 만에 히로시마는 초토화가 된 것이다. 원자 폭탄은 우라늄이나 플루토늄이 핵분열을 일으킬 때에 발생하는 에너지를 병기로 이용한 것으로, 통상적인 병기의 파괴력과는 비교할 수조차 없다. 히로시마에 투하된 원자 폭탄에는 우라늄 235가 약 10∼30kg 들어 있었다고 알려져 있다. 이 우라늄 235가 처음에는 임계량 이하의 덩어리 두 개로 나뉘어 있었으나, 화약의 폭발력에 의해 한쪽 덩어리가 다른 쪽 덩어리와 부딪쳐 순식간에 임계량 이상에 도달함으로써 폭발하도록 만들어졌다. 이 원폭은 길이 약 3m, 무게가 약 4t으로, 원통형 모양이었는데, 당초 제작 과정에서 예상했던 것보다 길이가 짧아져 '리틀 보이'(Little Boy)라고 불렸다. 이 작은 병기 한 발로 약 20만 명이 희생되었다니, 원폭이 얼마나 가공할 만한 파괴력을 가졌는지 알 수 있다.

나가사키에 투하된 원자 폭탄은 핵분열 물질로 플루토늄 239가 사용되었다. 그 구조는 플루토늄 239를 임계량 이하의 덩어리로 나누어 구형(球形) 케이스에 넣은 뒤, 이 케이스 주위를 둘러싼 화약의 폭발력이 중심부를 압축하여 핵분열을 일으키도록 하였다. 이 폭탄은 히로시마형에 비해 길이가 짧고 둥그런 모양이어서, '패트 맨'(Fat Man)이라고 불렸다.

왜 히로시마에 원폭이 투하되었는가

히로시마 시의 중심지인 나카구(中区) 나카지마초(中島町)에는 '히로시마평화기념공원'이 있다. 이 공원은 원자 폭탄이 작렬한 폭

3. 일본 역사와 관련된 몇 가지 에피소드 173

심지의 500m 반경을 중심으로 만들어졌다. 이 공원 안에는 '원폭 돔'(과거 '히로시마 현 산업 장려관' 건물로 피폭 당시 모습으로 보존되어 있다), '원폭 사망자 위령비', '한국인 피폭자 위령비', '평화 기념 자료관', '기원의 샘' 등 조형물과 건물이 있다.

특히, 이 중 '평화 기념 자료관'은 평화공원을 처음 방문하는 사람이 반드시 한 번씩 방문하는 곳이다. 이 자료관은 동관과 서관으로 나눠져 있다.

동관의 1층에는 히로시마 시의 피폭 이전과 이후를 비교하는 시가지 모형도, 일본의 2차 대전 참전 과정과 그 당시의 생활상이 전시되어 있고, 그리고 시뮬레이션에 의한 피폭 장면을 보여 준다. 앙상한 몸체만 남긴 '원폭 돔'의 모형도 전시되어 있다. 2층에 올라가면 원폭과 전쟁 관련 사진 등이 전시되어 있다. 3층에는 각종 핵폭탄의 폭발 장면을 보여 주는 비디오가 설치되어 있고, 그 밖에도 원폭이 얼마나 가공할 만한 병기인가를 설명하는, 각종 자료들을 볼 수 있다. 또한, 핵무기 없는, 평화스러운 세계를 실현시키기 위해 결성되어 있는 국제 기구나 단체의 활동이나 성과를 설명하는 자료가 전시되어 있다.

3층에서 서관으로 넘어가면, 히로시마의 피폭과 직접 관련된 자료들을 보게 된다. 피폭 직후, 처참한 형태를 하고 있는 납인형의 군상 앞에서는 가슴이 답답해진다. 이곳 전시관에서는 피폭 직후의 시내 사진, 피폭된 순간인 8시15분에 정지된 손목시계, 피부가 벗겨진 사람의 사진, 벗겨진 머리털, 엿가락같이 휘어 버린 철골 등의 피폭 현장을 확인할 수 있다. 이어서 피폭시 발생하는 방사능 물질의 위험성, 핵폭탄 폭발시 발생하는 고열과 폭풍에 대한 과학적 분석 등을 설명하는 자료관이 있다.

무거운 마음으로 전시실 관람을 마치고 나오면 출구로 향하게 된다. 그런데 출구를 나오기 전에 '사다코' 코너가 있다. 이곳에서는 원폭이 없는 평화로운 세계를 기원하기 위해 종이 학을 접어 보라고 권하고 있다.

'사다코'라는 여자아이는 2살 때에 피폭되었으며, 10년 후에 원폭 후장애로 인한 백혈병으로 진단되어 적십자병원에 입원했다. 이 아이는 고통을 참으며 건강 회복을 기원하여 종이 학을 계속 접었으나, 소원을 이루지 못한 채 8개월의 투병 끝에 짧은 생애를 마치고 말았다. 그래서 사람들은 원폭이 없는, 평화로운 세상에서 살 것을 바라던 이 어린이의 뜻을 기리기 위해 종이 학을 접어 장식하게 되었다. 그래서 히로시마에서는 피폭 위령제를 지낼 때, 종이 학을 접어 헌상하는 것이 하나의 전통으로 남아 있다.

이상을 보면 평화 기념 자료관을 다 보는 셈이다. 그런데 아직 소개하지 않은 곳이 한 군데 있다. 그것은 왜 히로시마에 원폭이 투하되었는가를 설명하는 패널이다. 동관 1층 중간쯤에 가면 '왜 히로시마에 원폭이 투하되었는가'라는 제목을 가진 패널을 볼 수 있다. 그곳에는 다음과 같은 내용이 적혀 있다.

   1942년 8월, 미국은 원자 폭탄 제조에 착수하기 위해 소위 '맨해튼 계획'을 세우고, 1945년 7월 16일에 뉴멕시코 주의 사막에서 세계 최초로 원폭 실험에 성공했다.
   미국은 당시 일본을 가능한 한 빨리 항복시켜 미군의 희생을 줄이려 하였다. 또한, 1945년 2월의 얄타 회담에서 소련의 참전이 극비리에 결정됨에 따라, 미국은 그 이전에 원폭을 투하하여 전후 세계에서 우위를 차지하려고 생각하고 있었다. 더불어 미국은 세계 최초의 원자 폭탄을 실전에 사용하여, 그 효과를 측정하려고 생각했던 것 같다.
   2차 대전 말기에 일본의 주요 도시는 거의 괴멸되어 버린 상태였다. 그러나 그 가운데서도 히로시마가 표적이 된 이유는 첫째, 도시의 크기 및 지형이 원폭의 파괴력을 실험하기에 적당했다는 사실, 둘째, 군대, 군사 시설, 공장이 집중되어 있으며, 더욱이 전쟁의 피해를 거의 입지 않은 상태였다는 점 등이 그 이유로 추측된다.

   미국이 제일 먼저 원폭을 투하할 장소로 검토했던 도시는 히로시마 이외에도 고쿠라(小倉), 니가타(新潟) 및 나가사키가 포함되어 있었다고 한다. 폭격 대상 도시 가운데 히로시마가 제1 목표로 선택된 것은 히로시마의 불운이었는지도 모른다. 그러나 이유 여하를 막론하고, 히로시마 시민들이 겪은 참상이 이 지구상에 다시 반복되어서는 안 된다는 데 대해 이론을 제기할 사람은 아무도 없을 것이다.

평화 기념 자료관 관람객은 1년에 평균 120만~130만 명에 달하며, 일부 외국인 관광객을 제외하면 대부분 일본인이다. 일본인 관람객 중에는 수학 여행 코스로 이곳을 찾는 중고생이 연간 40만 명 정도에 달한다. 말하자면 이곳은 일본인에게, 일종의 국민 교육 현장 역할을 하고 있는 셈이다.

일본인들은 자료관을 둘러보면서 2차 대전 당시 어려웠던 일들을 회상하고, 감회를 새롭게 한다. 그리고 피폭의 끔찍한 참상에 눈시울을 붉힌다. 일본 청소년들은 호기심 어린 눈으로 과거 2차 대전 당시 할아버지·할머니 세대가 느꼈던 전쟁의 고통을 알게 되고, 핵무기의 가공할 만한 파괴력에 놀란다. 그들은 정녕 핵무기가 없는 세계가 실현되기를 바랄 것이다.

그런데 한국인의 입장에서 평화 기념 자료관을 둘러보고 나면 무언가 허전한 느낌을 가지게 된다. 그것은 왜일까. 이 자료관은 일본이 피폭되어 얼마나 처참한 상황을 맞게 되었는가를 중점적으로 강조하면서, 그렇기 때문에 앞으로는 핵이 없는 평화로운 세계가 실현되기를 바란다는, 단순한 구도로 구성되어 있기 때문이다. 다시 말해서 이 자료관에는 일본이 왜 이같이 비참한 국면을 맞이해야 했는가에 대한, 철저한 자기 반성이 거의 나타나 있지 않다. 군국주의로 점철된 과거 역사를 자부심과 영웅적 인식으로 회상할 게 아니라, 보다 더 겸허하게 반성하고 참회하는 자세를 보여 줄 필요가 있다. 그리고 과거의 역사 조명이라는 관점이 아닌, 순수하게 인류애적인 차원에서 피폭의 참상을 모두에게 알리고, 핵무기의 공포에서 벗어나 진정으로 평화로운 세계를 실현시키자는, 강한 메시지를 인류에게 보내는 자료관으로서 다시 태어나면 어떨까. 그럴 경우, 이 자료관을 방문하는 사람들은 국적에 관계없이 모두 깊은 감동을 느끼고, 핵 없는 평화로운 세계에 대한 각오를 새롭게 다지게 될 것이라고 생각해 본다.

히로시마평화기념공원과 한국인 원폭 희생자 위령비

히로시마 시의 중심가인 나카지마초(中島町)에 위치하고 있는 평화공원에 들어가면, 공원의 거의 중앙에 위치한 '원폭 사망자 위령비'를 볼 수 있다. 이 위령비는 원폭에 의해 희생된 사람들의 영혼을 위로하기 위하여 1952년에 세워졌는데, 일본 고분 시대에 묘 주위에 묻혔던 '집 모양의 초벌구이 토기 제품'을 참고로 디자인했다고 한다.

위령비의 중앙에는 석실이 있으며, 그 안에는 사망한 피폭자의 이름을 적은 '원폭 사망자 명부'가 소장되어 있다. 이 명부에는 매년 유족 등에 의해 신고된 피폭자들의 이름이 추가로 삽입된다. 위령비 전면에는 '편안히 잠드십시오. 잘못은 되풀이하지 않겠습니다.'라는 글귀가 새겨져 있다. 비문은 우리 모두 원폭 희생자의 명복을 빌며, 전쟁이란 잘못을 두 번 다시 되풀이하지 않을 것을 맹세하는 글이다. 여기에는 과거의 슬픔과 증오를 극복함으로써 전 인류의 공존과 번영을 기원하고, 진정으로 세계 평화의 실현을 염원하는 '히로시마의 마음'이 새겨져 있다.

원폭 사망자 위령비로부터 북서쪽 방향으로 약 80m 정도 떨어진 곳에 '한국인 원폭 희생자 위령비'가 고즈넉하게 서 있다. 이 위령비는 원폭으로 희생된, 2만 명에 달하는 한국인의 영혼을 위로하기 위해 민단 히로시마 현 지방 본부가 중심이 되어 재일 동포들이 1970년에 세운 것이다. 거북이가 등에 업고 있는 형태를 취한 이 비석의 높이는 3m에 이른다. 이 비석의 휘호는 이미 고인이 된 이효상 전 국회의장이 썼다. 비석은 전부 한국에서 제작한

3. 일본 역사와 관련된 몇 가지 에피소드 177

히로시마평화공원의
원폭 사망자 위령비

후에 일본으로 운반해 온 것이다.
 히로시마는 원폭에 의해 일순간에 괴멸되어 버렸기 때문에 당시의 인구 관련 자료가 모두 불타 버렸고, 피폭 후에도 혼란 상태가 계속되어 피폭 당시의 정확한 통계를 파악하는 것은 사실상 불가능하다. 그러나 일반적으로 피폭 당시 히로시마 시의 인구는, 일반 시민 약 30만 명과 군 관계자 약 4만 명 등을 포함해 전부 약 35만 명 정도였다고 추정하고 있다.
 피폭 사망자는 원폭 폭발시에 즉사한 사람만을 말하는 것은 아닙니다. 폭발시에 겨우 살아 남은 시민들이나, 원폭 투하 후에 시내에 들어왔다가 방사선의 영향을 받은 사람들도 그 후 다수 사망했다. 그러나 그 숫자를 정확히 알 수 없는 것이 사실이다. 그래서 사망자가 14만~15만 명이라는 통계가 있고 그 이상이라는 주장도 있으나, 히로시마 현지에서는 일반적으로 피폭으로 인한 사망자가 대략 20만 명에 이른다고 추산하고 있다.
 그런데 이 사망자에는 일본인만 계산된 것이 아니다. 여기에는 한국인 사망자 2만여 명도 포함되어 있다. 한국인 희생자가 전체 희생자 20만 명의 10%나 되는 것이다. 이들 한국인들은 노동력 부족을 메우기 위하여 한반도에서 강제로 징용되어, 히로시마의 군수 공장 등에서 일하던 사람들과 그 가족들이었다.

히로시마에는 청일 전쟁 당시 일본 대본영이 설치되어 있었고, 히로시마의 '우지나' 항(宇品港)은 한반도에 군대를 보내는 창구 역할을 했다. 또한 히로시마는 일본의 중공업 및 군수 산업의 중요한 거점 중 하나였다. 시내에는 미쓰비시중공업의 공장과 기타 군수 제품을 생산하는 공장들이 들어서 있었다. 히로시마 시와 접해 있는 구레 시(吳市)는 군항인 동시에 조선소가 있어서, 각종 전함들을 건조했다. 2차 대전 당시 일본의 최대 전함으로 알려진 야마토(大和, 64,000톤의 군함으로 1941년에 건조)도 구레에서 건조되었다. 이같이 히로시마 시를 포함한 인근 지역은 일본의 전쟁 수행을 위한, 주요한 군사 도시로서의 역할을 수행하고 있었다.

히로시마에 원폭이 투하되던 당시, 히로시마 시 인구 35만 가운데 10분의 1은 한국인이었다. 이들 대부분은 육군 부대나 군 시설 및 군수 공장 등이 집중해 있던, 시내 중심부에 가족과 함께 집단적으로 거주하면서 일을 하고 있었다. 히로시마의 시내 한복판에 떨어진 원자 폭탄으로 한국인 희생자가 2만 명이나 난 것은, 바로 이러한 집단 거주와 무관하지 않다.

이들 한국인 원폭 희생자의 영혼을 위로하기 위해 1969년, 대한민국거류민단 히로시마 현 지방 본부가 주관이 되어 '한국인원폭희생자위령비건립위원회'가 발족되어 건립에 착수하였다. 그리고 많은 재일 동포들의 헌신적인 성원으로 1970년 4월 10일, 평화공원 밖의 사카이 1조메(堺1丁目)에 위령비가 건립되었다. 이곳은 지금 위령비가 있는 장소의 서쪽에 흐르는 '혼가와'(本川) 강변으로, 평화공원 바깥이다. 애당초 민단에서는 평화공원 내에 위령비를 건립하려 하였으나, 히로시마 시 당국이 개별적인 조형물을 공원 내에 설치하지 못한다는 규칙을 들어 이를 허용하지 않았다. 시 당국이 이를 반대한 이유에는 '한국인 원폭 희생자 위령비'가공원 내에 들어오게 되면, 조총련의 위령비도 받아들이지 않으면 안 된다는 고려도 작용했던 것으로 보인다.
  한국인 위령비가 설치된 후, 해마다 위령제를 드릴 때면 왜 한국인의 혼령들은 일본인같이 평화공원 안에서 모시지 못하고 이렇게 강변에서 홀대를 받아야 하느냐는 울분이 그치지 않았다. 그러나 한국인 위령비가 평화공원 안으로 옮겨 가기까지는 무려 30여 년을 강변에서 기다리지 않으면 안 되었다. 일본에 의해 강제 연행된 한국인의 혼령들은 일본인의 원죄 때문에 원폭으로 사망한 후에도 일본인에 의해 정당한 대우를 받지 못했으니, 참으로 안타까운 일이라 아니할 수 없었다.
  한국인 위령비를 히로시마평화기념공원 안으로 이설하는 문제에 대해 결정하는 권한을 가진 곳은 히로시마 시다. 히로시마 시가 평화공원 관리의 직접적인 책임을 맡고 있기 때문에, 시 당국이 반대하면 한국인 위령비의 평화공원 내 이설은 불가능하다. 평화공원 내에 개별적인 조형물 설치를 허용하기 시작하면 공원 내에 각종 이유로 조형물을 설치하려는 민간인이나 민간 단체의 요구를 거절할 수 없고, 그렇게 되면 공원 내에 조형물이 범람하여 경건한 분위기가 저해된다는 것이, 히로시마 시 당국이 우리의 위령비 이설을 반대하는 명분으로 내세운 이유였다.
  그러나 한국인 위령비는 일본인 민간 단체의 그것과는 성격이 전혀 다르다. 우리가 왜 한국을 떠나 일본 땅인 히로시마에서 2만 명이나 죽어야 했는가. 이들은 대부분 자발적으로 히로시마에 온 게 아니라 자신의 의사에 반해, 강제로 오게 되었다. 그 결과, 이들은 불행하게도 피폭으로 사망했다. 이렇게 불행하게 희생된 2만 명의 영혼을 경건하게 위로하기 위해 평화공원 안으로 이설해 달라고 하는 것이 어디가 잘못되었단 말인가. 재일 동포들은 시 당국에 계속해서 이설 허용을 요구했으나, 그때마다 거부되었다. 이 문제에 대해 한국 정부도 깊은 관심을 가지고 예의 주시하였다. 그러나 이 문제는 어디까지나 지방 자치 단체인 히로시마 시가 결정권을 가지고 있었다. 따라서 한일 간에 정부 차원에서 외교적으로 교섭할 수 있는 사안이 아니었다. 우리로서는 히로시마 시 당국이 현명한 조치를 취해 주기를 기다릴 수밖에 없었다.

 세월이 흐르고, 한국인 위령비가 평화공원 내에 들어가지 못하고 있다는 딱한 사연이 점차 많은 일본 사람들에게 알려지면서 이를 지원하자는 분위기가 조성되었다. 민단 히로시마 현 지방 본부와 히로시마 현 일한친선협회는 1998년, 한국인 위령비의 평화공원 내 이설 허용을 히로시마 시에 재차 건의하였다. 당시 히로시마 시의 히라오카 다카시(平岡 敬) 시장은 장래 적절한 시기에 민단과 조총련이 '한국인・조선인 원폭 희생자 합동 위령비'를 만들 것을 권한다는 의견을 첨부하여, '한국인 원폭 희생자 위령비'의 평화공원 내 이설 허가를 결단해 주었다.

 이렇게 해서 한국인위령비이설추진위원회가 결성되었다. 거대한 규모의 위령비를 이설하는 작업은 새 위령비를 건립하는 이상으로 어려운 일이었다. 많은 사람들의 지원과 도움이 필요했다. 위령비 이설을 위해 민단 히로시마 현 지방 본부의 박의종(朴義鍾) 단장, 히로시마 현 한국인상공회 김효열(金孝烈) 회장, 그리고 이설 추진 위원장 권양백(權養伯) 민단 히로시마 현 지방본부 고문 등 다수의 재일 동포가 적극적으로 활동하였다. 그리고 당시 히로시마 현 일한친선협회의 호리구치 가오루(堀口勳) 회장(현재 히로시마 현 TV 방송국인 RCC의 회장), 동 협회의 다마키 미노루(玉木實) 사무국장 등 일본 인사들도 헌신적으로 성원했다. 그 결과, 1999년 7월 21일, '한국인 원폭 희생자 위령비'는 최초 제막에서 29년 3개월 만에 평화기념공원 안으로 이설되었다. 이로써 히로시마에서 원폭으로 불행한 최후를 맞이한 한국인 희생자들의 영령을 다소라도 위로할 수 있었다. 우리 정부도 이설에 따른 유공 관계자들에게 사의를 표하기 위해 대한민국 정부의 훈장을 포상하였다.

 평화기념공원을 방문하는 한국인 관광객들은 모두 한국인 원폭 희생자 위령비를 참배한다. 한국의 청소년들은 '사다코'의 종이 학

3. 일본 역사와 관련된 몇 가지 에피소드 181

한국인 원폭 희생자 위령비. 위령비를 둘러보고 있는 조세형(趙世衡) 주일 대사 (비석의 왼쪽 첫 번째). 조 대사 왼쪽 두 번째가 필자(2002년 4월 12일).

얘기에 감동받아, 여러 가지 색깔의 종이 학을 접어 한국인 위령비 앞에 놓는다. 그리고 불행하게 돌아가신 한국인 피폭 희생자의 영령 앞에 묵도를 한다. 21세기에는 이같이 불행한 일이 다시는 일어나지 않기를 기원하면서. 그리고 평화기념공원을 찾는 많은 일본인들도 진지한 자세로 한국인 위령비에 참배하고, 종이 학을 헌상한다. 이들 일본인을 바라보고 있으면, 일본이 원폭 사망자 위령비에 적어 놓은 대로 '다시는 잘못을 되풀이하지 않기를' 진정으로 바라게 된다.

일본은 언제까지 사과해야 하는가

2002년 7월 중순. 한일 간에 공동으로 개최한 월드컵 축구 대회가 성공리에 끝난 직후, 한국의 4강 진출의 흥분이 채 가시지 않아서 모두의 일손이 아직 제대로 잡히지 않는 어느 날이었다.

필자는 히로시마의 20여 개 제조업체로 구성된 어느 협회의 저녁 모임에 초청을 받아 참석했다. 필자는 협회의 요청에 따라 '월드컵 공동 개최와 한일 관계'라는 제목으로 30분 정도 간단한 강연을 하였다. 필자는 경제, 문화 등 여러 분야에서 양국 간의 최근 교류 현황을 설명하고, 역사 교과서 문제, 재일 한국인에 대한 지방 참정권 문제 등 양국 간 현안을 월드컵 대회 기간 중 보여 준 양국 국민 간의 뜨거운 우호와 협력 분위기 가운데 해결함으로써, 한일 간에 진정한 21세기 파트너십을 구축해 나가자는 요지로 강연을 하였다.

강연이 끝난 후, 모임에 참석한 제조업체 사장들과 저녁 식사를 함께 했다. 모임의 참석자들은 필자에게 한국이 월드컵 대회에서 4강에 진출한 것을 축하해 주었다. 필자는 일본 선수들도 같이 4강에 오르지 못해 아쉬웠지만, 16강에 진출함으로써 한국과 일본이 아시아 축구의 진수를 세계에 보여 주었다고 일본 선수들의 선전을 평가했다. 맥주로 건배를 하고 대화가 진행되면서 모임의 분위기가 고조되고 있을 때였다.

한 제조업체 사장이 필자에게 다가와 옆에 앉았다. 서로 몇 마디 인사를 나눈 뒤였다. 사장이 필자에게 말했다.

"대단히 미안하지만, 한 가지만 질문을 해도 되겠습니까?"

"물론입니다. 아는 범위 내에서 성의껏 답하겠습니다."

필자는 가벼운 마음으로 귀를 기울였다. 그러자 그는 돌연 필자에게 이렇게 말했다.

"혹시 제가 묻는 말이 결례라고 생각되시면 저를 때려도 좋습니다."

"예?" 필자는 예상외의 말에 긴장했다. "무슨 말씀인지는 모르겠지만 해 보시지요."

보통 키에 약간 체중이 나가는 몸집을 한 그는 중대한 결심을 한 듯한 표정으로 말했다.

"왜 한국인들은 일본인에게 항상 사과하라고 그럽니까? 일본은 도대체 언제까지 사과해야 합니까?"

약간 긴장했던 필자는 이 질문을 듣고 몸의 기가 빠지는 듯한 느낌이 들었다. 아, 역시 역사 얘기인가. 필자는 그에게 얘기를 얼마든지 들어줄 테니 하고싶은 얘기를 다 해 보라고 말했다.

그는 다소 안심하는 듯했다. 그는 열심히 말하기 시작했다. 일본이 과거 한국에 대해 식민지 통치를 한 것은 잘못되었다. 나쁜 일도 많이 했다. 그건 모두가 다 아는 일이다. 그런 의미에서 우리는 벌써 몇 번이나 사과를 했다. 그런데 한국에서는 일본이 잘못되었다고 하면서 계속해서 사과하라고 한다. 이렇게 과거 문제로 계속 사과만 하라고 하면, 어떻게 일본과 한국이 좋은 관계를 유지할 수 있겠는가. 그뿐이 아니다. 이번에는 일본의 역사 교과서를 가지고 잘못되었다고 하면서 고치라고 한다. 일본이 자기 국민에게 자기 역사를 가르치는데, 왜 한국이 나서서 그 내용을 간섭해야 하는 것인가. 그리고 일본 총리가 나라를 지키다가 목숨을 바친 호국 영령들에게 참배하는 것을 가지고 왜 한국이 항의하는지, 그 이유를 잘 모르겠다. 이런 얘기가 그의 주된 논지였다.

필자는 말했다. 한국도 언제까지나 계속해서 일본에게 사과하라고 요구하는 것은 결코 아니다. 그러고 싶은 마음도 없다. 한국도 과거만을 돌아보면서 그에 구애받고 싶은 생각이 결코 없다. 또한 일본이 자국 국민에게 역사를 가르치는 것을 가지고 한국이 간섭할 수도 없고, 간섭해서도 안 된다. 한국이 일본 역사 교과서에 대해 일본에 얘기하고 있는 것은 한국 관련 부분뿐이다. 한국과 관련되어 사실과 명백히 다르게 표현되어 있거나 왜곡되어 있는 부분, 그리고 한국을 폄하하거나 또는 진실을 의도적으로 감추고 있는 부분을 일본이 고치거나 수정해 달라고 하는 것이다. 왜냐하면 이렇게 잘못된 부분을 그대로 놔둘 경우, 앞으로 일본의 미래를 짊어지고 나갈 젊은이들이 한국과 한국인에 대해 잘못된 인식을 갖게 되기 때문이다. 이것은 대단히 중대한 일이다. 한국과 일본이 앞으로의 시대를 상호 발전적이고 미래 지향적인 관계로 승화시켜 나가기 위해서는 과거 역사에 대해 올바른 인식을 가져야 할 것이다. 한국이 일본 총리의 야스쿠니 신사 참배 자체를 반대하는 것은 결코 아니다. 한국이 일본 총리의 야스쿠니 신사 참배를 반대하는 것은, 야스쿠니 신사에 일제 시대의 전범들이 합사되어 있기 때문이다. 전쟁으로 인해 고통과 불행을 경험한 한국으로서는 당연한 일이다. 그래서 고이즈미 총리도 국내인, 외국인 모두가 마음에 아무런 부담도 느끼지 않고 참배할 수 있는 시설을 만들 것을 검토하겠다고 한 게 아니겠는가.

필자는 그에게 성의를 다해 열심히 설명했다. 그가 필자의 뜻을 알아주기를 기대하면서. 그러나 그가 필자의 말에 완전히 찬동하고 있지는 않다는 느낌을 받았다.

필자는 히로시마에 근무하는 2년 간 관할 지역을 다니면서, 한일 관계에 대한 강의를 30회 이상 했다. 필자가 이렇게 강연을 많이 하게 된 것은 필자가 하겠다고 먼저 나선 게 아니라, 각종 일본 단체로부터의 요청에 의한 것이다. 2001년도에는 역사 교과서 문제로 한일 간에 외교적 긴장이 높았기 때문에, 이 문제를 설명해 달라는 요청이 많았다. 2002년도에 들어서서는 월드컵 대회 공동 개최와 관련해서「더 나은 한일 관계를 지향하며」(よりよい 韓日關係をめざして)가 테마로 되는 경우가 많았다. 그러나 강연 내용에서 역사 얘기를 빼놓기 어려운 경우가 대부분이었다. 필자는 역사 교과서 문제도 얘기하고, 일본 총리의 야스쿠니 신사 참배도 거론하였다. 그러면 그때마다 필자를 초청한 일본인으로부터 듣는 말이 있었다. 그것은 "참으로 말하기 어려운 얘기를 해 주셨습니다."란 말이다. 처음에는 그 말을 단지 '어려운 토픽을 주제로 강연을 하느라고 수고했다'는 의미로 생각하고, 그다지 신경을 쓰지 않았다. 그러나 그 말을 반복해서 듣는 동안 그 말의 뜻을 다시 한번 생각하게 되었다.

'참으로 말하기 어려운 얘기를 했다'는 것은 언뜻 들을 때에는 말한 사람의 용기를 치하하는 말로 들린다. 보통의 경우 같으면 말하지 않는 얘기를 해 주었으니 용기가 있다는 말이다. 그러나 곰곰이 생각해 보면, '그 말을 하지 않았으면 더 좋았을 텐데'라는 뜻이 담겨 있는 것 같기도 했다. 말하자면 한국과 일본이 사이 좋게 잘하자고 하고 있는데, 과거 역사 얘기를 끄집어내어 지적할 필요까지는 없다는 뜻으로도 들렸다. 듣기에 따라서는 다소 섭섭하게 느껴지기도 했다. 그러나 우리 같으면 어떻게 말할까. 거북한 얘기를 꺼내면 아마도 나중에 "얘기를 안 했던 것이 더 나았을지도 모른다."라고 지적할 것 같다. 우리는 좀더 직설적이다. 그러나 조금 감정을 가다듬어 생각해 보면, '말하기 어려운 얘기'와 '안 했던 것이 더 나은 얘기'는 분명히 차이가 있다. 일본인들이 필자에게 표현했던 '말하기 어려운 얘기'란, 일본인도 느끼고 있으나 일반적인 입장에서는 거론하기 어려운 얘기일 수도 있다. 그런데 필자가 남들이 거북하게 생각하는 화제를 대담하게 제기했으니 평가한다는 말일 수도 있다. 아니, 그런 식으로 해석하고 싶다.

　필자는 일본인에 대한 한국인의 감정이 어떤 것일까, 하고 종종 생각해 보곤 한다. 또한, 일본인은 진정 마음속으로 한국인을 어떻게 보고 있을까, 하는 생각도 해 본다. 그러나 한 가지, 과거 역사와 관련해서 한국인의 마음을 일본인들이 절대적으로 이해하지 못하는 부분이 있다. 한국과 일본은 2천 년 이상에 달하는, 오랜 교류의 역사가 있다. 이 과정에서 한국은 일본에 의해 크게 두 번 피해를 입었다. 그 하나는 임진왜란에 의해 한반도가 7년 간 침략당했던 일이요, 그 다음은 근세에 들어와 일제에 의해 35년 간 주권을 빼앗긴 채 일본의 식민지가 된 것이다. 한국인은 400년 전에 일본에 의해 한반도가 유린당했다는 사실을 어제 일처럼 누구나 다 기억하고 있다. 어디 그뿐인가. 한국의 초등학교 정도의 어린이에서 어른에 이르기까지, 임진왜란을 일으킨 도요토미 히데요시를 모르는 사람이 거의 없다. 지금도 서울 한복판인 광화문 네거리에는 임진왜란에서 왜적을 무찌르고 산화한, 한국 국민의 영웅인 이순신 장군의 동상이 서 있다. 그런데 60년도 채 지나지 않은 일제 35년을 한국인이 어떻게 금방 잊을 수 있단 말인가. 앞으로 더 많은 세월이 지난 후에도 한국인들은 일제 35년은 물론 임진왜란도 잊지 못하고 기억하고 있을 것이다.

그러나 이상에서 고찰한 바와 같이, 400년이 지나도 잊지 못하는 임진왜란이 한국과 일본 사이에 있었지만, 조선 통신사의 교류를 통해 양국은 240년에 걸쳐 화해와 교류의 시대를 열었다. 마찬가지로 일제 식민지 시대 35년이 있었음에도, 이제 한일 양국은 우호와 협력의 새로운 장을 열어 가고 있다. 앞으로는 240년이 아니라 1천 년 이상 양국 간에 우호 교류의 역사가 쓰여지기를 바라는 마음이 간절하다. 그러기 위해서는 일본도 좀더 대국적인 자세로, 과거사에 대해 '참으로 말하기 어려운 얘기'도 진솔하게 해 줄 수는 없을까.

4. 대만은 친일인데 한국은 왜 반일인가

식민 통치는 자선 사업이 아니다

한국인이 일본인으로부터 가장 듣기 싫은 말 가운데 한 가지가 한반도에 대한 일본의 식민지 지배는 잘못된 것이 없고, 오히려 산업 등 국가 발전의 기반을 만들어 주었다는 주장일 것이다.

일본인들 중에는 조선 후기의 한반도가 열강들의 각축장이 되어 있었고, 일본이 아니더라도 어차피 다른 열강에 의해 식민지가 될 운명이었다는 주장을 하는 사람이 꽤 있다. 일본인들은 그 당시의 국제 정세 속에서 일본이 한반도를 식민지화한 것은 피할 수 없는 상황이었고, 일본은 식민 통치를 하면서 한반도를 위해 나름대로 노력했다는 논리다. 예를 들어, 일본인들 중에는 한반도에 대한 식민 통치를 통해 한국인에게 고통과 희생을 가져다 주었는지는 모르나, 동시에 한반도의 산업 근대화에도 크게 기여하지 않았느냐는 의식이 있다. 말하자면 일본이 나름대로 한반도에 대해 기여한 면도 있는데, 그런 면은 접어둔 채 한국인들이 편파적으로 일본을 가해자로만 이해하면서 반일 감정을 조장하고 있는 것이 섭섭하다는 논리다. 그러면서 일본인들이 예를 드는 나라가 대만이다. 대만은 한국보다 더 장기간에 걸쳐 일본의 식민지 지배를 받았는데, 대만인들은 매우 친일적이라는 것이다.

이와 관련하여 필자는 우선, 한국인은 반일이고 대만인은 친일이라는 논의 자체가 일본인 중심의 사고 방식이라는 것을 지적하고 싶다. 우리가 흔히 하는 말이지만, 식민 통치는 자선 사업이 아니다. 식민 통치란 어떤 형태의 행정을 전개하였든 간에, 궁극적인 목적은 식민국과 식민국 국민의 이익을 우선적으로 고려하는 것이다. 남의 땅을 식민지로 만든 나라가 식민지가 된 나라에게, 우리가 너희를 식민지로 한 것은 바로 너희를 위해서라고 말할 수 있겠는가.

 일본인들은 이렇게 말한다. "한국에도, 대만에도 아직 일본의 영향이 많이 남아 있다. 일상 용어가 그렇고, 아직도 남아 있는 건물도 그렇고, 도로나 철도와 산업 시설도 그렇고, 여러 분야에서 일본이 어렵게 구축해 놓은 기반 덕분에 오늘의 대만이, 오늘의 한국이 있는데, 그런 데 대한 평가는 차치하더라도 항상 과거사를 사죄하라고만 한다. 특히, 한국의 반일 감정은 너무 지나친 것이 아닌가."

 이 같은 주장과 관련하여 일본인들이 말하는 것같이, 대만은 친일이라는 이미지의 실상은 어떤지 한번 생각해 보기로 한다.

일본이 대만 지배를 확립하기 위해 한 일

 일본인들 중에는, 대만이 친일적인 것은 일본이 대만을 위해 좋은 일을 많이 했기 때문이라고 생각하는 사람이 많다. 그리고 많은 한국인들도 중국의 변방이었던 대만이 중국의 할양에 의해 일본이 식민 통치를 하게 되었으므로, 대만에 대한 일본의 식민지 통치는 한국의 경우와는 달리, 별로 큰 저항 없이 상당히 원만하게 이루어졌을 것이라고 생각하고 있다. 그래서 대만 사람들이 친일적인 것은 쉽게 상상이 간다고 추정하고 있다. 그러나 이는 사실과 다르다. 대만인들은 일본의 식민지 통치를 위한 대만 점령 군사 작전에 격렬하게 저항하면서 수만 명의 희생자를 냈고, 이를 진압하기까지 일본군도 1만 명이나 사망했다. 또한, 일본군이 대만을 군사적으로 완전히 점령한 이후에도 대만인들의 게릴라식 저항이 처절하게 이루어졌다. 그런데 의외로 이러한 사실을 잘 알지 못하는 사람들이 많다. 이하에서 우선 일본이 대만을 식민지화하기 위해 점령하는 과정을 한번 살펴보기로 하자.

일본은 1910년에 대한제국을 강압으로 병탄(倂吞)함으로써 식민지 통치를 시작하여, 1945년에 해방될 때까지 35년 간 한반도를 지배하였다. 그러나 대만은 청일 전쟁에서 청국이 패한 후, 1895년 5월 8일에 체결된 강화 조약에 의해 일본에 할양되어, 일본의 패전으로 중국에 다시 반환될 때까지 50년에 걸쳐 일본의 지배를 받았다. 대만에 대한 일본의 식민지 통치는 한반도보다 15년이나 더 길었던 것이다.

그러나 한반도와 대만에 대한 일본의 식민 통치 과정은 상이하다. 한반도는 일본에 의한 병탄 이후, 즉시 일본의 실질적인 식민지로서 기능하였다. 이는 일본이 병탄 이전에 이미 한반도에 일본군을 주둔시키면서 군사적인 세력을 유지하고 있었기 때문에, 이러한 군사력을 바탕으로 식민 행정의 즉시 가동이 가능했기 때문이다. 그러나 대만은 청일 간의 강화 조약에 의해 국제법상으로 일본의 식민지가 되었으나, 조약상의 형식만이 먼저 선행하였다. 대만이 일본에 할양된 당시, 대만에는 일본인이 한 사람도 존재하지 않았다. 그뿐 아니라 대만의 중국인들은 대만의 일본 할양이 결정된 후, 이에 반대하여 독립 공화국인 대만민주국(臺灣民主國)을 선포하고 항전 태세를 갖추었다. 이에 따라 한반도의 경우와는 달리, 일본이 실질적으로 대만에 대한 식민지 통치를 하기 위해서는 군사력에 의한 대만 점령 군사 작전을 펼치지 않으면 안 되었다.

일본은 대만 점령을 위해 1895년 6월, 상비 함대 및 약 2개 사단 반의 병력을 동원하여 대만의 기륭(基隆)에 상륙하였다. 그리고 동년 10월에 대남(臺南)에 입성하여 일단 대만 전토에 대한 점령은 종료되었으나, 그 후 대북(臺北) 부근에서 주민 봉기가 일어나, 1896년 3월까지 모두 5개월에 걸친 군사 작전을 추가로 전개해야만 했다. 이 과정을 대만 점령을 위한 '제1기 군사 작전'(일본인들은 식민지 전쟁이라고 부른다)이라고 부른다. 제1기 군사 작전 때에 대만민주국군은 일본군에 대해 격렬하게 저항했으며, 대만인은 군관민 합해 약 1만7천 명이 살해되었다. 일본군의 희생자도 1만 명에 달했다. 일본군의 희생자 수가 청일 전쟁 개전에서 강화 조약 체결에 이르기까지, 전쟁 기간 중 사망한 인원을 상회했을 정도로 대만민주국군과 일본군 간의 전투는 치열했다. 1차 군사 작전을 통해 대남 지역까지 점령한 일본군은 일단 1896년 3월에 대만총독부 조례를 제정하여, 대만에 대해 식민지 지배를 위한 체제를 갖추었다.

대만전도

그러나 이후에도 평야 지대에 거주하는 중국계 대만 주민들의 게릴라적 저항이 발생하여 1903년까지 계속되었다. 이때 희생된 대만 주민은 약 1만2천 명이었고, 이와는 별도로 대만 주민 4천 명 이상이 추가로 학살되었다고 한다. 이를 '제2기 군사 작전'이라

한다. 일본은 그 후에도 1918년에 이르기까지 15년에 걸쳐, 대만의 선주민(先住民)인 고산족(高山族) 등의 산발적인 저항을 진압시킨 후에야 본격적인 식민지 지배에 착수할 수 있었다. 이를 '제3기 군사 작전'이라 한다. 당시 일본이 대만 전역을 점령하기 위해 투입한 병력은 군인 49,835명, 용역 군부(用役軍夫) 26,214명으로 총 76,049명에 달했다고 한다. 일본의 이 같은 대만 점령 군사 작전을 두고, 일본이 청일 전쟁을 치른 후에 또 한 번의 청일 전쟁을 대만에서 해야 했다고 말할 정도였다.

이후 대만의 선주민인 고산족(또는 고사족, 高砂族)의 최후를 장식하는 '무사(霧社) 대반란'이 1930년 10월에 발생하였다. 이 사건은 대중주(臺中州) 능고군(能高郡)의 무사(霧社)에서 발생하였는데, 사건의 발단은 일본총독부가 이 지역을 횡단하는 도로 건설을 추진하려는 데 불만을 가진, 이 지역 거주 고산족 1,237명 중 장정(壯丁) 약 300명이 관할 경찰서에 방화하고, 일인 경찰관과 그 가족들 134명을 살해한 데서 비롯되었다. 일본 측은 이 사건을 진압하기 위해 비행기를 포함하여 군대 1,303명과 무장 경관 668명으로, 지상과 공중으로부터 한 달에 걸쳐 고산족을 공격, 진압하였다. 이 과정에서 일본 측은 사망 28명, 부상자 29명, 계 57명의 희생자를 냈다. 그러나 이에 반항하던 고산족은 인구의 약 반수인 644명이 남녀노소 구별 없이 무차별 살해되거나, 또는 자살하였다. 이 사건을 마지막으로 대만인의 집단적인 저항은 더 이상 발생하지 않았다.

이상에서 고찰한 바와 같이, 일본은 대만을 식민지로 통치하기 위해 군사적으로 점령하는 과정에서 수만 명에 달하는 대만인을 살해했다. 물론 일본 측의 피해도 컸지만, 일본 측에 피해가 있었다고 해서 일본의 대만인 살해가 정당했다고 말할 수는 없다. 열강들에 의한 제국주의가 지구상에 횡행하고 있던 19세기부터 20세기 초에 이르기까지, 어느 대륙에서도 식민지를 점령하기 위해 이같이 대규모로 주민들을 희생시킨 예가 없을 것이다. 일본 측은 이를 군사 작전이 아니라, 국제법에 의해 할양받은 섬을 통치하기 위한 식민지 전쟁이었다고 표현하고 있다. 그러나 일본이 대만 점령을 위해 취한 작전은 전쟁이 아니다. 이는 대만을 실효성 있게 지배하기 위한 군사 작전이었다.

일본 주장의 허구성은 같은 시기인 19세기 말, 열강에 의한 아프리카 분할을 보아도 알 수 있다. 아프리카 제국도 대만과 마찬가지로, 자신들이 알지 못하는 사이에 자신의 땅을 남에게 빼앗긴 상태였다. 그리고 열강들은 분할에 의해 자신에게 돌아온 땅을 유효하게 지배하기 위해 군사적인 점령 조치를 취하고, 그 과정에서 원주민들과 전쟁을 하게 된다. 예를 들어, 서아프리카 골드코스트(황금 해안)의 강력한 부족이었던 아샨티(Ashanti)가 영국에 크게 반발하여 그들의 수도인 쿠마시(Kumasi)가 영국군에 의해 침략되고 방화되었지만, 대만의 예와 같이 수많은 희생자가 발생하지는 않았다. 그리고 아프리카인에 의해 유럽인이 피살당하는 경우에도, 고산족에 대한 일본의 무차별 살육같이 잔인한 보복을 감행한 적은 없었다.

대만이 친일적일 수밖에 없다는 주장

일본인들 중에는 대만이 과거 역사를 통해 여러 번에 걸쳐 외부 도래자에 의해 지배를 당한 경험이 있기 때문에, 일본이 대만을 지배했어도 그다지 큰 저항감을 느끼지 않았다고 주장하는 사람이 많다. 그리고 일본의 패전으로 대만에 대한 일본의 지배가 끝난 후, 모택동에 의해 중국 본토에서 쫓겨온 장개석 총통과 그의 추종자들이 대만에서 독재 정권을 수립하여 대만인을 탄압했기 때문에, 그 반동으로 친일적인 분위기가 더욱 높아졌다고 한다. 그런데 이러한 주장은 사실일까. 또는, 그것이 사실이라 하더라도, 그렇기 때문에 일본의 대만 통치 시절을 그리워하고 친일적이 되었다고 할 수 있을까. 이러한 사실을 검증해 보기 위해 일본이 통치하기 이전의 대만 역사를 간단히 고찰해 보고, 또 일본의 식민 통치와 비교해 보기로 하자.

일본 식민지화 이전의 대만

대만의 역사를 말할 때, 대만의 인근 도서인 팽호 열도(澎湖列島)와 비교를 하는 경우가 많다. 팽호 열도는 수(隋), 당(唐) 시대에 중국인이 이주하고, 원(元)의 말기에 이르러 복건성 동안현(福建省 同安縣)에 예속시켰다. 그러나 팽호 열도의 인근인 대만에 대해서는, 16세기의 명 왕조(明王朝)에 이르기까지 거의 방치하는 태도를 취하였다. 16세기 중반까지 대만에는 약간의 한족계(漢族系) 이주민 외에, 선주민(先住民)인 '말레이-폴리네시아'계의 9개 부족이 거주하였다. 이들 선주민을 대만에서는 고산족(高山族)이라고 부른다. 1621년에 네덜란드 동인도회사(東印度會社)가 인도네시아의 자카르타에서 북진하여 팽호 열도를 점령하였지만, 이미 국운이 쇠하고 있던 명은 네덜란드인의 대만 점령을 인정하는 대신 팽호 열도에서 네덜란드를 철퇴시키는 조치를 취하였다. 따라서 대만의 일부가 네덜란드의 지배하에 놓이게 되었고, 이를 계기로 대만은 세계사의 무대에 등장하게 되었다. 네덜란드인의 대만 지배는 현재의 대남(臺南) 부근을 중심으로 하는 남부(南部)에 한정되었다. 그러나 이 지역에 관심을 가진 스페인 함대가 1626년에 대만 북부의 기륭 지방을 점령함으로써 네덜란드와 스페인 간의 대만 쟁탈전이 벌어졌고, 스페인이 패퇴하였다.

명이 멸망한 뒤, 명의 재흥(再興)을 도모하려는 정성공(鄭成功)이 1661년에 대만을 공격하여 네덜란드인을 추방하고, 스스로 왕을 자칭하였다. 그는 팽호 열도도 다스렸으나 1683년, 정성공의 손자 시대에 청에 항복함으로써 대만은 청의 영토가 되었다. 그 후 청은 대만부(臺灣府)를 두고 대만을 복건성에 예속시켰다. 그러나 1874년에 표류한 유구 번민(琉球藩民)이 대만의 선주민에게 살해된 사건을 구실로 일본이 대만에 출병한 적이 있었고, 또 1884년 청불 전쟁 당시에 프랑스 함대가 기륭을 점령하고 대만을 봉쇄하기도 했다. 이에 대만 방어의 필요성을 느낀 청은 대만을 성(省)으로 독립시켜 대북에 성성(省城)을 두고, 3부(府)·11현(縣)·1직할주(直轄州)로 나누었다.

일본 지배하의 대만

이상과 같이 대만은 중국의 독립된 성으로 편제되었으나, 1895년에 청일 간의 강화 조약에 의해 일본에 할양되었다. 대만의 일본 할양 후, 일본이 어떤 과정을 거쳐 대만에 대한 식민 지배 체제를 갖추었는가는 이미 고찰한 바와 같다. 이를 다시 한번 간단히 정리하면 다음과 같다. 식민지 경영은 인류애에 근거한 자선 사업이 아니다. 군사력이라는 물리적 수단으로 타국의 영토를 획득하면, 당연히 무력에 의한 저항에 직면하게 된다. 그 저항을 진압하기 위해 다시 무력을 행사하게 되면서 저항이 더욱 격렬해지고, 따라서 이에 대한 탄압도 강화되게 마련이다. 대만 점령에 따른 일본의 군사 작전 전개가 바로 이러한 양태였다. 이 같은, 대만에 대한 일본의 식민지 정책은 당근과 채찍으로 비유할 때, 바로 채찍에 해당되는 것이었다.

그러나 일본은 이 같은 채찍을 사용하는 동시에 당근 작전도 병용함으로써, 대만에 대한 식민지 지배 정책의 근간을 완성하였다. 이러한 정책의 근간이 된 것이 그 유명한 '생물학적 식민지 경영' 이론이다. 이 이론은 고토 신페이(後藤新平)가 지론으로 내세웠다. 그는 1898년 3월, 제4대 대만 총독으로 부임한 지다마 겐타로(兒玉源太郎)의 대만총독부 민정국장(후일 민정장관)으로 부임하였다. 그러나 지다마 총독이 육군 대신을 겸하는 등 본국 정부의 업무에 전념하게 되어, 대만의 실질적인 통치는 고토에 의해 행해졌다. 그는 5대 총독인 사쿠마 사마다(佐久間左馬太)가 부임하는 1906년 4월까지, 8년에 걸쳐 대만 통치의 기본 골격을 세웠다.

고토는 그의 지론인 '생물학적 식민지 경영'을 이렇게 표현했다.

넙치의 눈을 도미의 눈으로 할 수는 없다. 도미의 눈은 정확하게 머리의 양쪽에 붙어 있다. 넙치의 눈은 머리의 한쪽에 붙어 있다. 그것이 이상하다고 해서 도미의 눈같이 양쪽에 바꿔 붙일 수는 없다. 넙치의 눈이 한쪽에 두 개가 붙어 있는 것은 생물학상 필요가 있어서 붙어 있는 것이다. … 정치에도 이것이 중요하다. … 그래서 나는 대만을 통치할 때에 우선 이 섬의 과거 관습과 제도를 과학적으로 면밀하게 조사해서, 그러한 민정에 맞도록 정치를 해 왔다. … 이를 이해하지 못하고 일본 국내의 법제를 갑자기 대만에 수입, 실시하려고 하는 자는 넙치의 눈을 갑자기 도미의 눈으로 바꿔 끼려는 자로, 진정한 정치를 모르는 자다.

그는 이러한 생물학적 원리에 따라 대만에 부임한 후, 일본의 지배에 반발하고 저항하는 대만인에 대해 철저하게 진압하는 한편, 토지 및 인구 조사를 실시하였다. 그리고 이들 조사를 기초로 대만 통치의 정책과 법제를 입안하였다(대만에 대한 50년 간의 지배 기간 중, 일본이 대만에 대해 구체적으로 어떻게 식민지 통치를 하였는가는 본고에서 생략하기로 한다).

그의 취임 기간 중 그가 사용한 채찍과 당근 정책을 조금 더 구체적으로 살펴보자. 그는 1898년에 취임한 직후 1년 간 반란자 1,023명을 처형했고, 1902년까지 5년 간 당시 대만 인구의 1%에 달하는 32,000명을 처형했다. 또한, 그는 '우는 아이도 울음을 멈춘다'고 할 정도로 대만인이 두려워했던 경찰에 의한 '경찰 정치'를 통해, 대만의 시골 구석구석에 이르기까지 지배 체제를 확립함으로써 무자비하게 채찍을 휘둘렀다.

동시에 그는 대만인을 회유하기 위한 대책도 강구했다. 그는 대만인의 약점으로 첫째, 죽는 것을 두려워하고, 고압적인 위협이나 공갈에 약하며, 둘째, 돈을 좋아하고, 이익에 약하며, 셋째, 체면을 중시하고, 허명이나 허위에 농락당하기 쉽다는 점을 들었다. 그래서 이러한 약점을 이용하여 소위 '대치 삼책'(臺治三策)에 의한 통치를 했다. 이 같은 회유책의 예를 몇 가지 들면 다음과 같다. 80세 이상의 고령자는 '향로전'(饗老典)에 불러 대접하고, 독서를 하는 사람에게는 시작(詩作)이나 시음(詩吟) 모임인 '양문회'(揚文會)를 개최해 주고, 명망가나 지식인에게는 '신장'(紳章)을 수여했다. 또, 반란에 가담한 자 중 투항해 오는 자에게는 갱생 자금과 직업을 제공하거나 '귀순식'을 거행하고, 다시는 반란에 참가하지 못하도록 투항자의 사진을 찍어 등록했다. 때로는 '귀순식'을 한다고 거짓 공고를 낸 후, 이를 보고 모인 투항자들을 경관이 사살하기도 했다. 말하자면 당근에 속은 사람에게 죽음의 채찍을 내린 것이다.

이상과 같은 채찍과 당근에 의해, 고토가 대만을 떠나는 1906년에 이르러 대만에서 대규모의 무력 저항은 거의 대부분 사라졌다. 대만에 대한 고토의 식민 통치 정책은 상당히 합리적인 정책이었다고, 오늘날까지도 일본 내에서는 평가를 받고 있다. 그러나 그의 '생물학적 식민지 경영'이라는 술어는 듣기에 매우 거북하다는 느낌을 지울 수 없다. 식민지를 자국의 이익에 합치하는 방향으로 통치하기 위해, 피지배자들을 생물학적으로 분석하여 지배 정책을 수립한다는 것은 어떻게 보면 피지배 인간에게 동물학적으로 접근하려는, 비인도적인 사고 방식이 작용하고 있다고 느끼지 않을 수 없다. 이러한 인식과 정책이 한반도에 대한 식민 통치에도 그대로 연장, 적용되었으리라고 생각하면, 한국인의 입장에서도 유쾌할 수가 없다.

대만에 대한 식민지 통치 기간을 통해 일관된 일본의 행정 목표는, 기본적으로 대만을 일본 본토에 대한 식량과 기타 자원 및 원료의 공급 기지로 만들고, 동시에 일본에서 제조된 상품의 소비 기지화하기 위한 것이었다. 또한, 대만에 대한 식민 통치가 일본의 국익에 부합될 수 있도록 하기 위해 대만의 인적, 물적 자원을 최대한 이용하려 하였다. 특히, 1937년의 중일 전쟁과 이후의 2차 세계 대전 참여를 계기로, 대만을 군수 관련 산업 기지로 만들기 위해 철강, 화학, 방적, 금속, 기계 등의 근대 공업 육성에 주력하였다. 따라서 이에 따른 인프라가 크게 개선되어 공항, 철도, 항만 및 상하수도 시설의 정비가 이루어졌다. 일본인들은 이처럼 대만 근대 산업의 기반이 일본에 의해 조성되었기 때문에, 결과적으로 오늘날 대만이 경제적으로 발전하는 데 크게 기여했다고 평가받기를 원하는 경향이 있다. 그러나 일본이 자국의 이익을 위해 식민지에 만들어 놓은 산업 시설로 인해 식민지가 독립 후에 그 덕을 보았으니 식민지 통치도 좋은 면이 있지 않았느냐고 얘기하는 것은, 일본인들 스스로 자신의 행동을 정당화하고 합리화하기 위해서는 통용될지 모르나, 피해를 입은 식민지 입장에서는 언어 도단이라고 아니할 수 없다.

그 외에도 일본은 식민 초기인 1895년부터 1918년까지, 대만에 대한 통치를 공고히 하기 위해 일본어 교육의 의무화 및 문화 동화 정책을 실시하였다. 또한, 식민 후기인 1937년부터 패전하는 1945년까지는, 대만인들에 대해 소위 황국 신민화 정책을 집중적으로 실시하였다. 그 대표적인 예로는 일본식 이름의 사용을 의무화하고, 신사 참배를 강요한 것이다.

일본 정부는 당초에 대만인에게 병역 의무를 부과하지 않았다. 그러나 전선이 확대됨에 따라 병원(兵員)이 부족하게 되면서, 대만인을 군속이나 군부(軍夫)로 징용하여 대규모로 전선에 보냈다. 즉, 대만인에 대해 2차 대전 발발 이후인 1942년 2월부터 육군 특별 지원병제가, 그리고 1943년부터는 해군 특별 지원병제가 적용되었던 것이다. 이로 인해 1944년까지 약 6천 명의 육군 지원병이 전선에 보내졌다. 1943년 8월부터는 약 3천 명이 해군 특별 지원병에, 특히 전황이 현저하게 악화되는 1944년 5월부터는 약 8천 명이 해병단(海兵團)에 투입되었다. 전황의 악화에 따른 병원 충당이 시급해지자 1944년 9월, 대만에도 징병제가 실시되어 약

2만2천 명이 징집되었다. 1973년 4월에 발간된 일본후생성 원호국 자료에 의하면, 전쟁에 차출된 대만인 군인이 80,433명, 군속과 군부는 126,750명, 합계 207,183명에 달했고, 이 중 전사 및 병사자는 30,304명이었다. 이는 일본의 패전 당시 대만 인구가 약 6백만 명이었던 점을 감안하면, 일본의 징용에 의한 대만인 사망자는 대만인 2백 명에 1명 꼴인 셈이다.

일본의 전쟁으로 희생된 이들 대만인은 전후에 일본 정부로부터 어떠한 보상도 받지 못했다. 1974년 말 인도네시아의 모로타이 섬에 잔류하다가 30년 만에 발견된, 대만 선주민 출신의 전 일본병 '수니온'(일본명 나카무라 데루오, 中村輝夫)의 구출을 계기로 대만인 출신 군인, 군속, 군부에 대한 보상 운동이 일본 내에서 전개되었다. 이들에 대한 보상 요구가 일본 법원에 대한 소송에서는 일본 국적을 상실했다는 이유로 패소되었으나, 1987년 9월에 성립한 의원 입법인 「대만 주민(住民)인 전몰자의 유족 등에 대한 조위금 등에 관한 법률」로 전사자와 중상자를 대상으로 1인당 200만 엔의 조위금이 일본 정부에 의해 지불되었다. 그러나 이는 같은 일본병으로 전장에서 피를 흘렸던, 일본인 출신 희생자에 대한 처우와 하늘과 땅 차이가 있음은 물론이다.

2·28 사건과 대만

일본인의 일반적인 인식에 의하면, 대만의 친일적인 분위기는 일본이 패전으로 인해 1945년 대만에서 떠난 후, 중국의 국민당 정부가 들어서면서 더 높아졌다고 한다. 그 이유는 중국 본토에서 온 국민당군이 대만 수복 과정 초기에 강압적인 통치를 했을 뿐 아니라 그 후에도 독재적, 철권적 정치를 함으로써, 과거 일본의 식민지 지배보다 더하면 더했지 나은 것이 없다는 생각을 대만인들에게 갖게 했다는 것이다. 특히, 이 같은 생각을 갖게 된 사례로 대만 수복 과정 초기에 중국 본토인의 대만인에 대한 차별, 국민당 관료들의 부정 부패 자행, 경제 파탄과 사회 혼란 등 여러 가지가 있으나, 그 중에서도 대표적인 사례로 2·28 사건을 들고 있다. 일본인들은 특히 이 사건으로 인하여 대만인들의 반국민당 정서가 일어나고, 예전의 일본 식민지 시절을 그리워하는 사람들이 늘어나게 되었다고 말한다.

2·28 사건이란 중국 본토인에 대한 대만인의 불만이 폭발한 사건이다. 사건의 발단은 1947년 2월 27일, 대북 시에서 일어난 밀수 담배 단속 과정에서 발생했다. 중국 본토의 광동 출신인 밀수 담배 단속원 등 일행 6명은 대만인 과부의 밀수 담배를 적발, 몰수하면서 이 여인이 갖고 있던 현금도 압수하였다. 여인이 현금을 돌려 달라고 요구했으나, 단속원은 이를 돌려주지 않았을 뿐 아니라 소지하고 있던 총으로 여인의 두부를 구타하여 여인은 피를 흘리며 쓰러졌다. 이 광경을 본 군중이 분개하여 단속원들을 일제히 공격하였다. 단속원들이 도망가면서 발포하여 군중 가운데 한 사람이 총을 맞고 즉사하였다. 이를 보고 자극받은 군중이 다음날인 2월 28일 오전, 전매국 대북 사무소에 침입하여 직원을 구타하고 사무실에 방화한 후, 항의 데모를 벌였다. 이에 헌병이 군중에게 기관총을 발사하여 수십 명의 사상자가 발생했다. 사태는 일층 악화되어 대만 전역에서 관청이나 경찰서가 피습되고, 외성인(外省人, 중국 본토인)이 구타당하는 등 전국이 소란 상태에 빠지고, 국민당 정부에 대한 비판이 고조되었다. 국민당 정부는 체포한 시민의 석방, 군이나 경찰의 발포 금지, 사건처리위원회의 설치, 정치 개혁 등을 약속했다.

그러나 이러한 대만의 사태를 계기로 중국 본토에서 증원 파견된 국민당군이 3월 8일에 기륭과 고웅에 상륙하면서 사태는 급속히 악화되었다. 헌병 제4단 2,000명과 육군 제21사단 12,000명으로 구성된 증원 부대는 대만에 상륙하면서 대만인에게 발포하였다. 2·28 사건 수습을 위한 국민당 정부의 당초 수습책은 철회되고, 대만 전역에 대한 무력 진압이 행해졌다. 국민당 정부가 발표한 통계에 의하면, 사건 발생 후 1개월 간 약 28,000명이 사망했다고 한다.

　일본인 중에는 2·28 사건으로 인해 불과 한 달 동안 희생된 대만인 수가 50년 간 대만을 통치했을 때에 처형되거나 희생된 숫자에 필적한다고 지적하면서, 이는 국민당 정부가 얼마나 대만인을 가혹하게 취급했는가를 잘 보여 주는 예라고 강조하는 사람이 적지 않다.

　2·28 사건 이후 중국 본토에서는 모택동의 공산당군과 장개석의 국민당군이 수차에 걸친 전투를 벌인 끝에 장개석이 패주하여 1949년 12월에 대만으로 이주하였고, 그 후 총통으로서 대만을 통치하기 시작했다. 그러나 이러한 장개석의 대만 통치 과정이나, 그 이후의 정치 상황은 본서의 주제와 직접 관련이 없기 때문에 생략하기로 한다.

친일·반일이라는 논리의 허구

　여기에서 대만은 친일인데 왜 한국은 반일인가 하는 주장에 대해 다시 한번 생각해 보자.

　친일이라는 말은 한국에서도 자주 등장하는 단어다. 우리 언론에서는 어느 단체가 작성하여 발표하였다는 친일파 명단이 보도되기도 했다. 이 친일파 명단을 두고 실제와 다르다는 의견이 있었고, 사실에 부합하지 않는데도 친일파로 분류하여 발표하는 것은 인권 침해라는 의견이 제시되기도 했다. 그런데 이때에 등장하는 친일의 분류 기준은 어떤 것이었을까. 일제 시대에 일본총독부에 적극적으로 협력한 자, 또는 일본총독부의 시정 방침을 정당화시키기 위해 대중 홍보를 한 자, 고위 공직이나 사회적으로 높은 지위에 이른 자, 기타 일본의 이익을 위해 현저하게 활동한 자 등 여러 가지 기준을 들 수 있겠다. 말하자면 이완용같이 매국 행위를 하지는 않았다고 하더라도, 일제의 식민지 통치에 영합하는 언동을 함으로써 사회적으로 또는 경제적으로 유형, 무형의 이익을 취한 것으로 간주되는 행위라고 하겠다.

생각해 보면 친일이란 이같이 우리 민족의 긍지를 손상케 하는 의미의 친일뿐 아니라, 대국적인 견지에서 일본을 알고 일본과 협력해 나가는 것이 우리의 발전을 위해 도움이 된다는 의미로도 사용될 수 있다. 물론 이러한 친일은 과거 식민지 시대에 사용되는 친일이 아니라, 오늘날의 한일 관계에서 사용되는 친일이다. 이러한 친일은 인근국과 정치, 경제, 사회, 문화 등 제반 분야에서 긴밀한 협력을 통해 21세기의, 미래 지향적이고 수평적인 파트너십을 구축해 나가자는 의미로도 사용될 수 있다.

그러나 한국 내에서 사용되는 친일이란 아무래도 네거티브한 의미로 사용되는 경우가 압도적으로 많다. 말하자면 한국인들은 친일이란 단어의 일반적인 개념에 대해, 일본에 대한 부정적인 이미지를 연상하는 경향이 매우 강하다는 것이다. 한국인들은 이성적으로는 미래 지향적인 친일의 필요성을 느끼더라도, 감성적으로는 친일에 대한 거부감이 있는 것이 사실이다. 이처럼 친일의 개념에 대해 극단적으로 상반된 인식을 어떻게 극복해 나갈 것인가가 앞으로의 과제가 될 것이다. 그리고 이는 우리뿐 아니라 일본의 경우에도 마찬가지로 적용된다.

일본인이 말하는 친일에 대해 다시 한번 생각해 보자. 이상에서 언급한, 한국인이 생각하는 친일의 개념과 일본인이 말하는 친일의 개념에는 무슨 차이가 있을까. 한국에서 친일이라는 개념이 네거티브하게 사용될 때에는 대체로 과거 일본의 식민지 지배에 대한 고통을 연상하거나, 또는 일본에 대한 혐오나 경계의 의미로 사용되는 경우가 대부분이다. 매우 이상하게 들릴지 모르나, 한국에서 일반적으로 통용되는 '친일'이란 개념은 '반일'이라는 뉘앙스를 강하게 나타내고자 할 때에 보조적으로 사용되고 있다고 해도 과언이 아니다. 반면에 포지티브하게 사용되는 친일은 현재 시점에서 미래형으로 사용되는 경우가 대부분이다. 그러나 실제로 한국에서는 긍정적인 의미에서 친일이란 단어를 거의 사용하지 않는다. 왜냐하면 한국에서 친일이라고 하면 '네거티브한 친일'을 연상하기 때문이다. 그래서 한국인은 긍정적인 의미의 친일을 사용하기보다는 '극일'(克日)이라는 단어를 즐겨 사용한다. 일본을 극복해 나간다는 것이다. 이 극일이라는 단어에 대해 일본인들은 다소 저항감을 느낄지 모르지만, 한국에서 말하는 극일이란 일본인이 기대하는, 바로 '친일'이라는 사실을 알아 둘 필요가 있다고 생각한다. 한국인이 말하는 극일에는 일본을 극복하고 따라잡는다는 의미도 있지만, 그러한 자신감을 바탕으로 일본과 사이 좋게 나아갈 수 있다는 진취적인 자세가 포함되어 있기 때문이다.

그렇다면 일본인이 말하는 친일이란 무엇인가. 일본인이 "대만은 친일인데 왜 한국은 반일이냐?"라고 할 때의 친일이란 무엇인가. 일본인이 말하는 친일이란 한국에서 일반적으로 통용되는 부정적인 의미의 친일이 아니라, 긍정적인 의미의 친일을 의미한다. 말하자면 과거의 식민지 지배가 긍정적인 면도 있으니, 그걸 평가하고 인정해 달라는 것을 전제로 한 친일이다. 과거에 식민지 지배를 하면서 잘못된 점이 많았으니 그 점은 사과하지만, 산업 근대화를 위해 도움을 주기도 하는 등 긍정적인 면도 있었으니 그 점은 인정해 줘도 되지 않겠느냐는 발상이다. 말하자면 한국인이 과거 식민지 지배 시절의 고통에 근거해서 자율 반사적으로 거부감을 갖고 있는 '친일'을, 일본인이 한국인에게 기대하는 것이다. 한국에서 친일이 과거 지향적인 데 대한 경계의 의미로 사용되고 있는 것을, 일본인은 미래 지향적인 방향에서 생각해 주기를 바라고 있다. 한국인과 일본인이 같은 명제를 놓고 전혀 다른 각도에서 접근하고 있는 셈이다.

일본이 50년에 걸쳐 대만을 식민지로 지배하였으나, 대만인은 친일적인데 한국은 왜 반일적이냐 하는 것은 애초부터 출발점을 달리하고 있다. 일본인은 대만이 역사적으로 외래인의 침입에 시달려 왔고, 일본도 그러한 외래 세력의 일환이었다고 느끼고 있으며, 그러한 외래 세력 중 그래도 일본은 대만의 발전에 큰 도움을 주었기 때문에 대만이 일본에 대해 호의를 갖고 있다고 판단한다. 특히, 2·28 사건같이 중국 본토에서 온 국민당이 대만인을 혹독하게 통치함으로써, 그래도 일본의 지배를 받던 시기가 좋았다는 생각 때문에 친일적이 되었다는 생각은 일본인의 과거 지향적인 사고 방식이다. 설혹 대만인들이 그 같은 생각을 하고 있다고 하더라도, 일본인과 중국 외성인을 같은 차원에서 비교할 수는 없는 일이다. 일본 정부도 공식적으로 인정하고 있듯이, 대만은 중국의 일부가 아닌가. 대만인이 중국 본토인에 대해 어떻게 생각하느냐는 중국 민족 내부의 일이다. 민족 내부 간의 갈등에서 오는, 중국 본토인에 대한 대만인의 실망과 분노를 식민지 통치국이었던 일본이 같은 연장선상에서 비교할 수는 없다.

물론 대만인이 한국인에 비해 반일적인 감정이 적을 수 있다. 친일이다, 반일이다 하는 개념을 통계 수치로 나타내기는 매우 어려운 일이나, 대만인이 한국인보다 친일적이라고 하는 말은 흔히 한다. 그러나 친일이다, 반일이다 하는 구분은 어떤 의미에서 정확하지가 않다. 앞에서 고찰했듯이 친일이라는 개념이 과거 일본의 식민지 지배에 대한 평가나 인식이라는 면에서 논의된다면, 차라리 어느 정도 '반일'인가를 따지는 것이 옳다. 식민지 통치가 자선 사업이 아닌 한, 식민 통치를 받는 사람의 입장에서 식민지 지배는 기본적으로 '악'이기 때문이다. 따라서 대만은 친일인데 왜 한국은 반일인가를 논할 것이 아니다. 차라리 '대만은 반일 감정이 그다지 높지 않은데 한국은 왜 반일 감정이 그렇게 높은가'라는 식의 접근이 필요하다. 그런 얘기라면 얼마든지 할 이야기가 있다. 그 문제까지 본서에서 거론할 생각은 없지만, 일본인도 친일·반일에 대한 인식을 새롭게 할 필요가 있다.

5. 일본 사회를 특징짓는 것들

불평등이 용인되는 사회

일본에는 대를 이어가며 가업을 유지하는 경우가 많다. 우동, 소바(메밀국수), 또는 스시를 파는 소문난 가게가 몇 대에 걸쳐 영업하고 있다는 얘기를 자주 듣는다. 자손들이 일류 대학을 나오더라도, 사회적으로 평판이 높은 직업을 택하지 않고 가업을 잇는 예도 적지 않다. 정치인의 경우도 마찬가지다. 일본의 중의원 또는 참의원 의원 가운데에는 대를 이어 의원을 하는 경우가 많다. 일본의 유권자들은 정치인의 자손을 선거에서 다시 뽑아 주는 데 대해 특별히 거부감을 느끼지 않는다. 이와는 대조적으로, 한국에서는 부모가 자식에게 자신이 하고 있는 일을 가업으로 물려주기를 원하는 경우보다는, 사회 통념상 부모보다 더 나은 직업을 가지기를 바라는 것이 일반적이다. 또한, 한국에서는 특별한 경우를 제외하고는 정치인의 자손이 대를 이어 정치를 하는 경우가 그리 많지 않다. 그 이유는 여러 가지로 생각해 볼 수 있겠지만, 한국 사회는 정치를 대물림하는 데 대해 지극히 보수적인 분위기가 있기 때문인 것으로 보인다.

어떤 사회가 폐쇄적이냐, 개방적이냐를 따질 때에 부모와 자식 간의 직업 승계를 놓고 측정하는 방법이 있다. 자녀가 다른 선택의 여지가 없이 부모의 직업을 승계할 수밖에 없는 사회는 폐쇄적인 사회라고 한다. 왜냐하면 본인의 노력 여부와는 관계없이 직업이 승계되기 때문이다. 그러나 부모가 어떤 직업을 갖고 있는가와 상관없이 자식이 부모의 직업 또는 다른 직업을 자유롭게 선택할 수 있다면, 그 사회는 개방적이라고 할 수 있다. 예를 들면, 아버지가 정치가인가 아닌가에 따라 자식이 정치가가 되느냐 안 되느냐가 좌우되지 않는다면, 그 사회는 개방적이라고 할 수 있는 것이다. 이런 의미에서 일본은 한국보다 폐쇄적인 사회라고 할 수 있다.

일본은 에도 시대에 사농공상(士農工商)이라는 신분 제도를 유지했다(여기에서 '사'란 무사를 의미한다). 이 당시에는 어떤 집안에서 태어났는가에 따라 사람의 운명이 대체로 결정되었다. 무사의 집안에 태어나지 않으면 무사가 될 수 없었다. 농민의 자손은 대부분 농민이 되었다. 즉, 신분에 의해 그 지위가 결정되었던 것이다. 그러나 메이지(明治) 이래 일본에서 직업 선택의 자유가 인정되었고, 법률적으로는 본인의 의사와 능력에 따라 자유롭게 직업을 선택할 수 있게 되었다. 물론 현대 일본에서는 개개인이 하고 싶은 일을 자유롭게 선택할 수 있고, 무엇을 할 수 있는가에 따라 직업과 사회적 신분이 결정될 수 있다. 어려운 환경에서 재상에 이른 사람들의 예도 적지 않다. 그런데도 일본에서는 아직 가업의 영향이 일본인의 의식 가운데에 뿌리깊게 남아 있는 것도 사실이다.

일본 회사에서 출세가 빠른 젊은 과장이 같은 과의 나이 많은 부하 직원과 대화할 때, 상대방에 대한 호칭에서 '~씨'에 해당하는 '~상'(さん)을 쓰지 않고 직접 '~군'(君)으로 부르거나, 또는 우리말에서 손아랫사람을 부를 때에 사용하는 '너'에 해당하는 '기미'(きみ)라는 하대를 사용하는 것이 상례다. 한국에서 똑같은 경우에, 젊은 과장이 나이 많은 부하 직원에게 반말이나 하대를 한다면 어떻게 될까. 그 과장은 출세가 좀 빠르다고 나이 든 사람도 몰라보는, 예의 없는 사람이라는 비난에 시달릴 것이다. 그러나 일본에서는 내심 어떤 생각이나 느낌을 갖느냐는 별개의 문제로 치더라도, 사회적 신분이나 위치가 다를 경우에 이를 현실적으로 인정하고, 말투를 가지고 문제삼지는 않는다. 그래서 일본인들은

처음 만날 때에 반드시 명함을 교환한다. 명함을 주고받으면서 이들은 상대방의 직위나 사회적 신분을 파악한다. 그리고 상대방에 대해 어느 정도의 예의를 갖출 것인가를 생각한다.

   일본에서는 '니혼이치'(日本一)라는 말을 자주 들을 수 있다. 이는 일본에서 최고며, 제일 좋다는 의미다. 경치가 일본에서 아주 아름답다라고 할 때에도 니혼이치라는 말을 쓴다. 어느 음식점의 맛이 다른 어떤 집보다도 좋다는 의미에서 니혼이치라고 쓰기도 한다. 니혼이치는 남들이 붙여 주기도 하지만, 자신이 있다고 생각할 때에 스스로 붙이기도 한다. 심지어 어떤 라면집 주인이 우리 집 라면은 맛이 니혼이치라고 자랑을 하고, TV에서 그런 광경을 방영하기도 한다. 니혼이치는 모든 경우에 다 쓰인다. 도자기를 만드는 도공도 잘하면 니혼이치요, 분재(盆栽)를 아주 잘하는 기술자도 니혼이치다. 그러나 이 경우의 니혼이치는 절제된 니혼이치임을 알 수 있다. 각각 특정한 분야에서 제일이라는 의미지, 모든 면에서 최고라는 의미가 아니다. 서로가 룰을 정해 놓고, 그 범위 내에서는 내가 최고라는 것이다.

   이런 의미에서 일본인은 우리와 다르다. 한국 사회도 과거 역사를 통해 사농공상을 사회 계급의 근간으로 삼았다. 전술한 바와 같이 한국의 '사'란 선비, 즉 사대부를 의미한다. 선비는 일본의 무사처럼 한국 사회의 지배 계급이다. 일본의 '사'는 무사를 의미한다. 무사란 신분은 세습적이며, 무사의 자손이 아닌 사람은 무사가 될 수 없었다. 따라서 일본 사회에서는 엄격한 사회 신분이 유지되었다. 불평등이 용인되고, 평등이 용인되지 않는 사회였다. 그러나 한국에서는 양민이 과거 제도를 통해 지배 계급에 동참할 수 있었다. 신분이 반드시 세습되는 것이 아니라, 경우에 따라 상승할 수 있는 기회도 주어졌다. 불평등을 평등하게 만들 수도 있기 때문에, 불평등이 반드시 용인되지 않을 수도 있었다. 이러한 상이점은 한국과 일본 사회의 구조적 특징을 상징하고 있다.

일본 정치와 파벌

 일본의 정치는 이해하기 어렵다는 말을 많이 한다. 그 주된 이유 중 하나가 일본 정당, 특히 자민당 내의 파벌이 너무 복잡하다는 데 있다. 일본 신문을 보면 하시모토 파(橋本派), 모리 파(森派) 등 자민당 내의 여러 파벌 이름이 자주 등장한다. 왜 일본에는 파벌 이야기가 이렇게 자주 나올까. 파벌은 일본 정치를 논할 때에 빼놓을 수 없는 존재라고 하는데, 과연 그 실체는 무엇일까.
 우리 나라의 경우, 정당에 일본처럼 파벌이란 개념이 별도로 존재하지는 않는다. 한국 정당에서는 여야당을 불문하고 당권을 잡고 있는 당권파와 이를 지지하는 다수의 정치인(당 소속 국회의원)을 주류로 보고 있고, 당권파에 대해 비판적인 의견을 가진 소수 그룹을 비주류로 분류하고 있다. 물론 주류 및 비주류는 그 구성원이 각각 상이한 배경에 의해, 여러 개의 소그룹으로 분류되기도 한다. 그 밖에 주류와 비주류 중간에 완충 지대 역할을 하는 중도계도 있다. 일본의 파벌에 해당하는 개념을 한국 정치에서 굳이 찾는다면, 같은 정당 내에서 유력한 정치인을 중심으로 한 계보 의원 정도를 들 수는 있다. 그러나 이 경우에도 일본의 파벌같이 확연히 구별되거나, 당내에서 사실상 공식적으로 인정되어 있는 파벌 조직의 구성원으로 활동하고 있지는 않다.
 일본 총리는 1990년대의 호소가와(細川) 내각, 하다(羽田) 내각, 무라야마(村山) 내각의 예외를 제외하고는, 2차 대전 이후 줄곧 자민당 총재가 맡아 왔다. 말하자면 자민당 총재가 된다는 것은 곧 총리가 된다는 것과 같다는 말이다. 그렇다면 자민당 총재가 되려면 어떻게 해야 되는가. 자민당 총재 선거에 나가서 이기지 않으면 안 된다. 어떻게 하면 총재 선거에서 이길 수 있을까. 파벌을 만들어 보스가 되어야 한다.
 일본 정치를 이해하기 위해서는 파벌을 이해하지 않으면 안 된다. 2001년 8월 15일자 『마이니치 신문』(每日新聞) 조간에는 '자민당의 파벌 연수회가 모두 보류되다'라는 제목을 가진 기사가 다음과 같이 게재되었다. 이 기사는 하나의 예에 불과하지만, 일본 국민들은 이 같은 파벌 관련 기사를 읽고 일본 정치의 동향을 알게 된다.

자민당이 정례 행사로 해 오던 파벌 연수회가 금년 여름에는 모두 보류되었다. 고이즈미 준이치로 수상이 참의원 선거 입후보자의 파벌 이탈을 요구하는 등 파벌 활동에 부정적인 입장임을 감안한 것으로, 각파 모두 표면적으로 눈에 띄는 파벌 활동은 피하고 싶다는 의식이 작용한 듯하다.
각 파벌은 매년 여름, 이즈(伊豆)나 하코네(箱根) 등 도쿄 근교의 피서지에서 연수회를 열고, 결속을 다져 왔다. 특히, 가을에 총재 선거를 앞둔 해에는 각 파벌의 총궐기 대회 같은 양상을 보여, 전원 참가가 의무로 되어 있었다.
그러나 금년 여름에는 고노(河野) 그룹이 29일에 도쿄 시내의 호텔에서, 경제와 의료 문제 전문가를 초청해 연수회를 여는 것뿐이다. 에도·가메이(江藤·亀井), 야마사키(山崎), 가토(加藤)의 각 파는 간부의 일정이 맞지 않는다는 등을 이유로 연수회 개최를 보류하였다.
다만 연수회 대신 파벌 단위로 골프 대회를 열어 결속을 확인하는 양상도 눈에 띈다. 작년에 연수회를 개최한 하시모토 파(橋本派)가 금년에는 파벌로서 돌출하는 행동을 하지 않기 위해 연수회를 중지하고, 5일 일부 간부와 젊은 의원 약간 명이 모여 골프를 했다. 고이즈미 수상이 원래 소속했던 모리 파(森派)도 '총재 파벌로서 파벌 활동은 삼가기' 위해 연수회 개최를 중지하고, 대신 골프 대회를 개최한다. 기타 구 고모토 파(旧河本派) 및 호리우치 파(堀內派)도 각각 골프 대회를 가질 예정이다.

일본의 자민당은 파벌의 연합체라고 하는 말이 있다. 이러한 파벌은 자민당뿐 아니라 야당인 민주당, 사회민주당, 공산당 등에도 있다. 그리고 각 정당은 정당 내의 각 당파 또는 파벌이 상호 견제와 조화를 통해 정치를 한다는 암묵적인 양해가 있다. 그러나 일반적으로 파벌이라고 하면 집권당인 자민당의 파벌을 말한다. 본서에서도 자민당의 파벌을 염두에 두고 설명하기로 한다.

다소 과장되게 말하여 일본은 '파벌 왕국'이라고 한다. 파벌이 정당 내의 당파라는 의미에서는 일본 이외의 다른 나라에서도 나타나는 현상이다. 그런데 유독 일본에서 파벌이 논의되는 것은 일본에서는 당파를 파벌이라고 부르고, 파벌을 육성해 왔기 때문이다. 그래서 파벌이란 정치 용어만이 아니라 일본의 사회, 또는 사회의 특징적인 일면을 설명하는 단어로 사용되어 왔다.

파벌은 각 파벌 간의 알력을 심화시키고 결국 당 전체의 화합과 단결에 해가 된다는 견지에서, 파벌을 해소해야 한다는 제언이 그간 자민당 내에서도 몇 차례 제기되었다. 그러나 '파벌 해소' 움직임은 번번이 실패하였다. 1994년 12월에도 파벌 해소 주장이 제기되었다. 그 당시 파벌 해소를 위해 제언된 내용은 파벌의 명칭을 사용하지 않는다, 파벌의 사무소를 폐쇄한다, 파벌의 총회를 열지 않는다는 세 가지였다. 그러나 이러한 제언으로도 파벌은 좀처럼 없어지지 않았다.

각 파벌은 굉지회(宏池会), 경세회(經世会) 등과 같이 정식 명칭을 갖고 있으나, 대부분은 '~파'로 불린다. 그리고 이러한 파벌명은 리더나 주요 구성원이 바뀌면서, 동일한 파벌이지만 이케다 파(池田派), 오히라 파(大平派), 미야자와 파(宮沢派) 등으로 다르게 불린다. 마치 에도 시대에 각 성의 한슈가 세월이 지나면서 바뀌는 것과 비슷하다.

한 파벌에서 총재가 선출되면, 그 파벌의 의원은 각료로 입각할 가능성이 높아진다. 어떤 파벌의 힘이 강해지면, 당의 운영이나 정치 자금 배분에도 영향을 줄 수가 있다. 그래서 각 파벌은 당 조직, 특히 인사와 자금 문제에 영향을 주기 위해 서로 경쟁한다. 그러나 이러한 파벌 간의 항쟁에는 원칙이 있다. 그것은 '당을 깨지 않는다', '나쁜 감정을 남기지 않는다', '정책으로 경쟁한다'의 세 가지다.

파벌이 당내에서 서로 경쟁하기 위해서는 자파를 결속시키고, 타파를 약체화시켜야 한다. 말하자면 다수파 공작을 해야 하는 것이다. 당 운영의 주도권을 놓고 경쟁하다 보면 서로 '밀약'을 하는 수가 있고 '공수표'를 남발하는 수도 있다. 파벌 간의 경쟁이 타 파벌을 당 밖으로 배제하는 것을 목적으로 하는 것은 아니다. 당을 깨는 것이 목적이 아니라 정권을 잡는 것이 목적이기 때문이다. 그러나 아주 예외적으로 파벌 간의 항쟁 때문에 당을 이탈하는 사태가 발생하는 경우도 있다.

파벌이 존재하는 이유는 인사, 선거, 자금 때문이라고 한다. 그러나 역시 핵심은 인사고, 선거와 자금은 수단이다. 정권을 잡고 있으면, 정당 내에서 차지하고 있는 파벌의 힘이 정부 내에도 균형 있게 반영되어야 한다. 이것이 '나쁜 감정을 남기지 않게 하는' 배려다. 정권이란 의원 내각제에서는 수상으로 상징된다. 그러나 수상은 여러 가지 상황 때문에 반드시 다수파에서만 선출되는 것은 아니다. 따라서 수상은 조각(組閣)할 때에 각 파벌 간의 균형을 가급적 지키려고 한다.

수상이 되려면 선거를 통해 의회에서 다수당이 되지 않으면 안 된다. 선거에서 이기려면, 유권자에게 정책적으로 다른 당과 다르다는 것을 호소하여 표를 얻지 않으면 안 된다. 그래서 각 파벌은 정책으로 서로 경쟁하는 양상을 띠게 된다. 정책이 파벌 경쟁의 산물로 나타나게 되는 것이다. 따라서 원내 다수당의 정책은 당내 다수파의 정책을 반영하게 된다.

종전에는 각 파벌 간의 경쟁과 조정으로 총재를 선출하고, 총재가 수상으로 지명되는 것이 일반적이었다. 그러나 2001년 4월, 자민당의 총재 공선에서 이변이 발생했다. 지방 조직에서 당원들의 '예비 선거' 실시 요구로 각 지방별로 예비 선거가 실시되었다. 그 당시의 모리 수상은 7월에 실시되는 참의원 선거를 앞에 두고 자민당에 대한 여론이 악화된 것과 관련, 정치적인 책임을 지는 형태로 총재 임기를 6개월이나 남겨 둔 채 사퇴하였다. 그래서 자민당은 총재의 임기 만료에 따른 공선이 아니기 때문에, 당초에는 중의원 및 참의원의 자민당 의원 346명과 각 지방 대표들만 참가

한 가운데 총재를 선출하려 했다.
  그러나 일반 당원들도 참가하는 '열린 총재 선거'에 대한 요구가 거세지면서 '예비 선거'가 실시되었다. 예비 선거는 국회의원 346명과, 각 지방이 예비 선거를 통해 선출하는 141명의 대표 등 모두 487명의 투표에 의해 결정하게 되었다. 그러나 각 지방별로 실시된 예비 선거는 총재 후보로 출마한 사람에 대해 자민당 당원들이 투표를 한 후, 그 중 1위를 한 후보에 대해 3인의 지방 대표가 몰표를 주는 방식이었다(일부 지방에서는 예외적으로 1등 후보에게 2표, 2등 후보에게 1표를 배분하는 등 다른 방법을 채택하기도 했다). 이렇게 해서 투표에 참가한 당원이 137만 명에 이르렀다.
  그러나 워낙 많은 사람들이 참여하기 때문에 각 파벌이 조직적으로 일일이 손을 쓸 수가 없었다. 투표한 당원의 60%는 각 파벌이 미처 손을 쓰지 못했다. 말하자면 각 파벌의 내부 단속이 효과를 발휘할 수 없었던 것이다. 예비 선거 결과, 경제 구조 개혁을 주장하면서 파벌을 탈퇴하였던 고이즈미 의원이 당초 예상을 뒤집고, 당내 제1 다수 파벌의 후보였던 하시모토 의원에게 압승하였다(지방표 141표 가운데 고이즈미 의원 123표, 하시모토 의원 15표를 획득함). 이러한 지방 예비 선거 분위기는 총재 선출 본선에도 그대로 이어져, 고이즈미 준이치로(小泉純一郎) 의원이 과반수인 244표보다 54표나 더 많은 298표를 얻어 총재가 되었고, 이어서 의회에서도 총리로 선출되었다. 말하자면 고이즈미 의원은 파벌 간의 조직 경쟁이 아니라, 개혁을 바라는 일반 당원들의 기대를 배경으로 총리가 된 것이다. 이러한 이변이 가능했던 것은 결국 당원들의, 정치에 대한 인식이 달라졌기 때문이었다. 물론 이러한 변화만으로 일본의 파벌 정치가 하루아침에 달라지리라고는 생각되지 않는다. 그러나 적어도 일본의 정치가 유권자, 또는 국민의 의식 변화에 따라 변해야 한다는 것을 보여 주었다.
  각 파벌은 정책으로 경쟁하는 형식을 취하고 있기 때문에, 자신들이 주장하는 정책의 정당성을 나타내기 위해 파벌을 '정책 집단'

이나 '벤쿄카이'(勉強会, 공부하는 모임)로 자칭하고 있다. 그리고 이러한 정책에 대해 이론 무장을 하기 위해, 특정 분야에 대해 '족의원'(族議員)으로서 전문 지식을 익히게 된다. 각 파벌의 멤버가 특정한 전문 분야에 개입하게 되면 자신이 속해 있는 파벌의 정책보다, 관련된 행정 부서가 이미 축적하고 있으면서 선택적 대안으로 제시하는 정책의 영향을 받게 된다. 이러한 정책의 프로세스에는 예산이 관여되고, 각 파벌은 정당에 가까운 기능을 하게 된다. 따라서 이들 '족의원'은 결국 각 파벌의 세력 근거가 된다. 그러므로 각 파벌은 의원 수를 늘릴 뿐 아니라, 족의원을 육성함으로써 파벌을 강하게 만들 수 있다. 반면에 족의원의 육성은 행정부와 족의원 간의 유착 가능성을 초래할 우려도 크다. 또한, 행정부가 자신들의 이익을 족의원을 통해 유지, 보전하려는 경향도 예상된다.

　일본에는 정치적 결단을 내리는 그룹이 두 개 있다고 주장하는 학자들이 있다. 그 첫째는, 우수한 관료 그룹이고, 두 번째는, 정치가 그룹이라고 한다. 그런데 2차 대전 이후의 정치가들은 고급 관료 출신이 많았기 때문에, 이들은 관료 조직을 통하여 관료의 협력을 얻어 정치를 할 수 있었다. 그리고 관료 출신이 아니어도 앞서 말한 것 같은 족의원으로서 통산, 외무, 재무 등 전문적인 경력을 통해 각료에 취임하거나, 또는 고위 정치 포스트에 오르기 때문에 관료들의 지원을 받기가 수월하다. 이 같이 관료와 정치인이 연결 고리를 갖고 있다는 것은 국정을 원활하게 운영케 하는 긍정적 측면이 있는 반면, 유착이 초래하는 부작용의 제거도 해결해야 할 과제로 남을 수밖에 없다.

　일본에는 아직도 파벌 정치가 계속되고 있는 것이 현실이다. 그러나 동시에 파벌 정치를 탈피하려는 움직임이 자민당 내 각 파벌의 중견, 또는 젊은 정치인들로부터 나타나고 있는 것도 사실이다. 파벌의 간부가 이들의 행동을 제어하지 못하는 경우도 나타나고 있고, 파벌 총회에 의원들이 잘 안 모이는 경우도 있다. 일본 언론은 이 같은 현상이 고이즈미 총리가 파벌을 중시하지 않는 정권 운영이나 인사를 하기 때문에 생기는 '파벌의 공동화 현상'이라고 분석하고 있다.

파벌의 공동화 현상은 특정 총리의 개인적인 리더십에서 비롯된 것만이 아닌지도 모른다. 이는 '열린 총재 선거'에서 나타난, 국민의 소리가 정치 전반으로 번져 가고 있음을 알리는 서곡인지도 모른다. 그러나 전후 오랜 세월에 걸쳐 유지해 온 파벌 정치가 하루 아침에 사라진다고 보기는 어렵다. 일본의 정치는 변화하더라도 그 속도가 매우 완만하게 진행될 것이다.

2002년 11월 현재 자민당 내 파벌 현황 (숫자는 의원 수)

파벌명	중의원	참의원	합계
하시모토 파(橋本派)	58	41	99
모리 파(森派)	40	19	59
에도·가메이 파(江藤·龜井派)	36	21	57
호리우치 파(堀內派)	38	11	49
야마사키 파(山崎派)	21	4	25
고우무라 파(高村派)	12	2	14
고사토(小里) 그룹	10	3	13
고노(河野) 그룹	11	0	11
무파벌(無派閥)	15	9	24
합계	241	110	351

*일본 중의원 총수는 480명(소선거구 300명, 비례 대표 180명), 참의원 총수는 252명(지역구 152명, 전국구 100명)임.
*고이즈미 총리의 원소속 파벌은 모리 파(森派)임.

일본에는 지금도 천민이 있는가

일본과 인권 선언

일본의 지방을 여행하면서 공원 같은 공공 장소에 가면 '인권 선언 도시'라는 팻말이 서 있는 것을 가끔 보게 된다. 또, 지방에 가면 시청이나 현청 청사 내에 동일한 내용을 액자에 담아 걸어 놓은 곳도 있다. 일본에 처음 오는 사람들은 팻말이나 액자에 담겨 있는 '인권 선언 도시'라는 말이 무엇을 의미하는지 고개를 갸우뚱하는 경우가 많다. 왜냐하면 일본 같은 자유 민주 국가에서 인권을 새삼스럽게 선언할 필요가 있는지 의문이 생기기 때문이다. 인권이라고 하면 일반적으로 헌법에서 보장된 기본권으로, 인간이 인간답게 살 수 있는 권리를 의미한다. 도대체 일본에는 왜 이런 표시나 팻말이 필요할까. 일본 헌법에는 인권에 대해 어떻게 규정하고 있기에 '인권을 선언하는 도시'가 있을까. 인권을 선언하는 도시가 있다면 '인권을 선언하지 않는 도시'도 있다는 말일까. 당연히 생기는 의문이다.

그렇다면 우선 일본 헌법에는 인권에 대해 도대체 어떻게 규정하고 있는지 한번 살펴보자. 일본 헌법이 인권과 관련하여 규정하고 있는 조항은 다음과 같이 11조, 12조 및 14조 등 3개 조항이 있다.

제11조 국민은 모든 기본적 인권의 향유를 방해받지 않는다. 이 헌법이 국민에게 보장하는 기본적 인권은 침해할 수 없는 영구의 권리로서 현재 및 장래의 국민에게 부여된다.
제12조 이 헌법이 국민에게 보장하는 자유 및 권리는 국민의 부단한 노력에 의해 이를 지켜 나가지 않으면 안 된다.
제14조 모든 국민은 법 아래 평등하며, 인종·신조·성별·사회적 신분 또는 가문에 의해 정치적, 경제적 또는 사회적 관계에 있어서 차별받지 않는다.

이상의 일본 헌법을 읽어보아도 왜 일본에서 '인권'을 선언할 필요가 있는가 하는 의문이 가시지 않을 것이다. 그것은 그럴 수밖에 없다. 일본에서 말하는 '인권 선언 도시'라는 말은 '부락민(部落民) 차별 철폐 선언 도시'라는 의미를 나타내고 있기 때문이다.

부락민(部落民), 부락민 차별, 한국인에게는 매우 생소하고 낯선 말이다. 부락민이란 부락을 이루어 살고 있는 사람들을 총칭하는 말이다. 부락민이란 우리 식으로 표현한다면 천민이라고 할 수 있다. 그렇다면 일본에는 지금까지도 천민이 있다는 말인가. 그렇지는 않다. 일본에는 메이지 유신 직후인 1873년 8월에 '해방령' (천민 폐지령)을 선언함으로써 천민 계급을 철폐하였다. 그 이후 현재에 이르기까지, 일본에 법률상으로는 더 이상 천민이 존재하지 않는다.

그런데도 천민에 대한, 일본인의 차별 의식은 매우 뿌리깊게 오랫동안 남아 있다. 이들은 열악한 생활 환경, 불안정한 직업, 낮은 고교 진학률과 생활고 등에 시달리고 있을 뿐 아니라 결혼, 교제 및 취업을 거부당하고 있는 것이 현실이다. 말하자면 일본 사회는 일면으로는 근대적인 시민 사회의 성격을 가지면서도, 다른 면에서는 전근대적인 '차별을 전제로 한 신분제 사회'의 성격이 아직도 남아 있는 것이다. 왜 이런 현상이 아직도 일본에 남아 있을까. 이것은 오랜 세월 계속되어 온 봉건적 사회 제도가 충분히 해체되지 않은 채, 사람들이 사물을 보는 시각이나 사고 방식에 이르기까지 아직도 큰 영향을 미치고 있기 때문이다.

일본 전국에는 차별받고 있는 부락민이 거주하는 부락(동화 지구 (同和地区)라고 한다)이 약 6천여 곳에 이르며, 이곳에 거주하는 주민은 모두 약 3백만 명에 이를 것으로 추산하고 있다. 이들이 사회 생활을 하면서 어떤 차별을 받고 있는지 실제 예를 간단히 들어 보겠다.

〈예1〉 어느 여성이 교제하고 있던 남성과 결혼할 것을 결심하였고, 양측 부모들도 결혼을 기뻐해 주었다. 그런데 여성의 부모는 친척으로부터 "결혼 전에 신원 확인은 해 두는 게 좋다. 설마 부락 사람이야 아니겠지"라는 말을 듣고 불안을 느껴, 상대방 남성에 대한 신원 조사를 의뢰했다. 그 결과, 교제 상대인 청년이 부락민 출신이라는 것을 알고 여성의 부모는 결혼을 반대했다. 이유는 여동생의 결혼, 남동생의 취직, 친척과의 왕래가 어렵게 된다는 걱정 때문이었다. 특히, 여성의 모친은 "여동생의 혼담이 사라지고, 남동생이 졸업해서 취직도 못하게 되면 자식들에게 면목이 없어 자살해 죽는 수밖에 없다. 너는 부락에 대한 세상 사람들의 차별이 얼마나 심한지 모른다"라고 하면서 결혼을 극력 반대했다. 여성은 이대로 주저앉아 다른 사람과 결혼하느니 차라리 죽는 게 좋겠다며 자살까지 생각했다. 그러나 여성은 아무리 괴로워도 죽는 것보다는 자기가 좋아하는 남성과 결혼함으로써 부락 차별이라는, 비인간적인 사고 방식과 싸워 이기겠다는 생각에서 집을 나왔다. 그리고 부락 차별 반대 운동을 하는 많은 사람들의 도움을 받으며 양친에 대한 설득을 계속하였다. 드디어 부락 차별의 잘못을 깨달은 양친도 결혼을 허락하였다.

〈예2〉 1988년 5월, 가나가와 현(神奈川県) 요코하마 시내의 중학교에서 사회과 시간에 담임 교사가 부락 차별에 관한 발언을 하면서, 손가락 네 개를 계속해서 내보여 문제가 되었다. 손가락 네 개를 내보이는 행위는 부락 사람들이 죽은 말이나 소를 처리하는 등 네 발 가진 동물과 관련되어 있다는 뜻으로, '넷'이라는 말은 부락민을 나타내는 악질적인 차별어다. 이 교사는 간사이(関西, 오사카를 중심으로 한 지역) 지방에 수학 여행을 가면서 "간사이에는 부락 사람들이 많다. 부락 사람들과 다투면 큰일난다. 부락은 무서운 곳이다"라고 하며, 여행지에서의 주의 사항을 부락 차별적인 방식으로 아동들에게 전달하려 했다.

〈예3〉 1987년 10월, 지바 현(千葉県)에서는 어느 초등학교 학생들의 통학 문제로 인한 불편을 해소하기 위해 부락민 약 50세대가 거주하는 지역으로 통학 구역을 조정하고, 교사도 이전하려는 계획을 추진하였다. 그러나 막상 계획을 실행하려 하자 '부락민으로 오해받는다'는 이유를 들어 주민들이 반대하였다. 주민들은 각종 이유를 들면서, 행정 당국에 교사 이전에 대한 재고를 요구하는 청원서를 제출함으로써 결국 이전이 보류되고 말았다. 아직까지도 부락민에 대해 뿌리깊은 편견을 가진 주민의 의식과 더불어, 이전을 보류시킨 행정 당국의 조치도 문제가 되었다.

이상은 부락민 차별에 대한 간단한 예에 지나지 않는다. 실제로는 이보다 더 심한 사회적 차별 의식이 일본 사회에는 존재한다. 경제적으로 여유가 없는 사람이 비교적 월세가 싼 부락민 거주지에 살고 있으면, 그 사람 역시 부락민이라는 오해를 받기도 한다.

일본에서는 20세가 되면, 90% 이상이 부락 차별이 무엇인지 알고 있다는 조사 결과가 있다. 그래서 가족, 선배, 친구, 이웃 사람 등이 뒤에 숨어서 손가락질하는 말 가운데에는 부락 차별에서 비롯된, 잘못된 오해가 많을 뿐 아니라 이러한 행위가 부락 차별 의식을 더욱 심화시키고 있다고 한다.

부락 문제와 관련해서 '모르고 있으면 그러다가 없어진다', '학교 등에서 이 문제를 취급하지 않으면 아무도 모르기 때문에 차별은 자연히 없어질 것이 아닌가'라고 주장하는 사람도 있다. 이러한 생각을 「'자는 아이를 깨우지 말라'론(論)」이라고 한다. 그러나 이러한 논리는 차별 의식을 갖게 만드는 사고 방식의 하나다. 차별 문제는 형식적으로 덮어만 둔다고 해결되는 것이 아니다. 모두가 진지하게 그 문제점을 생각하고, 근본적인 해결책을 모색하는 것이 필요하다.

부락민의 형성 과정과 차별 강화

1600년에 일본 전국을 제패하여 장군이 된 도쿠가와 이에야스는, 3백 제후(諸侯)로 일컬어지는 다이묘(大名)가 각각 한(藩)이라 불리는 영지를 지배하게 하는 통치 체제를 구축하였다. 이 체제는 소수의 지배자인 무사가 평민인 백성(주로 농민), 상인, 수공업자, 어민 등과 더불어 '에다'(えた) 또는 '히닌'(非人)으로 불리는 천민('잡천민'으로도 불린다)을 지배하는 통치 체계가 골간을 이루고 있었고, 사회 구성원들에 대해서는 각각의 신분에 따라 역(役, 세금이나 노역)이 부과되었다. 이들 사회 구성원 중 '천민'이 후일 '부락민'으로 불리는 부류의 원류가 되었다. 물론 일본에 고대 국가의 등장으로 사회 계급이 형성된 이래, 재물이나 가축같이 취급되는 노비와 천비(賤婢) 등의 천민층은 존속해 왔다. 그러나 천민에 대해 엄격한 통제 및 관리가 실시된 것은 도쿠가와 이후였다고 할 수 있다. 이들 천민의 수는 에도 시대를 통해, 전인구의 3% 미만에 달하는 정도였다.
　'히닌'은 '에다'보다 더 낮은 신분을 나타냈다. 이들 히닌 및 에다는 주로 세 가지 역에 종사하였다. 그 첫째는 행정 잡무 보조인데, 예를 들면 신사나 절의 청소, 죽은 말이나 소의 처리, 시체의 처리, 치안 유지를 위한 말단 경비, 행형 집행 보조, 간수 등의 역이었다. 둘째는 기능적인 역으로 하층 직인(織人), 피박·피세공 직인(皮剝·皮細工職人), 염색인(染色人), 운송업자(運送業者), 수부(水夫), 죽세공인(竹細工人) 등이고, 셋째는 예능의 역이다.

　가부키(歌舞伎)는 일본을 대표하는 전통 예술의 하나다. 특히, 남자 배우가 여장을 하고 연기하면서 여성으로서의 감성·감정을 여자 배우 이상으로 표현하는 무대 예술이다. 그러나 가부키 배우를 비롯한 기타 예능인은 근세 이래 천민들의 몫이었고, 이들은 높은 인기에도 불구하고 사회적으로는 차별을 받았다. 에도 시대에 교토의 시조다이쿄(四条大橋) 부근 강변(河原)에는 가부키 극장 등 환락가가 있었다고 한다. 여기에서 연유되어 가부키 배우는 '강변의 거지'라는 의미에서 '가와라고지키'(河原乞食)라고 비하되어 불렸다.

　이들 천민 부락은 입지 조건이 나쁜 곳에 고정되어 있는 경우가 많았다. 예를 들면, 천민 부락은 강이 가까워 홍수나 물의 피해를 늘 받는 장소, 산 중턱의 급경사면이나 고지대로 산사태의 위험성이 있거나 수리(水利)가 불편한 곳, 높은 산이 남쪽이나 동쪽에 있어서 겨울에 해가 잘 들지 않는 장소 등에 위치하였다. 아무리 천민이라고는 하나, 사람이 살기에 제일 나쁜 곳에만 살도록 했으니 가혹한 인권 차별이 아닐 수 없다.
　막부 체제는 신분의 통제를 유지하고, 농민들의 연공 부담 증대에 대한 불만을 최소화하기 위해 '에다', '히닌' 신분 계층에 대해 농민보다 낮은 수준의 생활을 강요함으로써 천민 차별을 강화하였다. 이러한 차별 중 대표적인 것을 들면, 종교상의 차별과 복장의 차별을 들 수 있다.

교토의 기타노신사(北野神社)에서 가부키를 공연하는 모습(1603년)

  교토 및 인근의 천민 부락이 많은 지역에서는, 부락 사람들이 다니는 절과 부락민 이외의 사람들이 다니는 절을 구분하였다. 중세 이래 일본의 평민들은 정토진종(淨土眞宗, 일본 불교의 한 종파)을 믿는 신자가 많았다. 그래서 같은 절에 부락민이 다니는 것을 막기 위해 정토진종의 '에지'(穢寺)라는 절을 따로 만들어, 부락민들은 이곳에서 참배하도록 했다. 이런 연고로 많은 부락민들이 '에지'에 등록되었다. 또한, 부락민에 대한 차별을 강화하면서, 타종파를 믿는 부락민들도 '에지'로 개종하도록 강제되었다.
  동일본(東日本) 등의 지역에서는 부락민들이 소규모로 산재해 있었기 때문에, 부락민과 부락민이 아닌 사람들이 혼재되어 절에 다니고 있었다. 이곳에서는 부락민들이 정토진종뿐 아니라 타종파도 믿고 있어서, 절을 분리 구별하는 것이 어려웠다. 그래서 부락 차별을 선명하게 하고 생전의 '에다', '히닌'을 사후에도 알 수 있도록 피(皮)·혁(革)·축(畜)·도(屠)·초(草) 등을 붙인 '차별 계명'(差別戒名)을 보급시켰다. 원래 계명은 계(戒)를 받고 불문에 귀의한 사람에게 주어지는 법명이다. 그러나 차별 계명은 이름만 보아도 부락민인 것을 알 수 있도록 고안해 낸 계명이다. 이러한 차별 계명은 현재까지 간토(関東, 도쿄 부근), 호쿠리쿠(北陸, 혼슈의 북부), 주부(中部, 나고야 부근), 주고쿠(中国, 히로시마, 오카야마, 야마구치 지역), 시코쿠(四国), 규슈(九州) 지방 등에서 계속 발견되고 있다. 이러한 차별 계명이 묘비에 쓰여진 시기는 17세기 후반이다. 사이타마 현 내에는 '唱連革女, 觀○革門'이라는 묘비가 있고, 1991년에 교토에서도 '犬翁善畜女'라는 묘비가 발견되었다. 이러한 차별 계명은 심지어 어린아이에게도 주어졌다고 한다. 부락민들은 이러한 차별 계명을 글자를 몰라서 사용한 것이 아니라, 어쩔 수 없이 참으면서 사용해야 했던 것이 실상이었다.

부락민들은 복장상으로도 차별을 받았다. 7세 이상의 부락민이 왕래할 때에는 사방 5촌(15cm)의 모피를 앞에 걸쳐야 했으며, 부락민이 모여 사는 집의 처마끝에는 반드시 모피를 걸도록 하였다(시코쿠 지방 북서부 에히메(愛媛)의 예). 또한, 마을 밖으로 나갈 때에는 게다(下駄, 나무신), 조리(草履, 짚신) 또는 호카부리(수건으로 얼굴을 가리는 것)를 금지하였다(와카야마(和歌山)의 예). 그밖에 여름이나 겨울에 입는 옷에는 소매를 검정과 연둣빛, 두 가지 색으로 해야 했다(나고야(名古屋)의 예).

현대 사회와 부락민

일본에 불교가 전파된 이래 오랜 세월 동안, 일본인에게는 소나 말 등 가금(家禽)을 식용으로 먹는 것이 원칙적으로 금지되어 왔다. 일본의 평민들은 가축을 이용하여 농사를 짓거나, 군사적인 목적 등으로 소유하거나 사용할 수 있으나, 이를 직접 처분할 수는 없었다. 가축을 처분하는 일은 원칙적으로 천민들 몫이었다. 그러나 평민들은 소유하고 있는 가축이 죽어도 그 처리를 천민들에게 의뢰하지 않고 자신들이 직접 하거나, 또는 식용으로 먹는 예가 빈번했다. 또한, 일본 정부는 전쟁이나 기타 불가피한 경우에 예외적으로 평민들이 가축을 식용으로 쓸 수 있도록 허용하기도 했다. 근세에 들어서면서 평민들이 가축을 직접 처분하거나 먹는 예가 급속도로 늘어나, 정부의 가축 처분 규제가 사실상 유명무실해졌다. 그래서 에도의 막부가 붕괴되고 메이지(明治) 신정부가 성립하면서, 1871년 3월부터 일반인이 소나 말 또는 가축을 자유롭게 처분하는 것이 인정되었다. 이로 인하여 가축을 처리하는 계층인 천민을 유지시킬 명분도 사실상 사라졌다. 신정부는 같은 해 8월, 천민 폐지령인 '해방령'을 선언하였다. 신정부의 천민 해방령의 배경에 서양에서 유입된, 인권 평등이라는 개념도 작용한 것은 물론이다.

　메이지 정부의 해방령으로 '에다', '히닌' 등의 호칭이 폐지되고, '사민 평등'(四民平等)의 원칙 아래 '제도적 천민'은 없어졌다. 그러나 에도 이래 부락민에 대한 차별 인식과 차별 관행은 그 뿌리가 워낙 깊어서, 오랫동안 일본 사회에 남아 있게 되었다. 이처럼 일본 사회의 뿌리깊은 차별 의식을 없애려는 운동이 부락민 스스로에 의해 공식적으로 나타났다. 1922년에 부락민들이 자발적으로 결성한 단체인 '전국 수평사'(全國水平社)가 그것이다. 또한, 일본 헌법에 명기된 '기본적 인권 존중'의 정신을 살리기 위해, 1969년에 '동화 대책 사업 특별 조치법'이 만들어져서 부락민들의 주거 환경 개선, 취직, 결혼 등의 차별 철폐를 법률적인 장치를 통해 지원하고 있다.

　그러나 이러한 조치에도 불구하고 일반인들이 부락민에 대해 가지고 있는 차별 의식은, 21세기를 맞이한 지금까지도 아직 완전히 사라지지 않고 있다. 인권이 모든 사람에게 법적으로 평등하게 보장되어 있는, 자유 민주주의 국가인 일본에 구시대 유습인 부락민 천시 의식이 여전히 남아 있다는 것은 일본이 가지고 있는 또 다른 일면이다.

일본, 무엇이 문제인가

변화의 기로에 선 일본

지금 세계 각국은 경제적 불황으로 어려움을 겪고 있다. 그 가운데서도 특히 일본의 경기 침체 문제가 국제적으로 자주 거론되고 있다. 일본 사람들은 모이기만 하면 경기가 안 좋다고 걱정한다. 소위 '경제의 거품'이 사라진 이래 지난 10여 년 간 일본은 계속되는 경기 침체에 시달리고 있다. 일본은 세계 경제에서 차지하는 비중이 막중하다. 미국에 이어 세계 제2의 경제력이다. 한국으로서는 일본의 경기 동향을 예의 주시하지 않을 수 없다. 일본 경제가 우리 경제에 미치는 영향이 대단히 크기 때문이다.

2002년 1월, 필자는 히로시마 현 상공회의소가 주최하는 신년 명함 교환회에 참석했다. 히로시마 현 내의 유력 경제인들이 모여 서로 신년 인사를 교환하는 자리로, 이 같은 신년회는 전국적으로 각 지방마다 개최된다. 주최측 인사와 내빈들은 새해 인사를 겸해 연단에서 간단한 연설을 하였다. 모든 연사들이 현재 일본 경제가 어렵다고 지적하면서, 새해에는 분발하자는 요지의 말을 했다. 그 중 경제 단체의 회장을 맡고 있는, 어떤 사람의 연설이 필자에게는 매우 인상적으로 들렸다. 그는 이런 말을 했다. "지금 일본 경제가 매우 어렵다. 이러한 경제 난국을 극복하기 위해서 우리는 새로운 각오를 가지지 않으면 안 된다. 우리는 100년 전, 메이지 유신(明治維新)을 했을 때와 같은 각오를 가질 필요가 있다."

메이지 유신을 했을 때와 같은 각오. 일본이 서양 문물에 접하면서 높은 경제 수준과 산업화에 놀라고 감동받아 '탈아입구'(脫亞入歐)를 결심하고, 일본을 근대 산업 국가로 변모시키기 위한 원점을 이룬 계기가 바로 메이지 유신이다. 이 유신은 전국민적 콘센서스가 아니라 천황의 정권 복귀를 주장하는 군부 집단에 의해 이루어졌으나, 이로 인해 산업 국가화에 성공할 수 있었다. 그 후 일본은 군국주의로 향함으로써 한국을 식민지화하고, 열강들과 더불어 아시아에 대한 제국주의적 침략을 계속하다가 결국 2차 세계 대전에서 패망했다. 그러나 일본은 2차 대전 이후 경제력을 다시 키웠다. 그리고 세계 제2의 경제력을 가진 경제 대국으로 성장했다. 한때는 세계의 주요 기업들 사이에서 일본의 기업 운영 시스템인, 소위 '종신 고용제'를 배우자는 붐이 일기도 했다. 그러한 일본이 요즘은 매우 어려운 처지에 놓여 있다. 영국과 미국의 신용 평가 기관은 세계 제1의 외환 보유국인 일본에 대해 공공 부채가 증가하여 재정이 악화되고 있고, 일본 정부의 민간 부문 부실 채권 처리가 지연되고 있으며, 디플레이션의 장기화 조짐 등으로 경제 상황이 취약하다는 이유를 들어 일본의 신용 등급을 하향 조정하고 있다. 경제 대국 일본이 왜 이렇게 되었을까. 일본에게 무엇이 문제인가. 일본은 현재의 경제 난관을 극복할 수 있는 능력을 가지지 못한 것일까. 왜 일본은 메이지 유신 같은 정치적 결단을 통해 경제를 개혁하지 못하고 있을까.

언젠가 일본 언론을 보니, 어느 경제 관료가 이렇게 말했다고 한다. "일본의 경기 침체는 세계 각국이 걱정할 문제가 아니다. 일본은 다른 국가들처럼 국가 채무가 있는 게 아니다. 일본의 은행에는 돈이 넘쳐흐를 정도로 많다. 문제는 쌓여 있는 돈을 어떻게 쓰게 만들 것인가 하는 것이다. 말하자면 일본 경제 문제는 국내적으로 어떻게 대응하느냐에 해결책이 달려 있는, 국내 정치 문제다."

일본인들은 경제가 어렵기 때문에 더욱 내핍 생활을 한다. 돈을 가지고 있으되 쓰지는 않는다. 은행에 돈이 쌓여 있으나, 경기가 나쁘니 이 돈을 빌려 갈 기업이 없다. 문제는 돈을 쓰도록 만드는 것이다. 말하자면 기업을 개혁하고, 금융을 개혁해서 돈을 쓸 수 있는 환경을 정비해야 한다. 그런데 이러한 개혁 조치를 현실에 도입해서 실현시키기 위한 조치를 취할 사람이 누구인가. 고양이

목에 방울을 걸어 줄 사람이 필요하다. 그 필요성은 모두가 알지만, 그 일을 자임할 사람이 없다.

　우리가 IMF 위기 때에 개혁을 불가피한 것으로 받아들였던 분위기는 '위기를 극복하려는 공동체 의식'에서 발로되었다. 우리 정부는 이를 바탕으로, 보통 여건이라면 하기 어려웠을 경제 개혁에 어느 정도 성공할 수 있었다. 말하자면 경제 구조 조정에 대한 국민적 콘센서스가 있었기 때문에, 희생이 수반되는 개혁이 가능했다는 것이다. 그러나 일본에는 경기 침체에 대한 불안은 있지만, 위기 의식까지 느끼고 있지는 않다. 일본에는 일본의 힘에 대한 믿음이 있기 때문에, 진정으로 메이지 유신을 할 때가 되지는 않았다는 '풍요 속의 주저 의식'이 작용하고 있는 것 같다. 일본은 국제 사회가 지적하는 것같이 위기가 온 것은 아니라는 자체적 판단, 경제 구조 조정의 필요성은 있으나 그럴 경우에 희생을 최소한도로 막겠다는 생각, 그리고 외부에 의해 요구되는 형태로 개혁을 하기는 싫다는 일본적 저항 심리도 사고의 근저에 있는 것 같다. 말하자면 일본은 변화를 위한 대담한 개혁에 망설이고 있는 것이다. 정부는 물론 일본 국민들도, 어떻게 해서든 현재 상황을 최대한도로 유지하면서 최소의 수술로 희생하기를 바라는 것이다. 일본은 왜 변화에 망설이는 것일까.

　일본은 메이지 유신 이래 서구 문명을 따라잡기 위해 최선의 노력을 경주해 왔다. 그리고 그것은 대단한 성과를 거두었다. 2차 대전의 패전으로부터도 오늘날의 경제적 번영을 이루어 냈다. 일본은 평화스러웠고, 경제 성장 일변도로 달려갈 수 있었다. 모든 국민이 고도 경제 성장의 수혜자가 되었고, 국가 안전 보장 문제에 대해 걱정할 필요가 없는, 소위 '헤이와보케'(平和惚け, 평화병 환자)가 되었다. 일본 국민 모두가 평화와 경제 성장의 과실에 탐닉했다. 그러나 경제에서 거품이 걷히면서, 일본은 오랜 침체의 터널에서 나오지 못하고 있다. 다시 한번 일본이 현재 상황을 극복하고, 건실한 경제력을 갖춘 경제 대국의 면모를 우리에게 보여 줄 수 있을 것인가.

 모든 사람이 일본은 변해야 한다고 지적하고 있다. 일본인도 변화의 필요성은 절감하고 있다. 그렇다면 일본은 앞으로 어떻게 변해야 할 것인가. 그들은 지금까지 유지해 온 전통적 사고 방식과 사회 구조에 입각해서 현재 당면한 문제, 또는 앞으로 부딪힐 상황을 극복할 수 있을 것인가. 일본인이 지금까지 성공 모델로 생각해 왔던 일본적 기업 경영, 일본적 인간 관계, 일본적 사회 구조가 재조명되고 있다. 일본은 앞으로 어떻게 변해야 할 것인지 선택의 기로에 서 있다.

일본 사회는 변화할 것인가

 필자는 1990년 가을부터 1992년 가을까지 2년 간 도쿄에서 근무했다. 그리고 8년 뒤인 2000년 가을, 히로시마에서 다시 근무하게 되었다. 그러니까 8년 만에 일본에 다시 돌아와 생활하게 된 것이다. 외형적으로 느껴지는 일본은 8년 전과 그다지 변한 것이 없었다. 식품, 교통비, 책값 등 물가도 예전과 별로 다르지 않았다. 오히려 어떤 것은 더 싸진 것도 있었다. 그런데 어딘가 모르게 달라졌음을 느낄 수 있었다. 무엇이 달라졌는지 딱 꼬집어 말할 수는 없으나, 일본 전체의 분위기에서 활기가 느껴지지 않았다. 이것은 단순히 침체에 빠져 있는 경제적 상황 때문에 비롯된 것만은 아닌 듯했다. 도대체 무엇 때문에 일본이 예전 같지 않다고 느껴지는 것일까.
 일본의 서점에는 최근 일본 경제가 위기 상황에 놓여 있다고 경고하는 책들이 많이 나와 있다. 이 책들은 일본인은 물론 외국인들에 의해 쓰여진 것도 많다. 그러나 일본 경제가 아무리 어렵다고 하더라도, 일본은 여전히 미국에 이어 세계에서 두 번째인 경제 대국이다. 그들이 지금 일시적으로 경기 침체 현상을 겪고는 있으나, 전후 40~50년 간 쌓아 올린 경제적 부가 당장 붕괴된 것도 아니다. 그런데 일본 경제의 장래에 대해 낙관적인 견해를 가지는 사람은 많지 않다. 일본 경제가 잘 나갈 때에 세계 각국의 학자들이 일본 성공의 비밀을 알기 위해 연구했던, 일본적 가치관이나 일본적 기업 경영을 이제는 거꾸로 일본과 일본 기업의 문제점으로 지적하고 있다.

2차 대전이 종료되기 직전인 1944년, 문화 인류학자인 베네딕트는 미국 정부의 요청으로 일본을 문화 인류학적으로 분석한 보고서를 작성했다. 그녀는 한 번도 일본을 방문해 본 적이 없었다. 그녀는 보고서 작성을 위해 일본에 관한 각종 문헌을 참고하였고, 그 밖에 보조적인 방법으로 미국 내에 거주하던 일본인, 또는 일본을 잘 아는 미국인과 인터뷰 등을 통해 간접적인 방법으로 일본을 파악했다. 저자 자신이 일본을 직접 체험하지 못했다는 것은 매우 객관적인 관찰력을 가질 수 있었다는 면도 있으나, 반면에 실제 현상을 피상적 또는 공론적으로 이해할 가능성도 동시에 포함하고 있음을 나타낸다. 이 책은 일본의 패전 이후 『국화와 칼』이라는 제목으로 출판되어, 일본을 연구하는 고전으로 꼽히고 있다. 이 책은 미국을 상대로 전쟁을 도발해 온 일본과 일본인에 대한 경이감을 바탕으로 쓰여졌다. 이 책은 동양적인 가치관을 일본 특유의 가치관으로 보는 오류를 범하고도 있으나, 일본과 일본인을 이해하는 데는 큰 기여를 하고 있다는 견지에서 오늘날까지도 널리 읽혀지는 일본 문화 개설서다.

이 책에서 베네딕트는 일본인이 부족한 자원과 인원을 가지고 감히 미국에 도전할 수 있었던, 일본적 정신의 강인함을 설명하기 위해 '충'과 '의리' 그리고 '수치'에 대한 일본인의 집착을 강조해서 설명하고 있다. 충, 의리 그리고 수치란 행동의 기준 척도가 될 수는 있으나, 매우 주관적이고 감성적인 가치관이다. 이러한 가치관은 합리성을 중시하고 그에 따라 행동하는 서구인에게는 매우 신기하고, 이해하기 어려울 것이다. 그러나 이 같은 일본인의 가치관이 일본인의 저력이 되었을 것이라는 사고가 베네딕트의 저서에 흐르고 있음을 부인할 수 없다.
 이러한 일본인의 가치관은 종전 후의 기업 경영에도 그대로 반영되었다. '종신 직장'과 '연공 서열'로 상징되는 일본적 기업 경영의 핵심은 바로 충과 의리, 그리고 충과 의리를 효과적으로 제어해 주는 장치인 수치에 있다고 할 수 있다. 회사에 대한 무한한 충성과 동료 및 상관에 대한 인간적인 의리, 그리고 이러한 행동 기준에서 벗어나지 않으려는 의지가 회사와 기업의 원동력이 되었다. 거기에 일본인 특유의 근면 성실함이 보태져서 전후 일본의 국력이 크게 융성하였고, 일본은 세계 제2의 경제 대국이 되었다. 일본인은 일본적 가치관에 만족하였고, 이러한 가치관이 계속적으로 번영을 가져다 줄 것으로 믿어 의심치 않았다.
 그러나 기업이나 조직은 감성적인 가치 기준만으로 운영될 수 없다. 감성적인 가치관은 조직이나 기업의 초창기에는 대단히 중요한 역할을 한다. 조직원이 일체감을 가지고 헌신적으로 노력할 때, 그 조직은 활력 속에서 성장한다. 그러나 어느 단계까지 가면 조직이 비대해지고, 곳곳에서 동맥 경화 현상이 생긴다. 비만해진 체중을 줄이지 않으면 뇌졸중이나 심근 경색 현상을 일으킬지 모른다. 이를 피하기 위해서는 운동을 통해 감량을 해서, 적절한 체중을 유지하는 수밖에 없다. 그러나 감량을 한다고 해서 의리와 충으로 무장된 사원들을 일거에 해직시킬 수는 없다. 이들을 해직시키는 것은 인간으로서 도리가 아니다. 가급적이면 현상을 유지할 수 없을까 하는 생각을 하고, 개혁을 하더라도 최소한도로 한다. 합리성을 수반한 대폭적인 감량 경영이 기업이나 국가에 도움이 된다는 것을 다들 느끼면서도, 어쩔 수 없이 비만한 몸을 그대로 끌고 간다. 그러다가 동맥 경화로 쓰러져 중환자실에 들어가 눕게 된다. 그때에는 도리가 없다. 기업의 효율화를 위한 조치를 마지못해 취한다. 이러한 상황이 오늘날 일본에서 일어나고 있는 현상은 아닐까. 말하자면 일본의 상징으로 여겨지던 일본적 가치관이 이제는 일본의 발목을 붙잡고 있는 셈이다.

일본이 현재 당면하고 있는 상황이 초래된 이유에 대해서는 이 밖에도 여러 가지 분석이 있다. 그 중 하나가 관료주의의 병폐다. 총리가 2년도 제대로 채우지 못하고 자주 교체되는, 현 일본의 취약한 정치 상황에서는 구조 조정이나 개혁을 강력히 추진할 수 있는 리더십이 발휘되기 어렵다. 그래서 정부 정책의 대부분은 관료들이 '족의원'으로 형성된 정치권과 타협을 통해 구축해 놓은, 기존의 정책 기조를 그대로 답습하도록 만들고 있기 때문에 시대의 변화에 부응하지 못하고 있다는 것이다. 관료주의는 일본이 어느 정도의 단계에까지 이르는 데는 크게 유용했는지 모르나, 오늘날같이 개혁이 요구되는 상황에서는 더 이상 긍정적으로 작용하지 않고 있다고 한다.

일본 경제의 구조적 문제점은, 일본이 보유하고 있는 막대한 잠재력과 자원을 효율적으로 배분하는 장치가 관료주의 때문에 제대로 작동하지 않는 데 있다고 한다. 교통의 유통량이 별로 없는 지역에 건설되는 고속 도로나, 시급을 요하지 않는 저수지나 댐의 건설이 정치적인 고려나 건설 회사에 대한 배려 차원에서 행해지는 것도 그 예의 일부로 설명되고 있다. 말하자면 국민들의 희생과 노력으로 쌓아 올린 경제적 부와 재원이 적절하게 배분된다면 일본 경제가 다시 활력을 찾을 텐데, 이를 실현시켜 줄 강력한 리더십의 부재와 관료주의의 타성이 문제 해결을 어렵게 만들고 있다는 것이다.

그러나 일본에 변화의 움직임이 감지되지 않는 것은 아니다. 정치와 관련해서는 전술한 바와 같이, 풀뿌리 민주주의의 바람이 느껴진다. 경제도 변해야 한다는 공감대는 이미 형성되어 있다. 그러나 모두 변화가 필요하다는 인식은 하면서도, 진정으로 변하기를 주저하는 것처럼 느껴진다. 변화에는 희생과 고통이 따르기 때문이다. 무엇이 일본을 주저하게 하고 있는가. 그건 바로 일본인의 자존심인지도 모른다. 메이지 유신 이후 지난 100년 이상 일본이 이루어 온, 경이적인 성장의 역사는 일본인의 가치관, 방법이 절대적으로 옳았음을 증명해 주었다. 그런데 단지 10년 간 일본이 경제적으로 다소 어려움에 처했다고 지금까지의 일본적 발상을 어떻게 버리란 말인가. 일본은 아직 그냥 보통 국가가 아니다. 일본은 아직도 세계 제2의 경제력을 가지고 있다. 일본적 경영, 그리고 일본적 가치관을 버리기에는 아직 일본은 너무 큰 힘을 가지고 있다.

그러나 한번 냉정하게 생각해 보자. 일본의 부동산 가격은 1980년대에 비해 10분의 1까지 폭락했다. 골프장 회원권은 과거 1억 엔(10억 원) 하던 것이 1천만 엔(1억 원)으로 떨어졌다. 1989년의 뉴욕과 도쿄의 주식 시장은 시장 가격이 거의 비슷했다. 그러나 2000년 8월에는 뉴욕 거래소의 투자 총액이 약 16조 4천억 달러에 달했고, 도쿄는 3조 6천억 달러로 뉴욕의 4분의 1에도 못 미쳤다. 경제 성장률은 계속해서 0% 선을 맴돌고 있다. 은행 금리도 사실상 0%다. 물가의 디플레 현상도 계속되고 있다. 은행이 과거에 담보로 잡고 대출해 준 부동산은 그 가격이 10분의 1로 곤두박질 쳤다. 금융권의 불량 채무 문제가 심각해지지 않을 수 없다.

일본 경제는 인근국인 한국에게도 매우 중요하다. 일본 경제가 잘되면 우리 경제에도 긍정적인 영향을 준다. 일본이 장기 침체에 빠져 있는 것이 우리에게는 전혀 도움이 되지 않는다. 그런 의미에서 일본 경제가 다시 한번 활력에 넘치기를 바라고 싶다. 일본은 아직도 긍정적 요인들을 많이 가지고 있다. 그 중 제일 큰 자산을 들라고 하면, 아마도 근면하고 열심히 저축하는 일본인 자신을 꼽을 수 있을 것이다. 그러나 일본이 21세기에도 계속해서 세계 경제를 선도해 나가기 위해서는, 국력과 자원을 효율적으로 배분할 수 있도록 시스템의 대담한 개혁이 필요하다. 그러나 이러한 발상의 대전환을 위해서는 지금까지 일본이 추구해 왔던 가치관에 대한, 진지한 자기 성찰이 필요하다. 이것은 비단 경제적인 측면에서만이 아니다. 과거를 올바르게 보는 역사 인식, 아시아 또는 세계 속의 일본의 기여와 역할에 대한 겸허한 자세, 그리고 일본만의 가치가 아닌 보편성에 입각한, 세계인의 가치관을 수용하는 겸허한 자세를 가져야 한다. 이러한 발상의 대전환을 가지고 일본과 일본 사회가 새롭게 변화해 나가기를 기대해 본다.

6. 우리에게 일본은 어떤 존재인가

재일 한국인의 미래를 생각하며

　60만 명에 달하는 재일 동포 가운데 약 3분의 1인 20만 명이 오사카를 중심으로 한 긴키(近畿) 지역에 집중적으로 거주하고 있다. 이 중에서도 한국 동포가 제일 많이 모여 사는 오사카 시의 이쿠노구(生野区)에는 한국인 거주 부락이 별도로 있는 것은 물론, 주민의 3분의 1이 재일 동포다. 그래서 재일 동포들의 전국적 조직인 민단(民團, 在日本大韓民國民團의 약칭)도 오사카 지역이 제일 크다. 민단의 산하 단체로는 부인회와 청년회가 있는데, 이들 조직도 오사카가 제일 큰 규모를 갖고 있음은 물론이다.

　1978년 여름, 필자가 오사카에 근무하던 때였다. 필자는 오사카 민단 청년회가 주최한 하계 특별 연수회에 참가하였다. 청년회에서는 '선플라워'라는 선명을 가진 7천t 급 페리를 타고 2박 3일간 여행하면서 연수회를 개최하는 일정을 준비하였다. 연수회에 참가한 청년회 회원들 300명은 오사카항에서 페리를 타고 일본 내해인 세토나이카이를 지나 규슈의 온천 관광지인 벳푸항(別府港)까지 다녀오면서, 선내에서 연수회를 가졌다. 배를 타고 가면서 선내에서 1박하고, 벳푸에 상륙하여 시내를 둘러본 뒤에 배를 타고 다시 1박하면서 오사카로 돌아오는 일정이었다.

　첫날 저녁에 선플라워가 오사카항을 떠난 후, 청년회원들은 선내에 있는 공연장 홀에 모여 하계 연수회의 개회식을 거행하였다. 선플라워는 1천 명이 승선할 수 있는 대형 페리로, 홀도 청년회원들이 다 들어갈 수 있을 정도로 컸다. 청년회원들은 모두 2세였다. 말하자면 이들의 부모는 일제 시대에 한반도에서 일본에 강제로 징용되어 온 1세였고, 이들은 일본에서 태어난 2세인 것이다. 이들은 우리말이 서툴렀기 때문에 연수회는 일본 말로 진행되었다. 국민 의례에 이어 연수회에 내빈으로 참석한 관계 인사들의 인사가 끝난 후, 청년회장이 연수회의 주제인 「재일 한국인의 미래를 생각하며」에 대해 기조 연설을 했다. 청년회장의 연설 가운데 필자가 지금도 기억하는 내용은 다음과 같다.

여러분, 우리 부모님들은 일제 시대에 일본 땅에 강제로 징용되어 와서 얼마나 많은 고생을 했는지 모릅니다. 우리 부모님들은 조국이 독립된 후에도 귀국하지 못하고, 일본인으로부터 조센징이라고 손가락질당하면서 차별을 받으며 살아왔습니다. 그러나 우리 부모님들은 온갖 어려움을 겪으면서도 자식들을 위해 열심히 노력했습니다.
그 결과, 우리는 학교에서 공부도 할 수 있었고, 오늘날같이 훌륭하게 성장할 수 있었습니다. 그러나 재일 한국인에 대한 일본인의 차별은 아직도 사라지지 않고 있습니다. 우리 2세들은 일본인 못지않게 열심히 공부하고 일할 마음을 가지고 있지만, 사회적으로 진출할 수 있는 기회가 제한되어 있습니다. 우리는 부모님들이 경영하시던 야키니쿠(燒肉, 불고기를 파는 음식점), 빠찡꼬, 사우나, 술집, 건설 토목 관계, 장사, 단순한 제조업 등을 물려받아 계속하는 것 외에는 다른 선택을 할 수 없는 상황입니다. 우리가 가지고 있는 꿈을 펼 수 있는 직업이나 사업을 마음대로 선택할 수 없는 것이 현실입니다. 이래서야 우리의 미래가 어떻게 되겠습니까.
우리는 일본에서 태어나 조국 말도 제대로 할 줄 모릅니다. 우리는 한국에 가면 한국말도 제대로 못하는 교포라고 놀림을 당하고, 일본에서는 한국인이라고 차별을 받고 있습니다. 이제 우리는 어떻게 하면 좋습니까. 일본인들은 우리에게 차별받기 싫으면 일본으로 귀화하라고 합니다. 그러나 귀화한다고 일본인들의 차별 의식이 사라지는 것도 아닙니다. 한국인으로서 자부심과 긍지를 유지하면서 일본에서 사는 방법을 찾아야 할 것입니다. 그렇지 않으면 재일 한국인의 미래는 암담할 수밖에 없습니다.

연수회장의 분위기는 착 가라앉았다. 얘기를 듣고 있던 청년들의 표정이 전부 심각했다. 기침 소리, 숨소리 하나 들리지 않고 조용했다. 필자도 마음이 답답하고 아팠다. 이들의 장래는 어떻게 될 것인가. 일본인은 어쩔 수 없이 일본 땅에 남아서 살게 된 한국인과 그 후손에게 언제 차별의 벽을 허물고, 이들이 안심하고 살 수 있도록 해 줄 것인가.

재일 동포에 대한 일본의 차별은 한마디로 설명할 수 없을 정도로 광범위하고 뿌리가 깊다. 이러한 차별은 크게 보아, 제도적 차별과 인습적 차별로 대별할 수 있다. 제도적 차별은 한일 양국 정부 간의 교섭이나 민단 조직 활동 등을 통해 노력함으로써 조금씩이라도 개선될 수 있는 데 반해, 인습적 차별은 한국인에 대한 편견과 우월 의식에서 비롯되었기 때문에 어떤 의미에서 제도적 차별보다 더 개선되기 어려운 측면이 있다.

한국과 일본이 1965년에 국교를 정상화하면서 체결한 한일 기본 조약의 부속 협정인 「일본국에 거주하는 대한민국 국민의 법적 지위와 대우에 관한 협정」 전문에는, '대한민국 국민이 일본의 사회 질서하에서 안정된 생활을 영위할 수 있게 하는 것이 양국 및 양국 국민 간의 우호 관계 증진에 기여한다'라고 명시되어 있다. 또한, 동 협정 제4조에는 일본 정부가 재일 한국인의 의무 교육, 생활 보호, 국민 건강 보험에 관해 타당한 고려를 하도록 규정하였다.

그러나 일본 정부는 일본의 경제 발전과 더불어 확대된 각종 복지 제도에 '국적 조항'을 삽입하고, 이러한 복지 제도의 혜택에 대해서는 협정에서 규정하지 않고 있다는 이유를 들어, 재일 한국인에 대한 적용을 대부분 배제하였다. 민단은 1978년부터 재일 한국인에 대한 각종 차별을 철폐하기 위한 운동을 전개하고, 그 구체적인 사항으로 공영 주택(공공 임차 주택) 입주 차별 철폐, 아동 수당·국민 연금의 적용, 주택 금고 등의 융자, 공무원 채용 등 행정 차별 철폐를 일본 정부에 요구하였다. 이러한 요구는 20년 이상에 걸친 철폐 운동과, 일본 정부에 대한 한국 정부의 끈질긴 외교 교섭에 의해 상당 부분 개선되었다. 공무원 채용 문제는 소위 공권력을 행사하기 때문에 불가하다는, 일본 정부의 원칙적인 입장에 아직도 변화는 없다. 다만 1996년 11월에 일본 자치성이 "정주(定住) 외국인의 지방 공무원 채용은 일정한 조건하에서 지방 자치체가 자주적으로 결정할 문제"라고 발표한 이래, 가와사키시(川岐市) 등 5~6개소의 지방 자치체에서 제한적으로 국적 조항을 철폐함으로써 재일 한국인에게 취업 문호를 개방하였다. 그러나 전면적인 국적 조항 철폐의 길은 아직도 요원한 것이 현실이다.

재일 한국인을 포함한 모든 외국인에게는 '외국인 등록법'에 의해 일본 내에서 외국인 등록증을 항상 휴대하고 다녀야 되는, 소위 '외국인 등록증 상시 휴대 의무'가 부과되어 있다. 외국인 등록증의 상시 휴대 의무는 당초 매우 엄격하여, 심지어 동네에 있는 목욕탕에 갈 때에도 외국인 등록증을 휴대해야 하며, 경찰의 불심검문에서 외국인 등록증을 제시하지 못하면 형사범으로 처리되었다. 이 같은 상시 휴대 의무를 정주 외국인에게 적용하는 것은 비인도적이라는 비난이 끊이지 않자, 1999년 8월에 외국인 등록법을 개정하여 재일 한국인의 상시 휴대 의무 위반을 형사벌에서 행정벌인 '10만 엔 이하의 과료'로 변경하였다. 이렇게 상시 휴대 의무 위반시의 처벌이 다소 완화되기는 했으나, 외국인 등록증을 항상 몸에 지니고 다녀야 하는 데는 변함이 없다.

필자가 오사카의 재일 동포 청년들이 장래 문제와 관련하여 심각하게 고민하는 말을 들은 이후, 4반세기의 세월이 흘렀다. 그때 20대 중반이던 청년들이 지금은 50대 장년이 되었고, 그들의 자손들이 다시 결혼하여 4세가 탄생하고 있다. 이제 이들은 한국인으로서 정체성을 가지고, 일본에서 대를 이어 정주하면서 살고 있다. 재일 한국인에 대한 일본 사회의 뿌리깊은 차별 의식과 제도가 예전에 비해 다소 개선되고는 있으나, 근본적인 문제의 해결 전망은 아직도 불투명한 실정이다.

요즘 민단이 중심이 되어 전개하고 있는 권익 운동 가운데 가장 중요한 것은 '지방 참정권의 실현'이다. 재일 동포들은 일본 지역 사회의 일원으로서 성실하게 살고 있으며, 일본 국민과 같이 납세의 의무를 다하고 있다. 그렇다면 적어도 이들이 살고 있는 고장이나 마을에서, 주민의 일원으로서 지역 사회에 대해 자신들의 주장을 나타낼 수 있는 기회가 주어져야 할 게 아닌가. 이런 의미에서 재일 동포의 지방 참정권이 필요하다. 지방 참정권의 실현이란 재일 한국인에게, 지방 자치체 선거에서 투표권을 가지게 하는 것이다. 유럽 국가 가운데에는 이미 오래 전부터 정주 외국인을 지방 자치체의 행정 과정에 참여시켜 온 예가 있다. 그러나 일본에서는 아무리 지방 자치체라 하더라도 외국인에게 투표권을 줄 수 없다는 거부감이 아직 너무 강하게 남아 있다. 일본 사회가 재일 한국인을 진정으로 일본 사회의 구성원으로 포용하려 한다면, 지방 참정권 문제에 대해 좀더 전진적으로 생각해 주기를 기대한다.

일본인 가운데에는 재일 한국인이 그렇게 모든 법적 권리를 필요로 한다면, 일본으로 귀화하면 될 게 아니냐는 논리를 전개하는 사람도 있다. 그러나 일본으로 귀화하는 것과 정주 한국인으로서 남아 있는 것은 개인의 선택의 문제로, 이는 일본인이 간여할 문제가 아니다. 최근 일부 시 단위 지방 자치체에서 인근의 다른 시와 합병하는 문제를 검토하기 위한 주민 투표를 실시키로 하면서, 이 투표를 관할 내에 거주하는 외국인에게도 적용하여 의견을 묻기로 한 사례가 있었다. 아주 작은 예지만, 앞으로 지방 참정권 실현을 위한 의미 있는 일보로 평가하고 싶다.

전술한 바와 같이, 재일 한국인에 대한 차별에는 제도적 차별과 인습적 차별이 있다. 제도적 차별에 아직도 불만족스러운 점이 많이 남아 있는 것은 사실이나, 시간이 흐르면서 조금씩이라도 개선되고 있다. 보다 근본적인 문제는 인습적 차별에 있다. 이는 마음의 문제며, 인식의 문제다. 인습적 차별은 제도 개선과는 달리, 일본인 스스로 편견을 버리고 마음을 열지 않으면 해결될 수 없다.

지금 현재에도 우수한 자질을 갖춘 우리 젊은 동포들이 일본의 유수한 대학을 졸업하고 있으나, 대기업에 입사하는 경우가 거의 없다. 이 같은 현상은 법 제도상의 문제에서 비롯된 것이 아니라, 민간 기업이 재일 한국인의 채용을 기피하기 때문에 발생하는 현상이다. 재일 한국인은 일반 회사에 대한 취업만 제한받고 있는 것이 아니다. 일본 언론에 취직하는 경우도 거의 없다. 국공립 대학의 교수도 될 수 없다. 소방서원도 공권력을 행사하기 때문에 외국인은 할 수 없다고 한다. 일본의 금융 기관에 취업되는 경우도 없다. 견실한 제조업을 하려 해도, 외국인이라는 이유로 여러 가지로 차별 대우를 받는다. 그들은 거의 대부분이 소규모 자영업에 종사하고 있다. 또는, 단순 노동에 종사하고 있다. 재일 동포 가운데 경제적으로 크게 성공하면, 귀화를 하라는 권유가 뒤따른다. 그래서 사업상 부득이 귀화하는 경우도 있다.

그러나 모든 재일 한국인이 귀화 신청을 한다고 해서, 일본 당국이 간단하게 이를 받아들이는 것은 아니다. 단순한 교통 사고로 인해 행정벌을 받더라도 귀화 신청이 불허된다. 귀화 신청자는 개인 신상에 하자가 없어야 하는 것은 물론, 경제적인 능력도 겸비해야 한다. 말하자면 귀화 신청은 엄격한 절차와 조건을 요구하고 있는 셈이다. 이에 대해 일본 당국이 귀화에 지나치게 선별적인 기준을 적용하고 있다는, 비판의 목소리도 높다. 1960년대 중반부터 현재에 이르기까지, 40년 간 일본에 귀화한 사람은 모두 약 20만 명에 달하는 것으로 추산된다. 재일 동포의 총인원이 60만 명을 전후해서 계속 늘지 못하고 있는 것은 귀화자가 계속 늘어나기 때문이다. 우리는 이러한 현상에 어떻게 대처해야 할 것인가. 재일 한국인이 한국인으로서 긍지와 자부심을 가지고, 일본에서 존경받는 지역 주민의 일원으로 정주하기 위해서는 어떻게 해야 할 것인가. 우리 모두 진지하게 한번 생각해 볼 필요가 있다.

요즘 재일 한국인 사회가 커다란 변화기에 접어들었다. 1세와 2세까지만 하더라도 대부분의 경우, 재일 동포끼리 결혼하는 예가 많았다. 그러나 최근에는 그러한 경향이 크게 달라지고 있다. 3세들이 결혼할 때, 배우자로 일본인을 맞아들이는 경우가 크게 늘어나고 있는 것이다. 민단이나 청년회 또는 부인회에서 같은 동포끼리 결혼을 성사시키기 위해 미혼 젊은이들의 만남을 여러 형태로 주선하고 있으나, 큰 성과를 올리지는 못하고 있다. 그래서 요즘 재일 동포들의 결혼식장에서 신랑 신부가 모두 한국인인 경우를 보기가 쉽지 않다. 이들 3세들의 결혼에서 태어나는 재일 한국인 4세는 1세부터 3세에 이르는 세대와는 달리, 일본적인 특성이 더욱 강하게 나타날 것이다. 물론 이들은 아직 재일 동포 사회에서 소수에 불과하다. 그러나 앞으로 20년 또는 30년 이상 세월이 흐르면, 그들은 재일 동포 사회의 주류로 등장하게 될 것이다. 그들에게 있어서 일본 사회의 차별이란 말의 의미는, 지금까지와는 전혀 다른 차원의 문제가 될 것이다.

 재일 한국인은 일본에 의해 강제로 일본 땅에서 살게 되었다. 일본은 식민지 시절, 이들에게 일본인과 동일한 법적 지위가 부여되었다고 말했다. 소위 태평양 전쟁에서 일본이 패배하자 일본 당국은 이들 재일 한국인이 내국인과는 다른 외국인이라고 일방적으로 선언하고, 여러 가지 법적인 차별을 행했다. 재일 한국인은 법적 차별 이외에도 일본인의 편견과 우월감에 입각한, 사회적 차별이라는 이중고에 시달리지 않으면 안 되었다. 60만, 우리 재일 동포들은 한국과 일본의 창을 통해 형성되어 있는 프리즘 같은 존재다. 이들이 희망과 꿈을 가지고 살면서 정말로 아름다운 색깔을 보여 주는 프리즘이 될 때, 한일 양국은 진정한 우호 선린국으로서 21세기의 미래 지향적인 파트너가 될 것이다. 재일 한국인의 법적 지위 향상에 대한 일본 당국과 일본 국민들의, 가슴으로부터 우러난 따뜻한 관심을 촉구하고 싶다.

 필자는 2001년 1월 21일에 야마구치 현 한국청년상공회가 시모노세키에서 개최한 한국어 변론 대회에 내빈으로 참가했을 때, 회사원 신분으로 '정나미에'라는 이름을 가진, 20세 된 재일 동포 3세인 젊은 여성이 행한 한국어 변론을 듣고 감동을 받은 바 있다. 재일 한국인의 미래를 생각하는 의미에서, 「나는 자랑스러운 한국인」이라는 제목으로 행한 그녀의 변론 내용을 소개한다.

제가 제 자신을 찾아 헤매었던 것은 언제부터였을까요? 제 마음의 나침반은 지향하는 곳을 찾지 못하고, 시간만 낭비해 왔습니다. 제 몸에는 한국인의 피가 흐르고 있습니다만 제가 사용하는 말, 사는 곳, 주변 사람들 모두가 일본 속에 존재하며, 그 속에서 저는 어디까지나 외국인이라는 감각으로 지내고 있어서 여러 가지로 마음의 갈등이 있었습니다. 어린 시절에 아버지와 어머니께서 하시는 한국말도 제 귀에는 완전히 외국어로밖에 인식되지 않았고, 또 한국이라는 나라도 그저 호적상의 나라라는 것 외에 나와 관계없는 외국으로 존재하고 있었던 것입니다.

이런 저에게 변화가 생기기 시작한 것은, 4년 전에 처음으로 저의 모국인 한국에 갔을 때부터였습니다. 여기저기 모두 한글로 쓰여져 있어서 긴장하고 있던 제 귀에 퍼뜩 들리는 것은 '안녕하세요', '어서 오세요'라는, 아름답고 부드러운 여성의 말이었습니다. 부드러운 한국 말소리를 듣고 제 마음도 조금씩 풀어져 가는 것을 느꼈습니다. 또, 저에게는 미지인 모국, 한국에 대해서 친척들과 필담과 영어로 대화를 하면서 여러 가지를 배웠고, 한국인으로서 긍지도 생겨나기 시작했습니다. 그리고 저는 한국에 갈 때마다 일본말을 잘하시는 분이 계시는 상점에 들러 그분과 친구가 되었고, 그분은 항상 저에게 "한국어를 공부하세요. 한국어는 민족의 언어고, 당신은 한국인이니까 곧 할 수 있을 겁니다."라고 권유하셨습니다. 이 말은 한국인으로서의 자각을 일깨우는 말이었습니다.

저와 한국 사이를 격리하고 있는 벽의 하나는 한글이고, 지금 저와 한국을 연결하고 있는 것도 한글입니다. 지금 저의 나침반은 한국을 가리키고 있습니다. 한국에 대해서 더욱 깊이 알고, 한국어를 익힘으로써 앞으로 한일의 고리, 그리고 아시아의 고리를 연결하는 한국인의 한 사람으로서 살아가고 싶습니다.

일본인이 인식하는 한국과 한국인

필자가 외교부 생활에서 제일 처음으로 근무해 본 해외 임지는 오사카였다. 필자는 1977년부터 3년 간 오사카에 있는 총영사관의 부영사로 근무했다. 오사카를 중심으로 한 지역에는 일본에 거주하는 전체 한국인 동포 60만 명 가운데 3분의 1에 해당하는, 약 20만 명이 집중적으로 거주하고 있다. 이런 연고 때문인지 오사카 지역에는 예전부터 한국어를 가르치는 대학이 몇 군데 있었다. 요즘에는 일본의 NHK에서 한국어 교육 방송을 내보내고 있고, 많은 대학에 한국어 강좌가 개설되어 있으나, 25년 전에만 해도 한국어를 가르치는 대학은 손꼽을 정도였다.

필자가 오사카에서 근무하고 있던 어느 날이었다. 오사카 지역에 있는 대학에서 한국어를 가르치고 있는 일본인 교수 한 분이 필자를 찾아왔다. 그분 말씀이 자신이 담당하는 한국어 강좌를 수강하는 학생이 20명 정도 있는데, 이들이 제출한 리포트를 가져왔으니 참고로 한번 읽어보라는 것이었다. 이 리포트를 읽으면 왜 일본의 젊은 학생들이 한국어를 배우려고 하는지, 또 한국에 대해서는 어떻게 생각하는지를 이해하는 데 도움이 될 것이라는 설명이었다. 리포트의 제목은 「한국어를 공부하게 된 동기」였다.

그 당시에 필자는 아직 30세 정도밖에 안 된 나이로, 일본에 대한 호기심도 왕성할 때였다. 그래서 한국어를 배우는, 일본의 젊은 대학생들은 도대체 어떤 생각을 가지고 있는지 알고 싶었다. 필자는 일본인 교수가 건네준 리포트를 집에 가지고 가서 읽어 보았다. 리포트를 제출한 학생 가운데 3분의 1은 한국과 어떤 인연이 있어서 한국어를 배우게 되었다고 밝혔다. 예를 들면, 부모나 친척이 한국에 관한 얘기를 자주 하는 것을 듣고 한국에 대해 친근감을 갖게 되었다든지, 주위에 한국인이 살고 있어서 한국에 대해 관심을 가지게 되었다든지 등의 이유였다. 또, 학생의 3분의 1 정도는 그 대학의 외국어 선택 과목에 영어, 불어, 한국어가 있는데, 영어나 불어는 아무래도 어려울 것 같아서 한국어를 택하게 되었다고 했다. 말하자면 한국에 대해 전혀 무지한 상태에서 학점 취득의 편의를 위해 한국어를 수강한 것이었다. 어쨌든 이들의 한국어 선택 동기는 그런대로 이해가 되는 내용이었다.

그런데 나머지 3분의 1의 리포트에서는 한국이 일본의 이웃에 있는 나라인데 아직 한 번도 가 본 적이 없고, 잘 알지도 못해 한국을 알고 싶어서 수강하게 되었다고 했다. 이는 당연한 얘기로, 별로 놀랄 만한 일은 아니다. 그런데 그 중 몇몇 학생은 이런 말을 했다. 「한국은 이웃 나라다. 그런데 어떤 나란지 전혀 알지 못하고 있어서 부끄러운 마음이 들었다. 한국인은 어떤 민족일까. 머리털은 무슨 색깔일까. 일본인같이 까만 색깔일까. 얼굴은 어떻게 생겼을까.」 또, 어떤 학생은 이런 말을 적어 놓았다. 「일본인은 일본 고유의 문자인 한자와 '가나'를 쓰고 있다. 그런데 한국인은 어떤 말과 문자를 사용하고 있는지 알고 싶었다.」 나머지 3분의 1의 학생은 한국에 대해 몰라도 너무 모르고 있었다. 머리털 색깔이 어떤지를 모른다는 것도 사실일까 의심이 갈 정도로 놀라운 일이었고, 한자가 일본 고유의 문자인 것으로 알고 있는 것도 이해가 가지 않았다. 한국의 대학생이라면 일본과 일본인에 대해 이렇게 모르고 있는 경우는 없을 것이다. 또, 한국의 대학생이라면 일본에서 오늘날 쓰고 있는 한자가 바로 한반도에서 전수되었다는 사실도 모르는 사람이 없을 것이다. 우리는 일본에 대해 많이 알고 있다고 생각하는데, 어떻게 일본의 대학생들 가운데에는 이렇게까지 한국을 전혀 모르는 사람이 있을까. 물론 일본의 기성 세대라면, 한국에 대해 모른다는 말을 하는 사람은 없을 것이라고 생각된다. 설혹 그것이 한국에 대한 편견이나 왜곡된 인식이라고 하더라도.

필자가 일본 대학생들의 리포트를 읽어 보고 놀랐던 그때로부터 4반세기가 지난 요즘에는, 한국과 일본의 젊은 세대 간의 교류가 매우 활발하다. 어디 그뿐인가. 일본에서 젊은이들이 즐겨 입는 패션이 한국의 젊은이들에게도 곧 유행되고, 한국의 축구 스타인 안정환을 좋아하는 일본 젊은이들이 열렬한 팬 클럽을 결성하기도 했다. 이제는 한국인이 어떻게 생겼을까 궁금해 하는 일본 젊은이는 더 이상 없을 것이다.

 필자는 오사카에 근무하는 동안 그곳에 거주하는 우리 동포들로부터, 일본인들이 얼마나 한국인에 대해 많은 편견을 가지고 있는지 들을 수 있었다. 또한, 그들은 일본에서 생활하면서 사회적으로, 또는 법적으로 얼마나 많은 차별을 받으면서 살아야 하는지 설명해 주었다. 한국인에 대한 일본인의 편견과 차별은 필자의 부모님과 웃어른들로부터도 익히 들은 얘기였다. 한국인에 대한 일본인의 편견은 도대체 어느 정도일까. 그리고 그러한 편견과 왜곡된 인식은 도대체 언제부터 생기게 되었을까.

 한국사를 정리하는 데 크게 기여한, 일본의 저명한 역사학자인 하타다 다카시(旗田 巍) 교수는 월간지 『세계』 1968년 9월 호에 기고한 「일본인의 한국관」이라는 글에서, 한국에 대한 일본인의 편견에 대해 이렇게 기술하고 있다.

 한국인에 대한 일본인의 편견의 뿌리는 깊다. 어쩌면 일본에서 고대 국가가 형성된 시기로까지 거슬러 올라갈 수 있다고 생각된다. 하지만 현재의 일본인의 편견을 낳게 된 직접적인 요인은, 말할 나위도 없이 한국에 대한 일본의 식민지 지배였다. 그 지배의 특색은 한편에 있어서, 한국인을 일본인으로 동화시키는 데 있었다. 식민지 지배에 있어서 탄압이 행해지는 것은 세계적으로 공통된 현상이지만, 일본의 한국 지배에서는 그것이 철저한 동화 정책을 수반한 점에 특색이 있었다. …
 동화 정책은 한국의 독자성을 존중하고 나서 일본과 제휴를 꾀하는 것이 아니다. 또한, 일본을 지배자, 한국을 피지배자로 간주하여 양자의 구별을 명확히 하려는 것도 아니다. 상대방의 존재를 없애 버림으로써 대립 관계 자체를 없애겠다는 것이다. … 이 정책의 특색은 첫째로, 한국인을 독자적인 가치가 있는 민족으로 보는 의식이 결여되어 있다. 한국인의 역사・문화・풍습, 더욱이 언어에 대해서도. 즉, 한국인이란 존재할 가치가 없는 민족이라는 의식이 심어졌다. 둘째로, 한국을 식민지로 지배한 데 대한 죄악감, 책임감이 결여되었다. 한국 지배는 열등한 한국인을 세계의 일등 국민인 일본인으로 끌어올려 주는 것으로 여겼다. 따라서 일본에 의한 지배는 한국인을 괴롭히는 것이 아니라 은혜를 베푸는 것으로 생각했다.

셋째로, 한국인에 대한 우월감, 경시감이다. 동화라고는 하지만 현실의 지배・피지배 관계는 명백히 존재하며, 여러 가지 면에서 일본인은 압도적인 우위를 차지했다. 이것은 많은 일본인에게 있어서 당연하고도 자랑스러운 것으로 생각되었다. …

　한국인에 대한 편견을 만들어 낸 식민지 지배가 단순히 한국인을 괴롭혔을 뿐만 아니라, 일본인에게 있어서도 억압의 큰 지주였음을 이해하는 사람들이 늘어나고 있다. 그런데도 아직 한편에 있어서는 전통적인 편견이 끈질기게 남아 있다. 이것을 고친다는 것이 쉬운 일은 아니지만, 일본인과 한국인의 우호, 또한 일본인의 사상의 성장을 위해서는 달성되어야만 할 중요한 과제다.

　하타다 교수가 이 글을 쓴 것은 35년 전이다. 그러나 이 글에서 설명하고 있는, 한국인에 대한 편견은 현재까지도 많은 일본인에게 왜곡된 한국관을 형성하는 데 큰 영향을 주고 있다고 생각된다. 일본이 한반도를 식민지화한 것은 한국과 일본 간의 2천 년 이상 되는 교류를 통해 처음 있었던 일이다. 한국과 일본이 양국 교류 사상 처음으로 35년에 걸쳐 피지배자와 지배자의 입장에 놓였다는 사실은, 상대국에 대한 상호 인식에 결정적인 영향을 주지 않을 수 없다.

　일본은 임진왜란을 통해 조선을 일시적으로 침략한 적이 있으나 결국 패퇴당하고 말았다. 그러나 임진왜란 이후는 물론 이전에도 일본은 조선이 대륙의 선진 문화를 받아들이는 창구, 또는 전진 기지라는 기본 인식을 가지고 있었다. 도쿠가와 막부(德川幕府)가 임진왜란이 끝난 후, 조선에 대해 조선 통신사 파견을 끈질기게 요구한 데는 국내 정치를 안정시키기 위해 대외 관계를 원만히 해 두어야겠다는 고려가 있었던 것은 물론, 동시에 조선과의 교류가 일본에 도움이 된다는 인식도 작용한 것으로 보인다. 따라서 임진왜란 이후, 일본을 방문하게 된 조선 통신사는 임진왜란으로 상처 입은 양국 관계를 수복하고 우호 관계를 발전시키는 외교 사절의 역할을 수행한 것은 물론, 조선이 보유하고 있는 선진 문화를 전파시키는 문화 사절로서의 기능도 하였다. 일본은 조선 통신사 일행이 방문할 때마다 이들을 극진하게 접대하고 환영하였으며, 이들을 통해 조선의 문화를 배우려고 노력하였다. 다시 말하자면, 한반도가 일본에 의해 식민지화되기 이전에는 일본이 한국을 폄하할 수 있는 입장에 놓여 있지 않았다는 것이다. 따라서 한국이 일본에 의해 경시되고 일본인이 한국에 대해 편견을 갖게 된, 직접적인 계기는 일본의 한반도 지배였다고 보지 않을 수 없다.

한반도에 대한 식민지 지배와 관련한 일본의 인식을 잘 나타내고 있는 것이, 일본 총리의 야스쿠니 신사 참배 문제다. 한국 정부와 한국인은 일본 총리가 일본을 위해 전사한 희생자들에게 참배하는 것 자체를 가지고 반대하는 것은 아니다. 일본 총리의 야스쿠니 신사 참배를 한국이 반대하는 것은, 바로 이 신사에 2차 대전을 일으킨 전범이 합사되어 있기 때문이라는 것은 이미 기술한 바와 같다. 그리고 일본 정부도, 일본인은 물론 외국인도 아무런 부담 없이 참배할 수 있는 시설을 건립하는 문제를 검토하겠다는 입장을 표명한 바 있다. 그런데 이와 관련하여 2002년 12월 25일자 한국 신문들은 「야스쿠니 대체 시설 건립 '없던 일로'」란 제하에, 다음과 같은 도쿄발 기사를 보도하였다.

일본의 야스쿠니 신사를 대체할 위령 시설 건립 문제가 사실상 무산됐다. 고이즈미 준이치로 총리는 지난해에 자신의 야스쿠니 신사 참배와 관련해 한국·중국 등이 강력히 반발하자, 일본 국민과 외국 국빈들이 부담 없이 찾을 수 있는 위령 시설 건립 문제를 검토하겠다고 약속한 바 있다.

후쿠다 야스오 관방장관의 자문 기구인 '추도·평화 기원을 위한 기념비 시설 검토 간담회'는 12월 24일, 종교에 관계없는 국립 전몰자 추도 시설이 필요하다는 내용의 최종 보고서를 후쿠다 장관에게 제출했다. 하지만 보고서는 최대 초점인 야스쿠니 신사와의 관계와, 이곳에 안치돼 있는 2차 대전 A급 전범 위패 등에 대해서는 명확한 언급을 피했다. 보고서는 새 위령 시설 건립 여부에 대해서도 '최종적으로는 정부가 판단할 문제'라고 발을 뺐다. 현재 집권 자민당 안에서는 새 위령 시설 건립에 대한 반대 의견이 강한데다, 고이즈미 총리도 소극적인 태도를 취하고 있어서 새 시설이 만들어질 가능성은 희박하다.

야스쿠니 신사에 대한 일본 정부의 태도는, 과거 역사에 대한 일본의 인식을 나타내는 바로미터다. 과거 역사에 대한 일본 정부의 거듭된 사과 발언에도 불구하고 이를 한국이나 중국 등 아시아 국가가 미흡하다고 느끼며 불만을 갖게 되는 것은, 야스쿠니 신사 문제에서 보여지듯이 일본이 과거사에 대해 되풀이하는 말과 행동이 다르기 때문이다. 일본이 겸허한 자세로 과거사에 대해 임한다는 인식을 한국인에게 준다면, 이 문제를 가지고 계속해서 거론할 한국인은 없을 것이다. 한국과 일본이 진정한 21세기의 파트너로서 함께 갈 수 있도록 일본이 진솔한 자세를 보여 주기를 바란다.

한국인의 눈을 통해 보는 일본

한국에 대해 많은 이해를 가지고 있고, 한국어를 배우기 위해 연세대학교의 어학 코스도 수강한 적이 있는, 일본 신문의 어느 기자가 필자에게 이런 말을 한 적이 있었다. "천안에 있는 독립기념관에 가 보고 정말 놀랐습니다. 그곳에 전시되어 있는 일본군의 잔악한 모습과, 그로 인해 고통받는 한국인의 모습을 형상화한 인형들은 일본인의 눈으로 볼 때에 너무나 충격적이었습니다. 독립기념관에 전시되어 있는 일본인의 모습을 보고 일본을 좋아할 한국인은 한 사람도 없을 것입니다. 일본이 과거 한국에 대해 나쁜 짓을 많이 한 것은 사실이지만, 이 전시관에 전시된 내용들은 너무 지나친 게 아닐까요. 한국이 일본과 진정으로 미래 지향적인 우호 협력 관계를 구축해 나가기를 원한다면, 독립기념관에서 보여 주고 있는 것같이 일본은 무조건 나쁘고 일본인은 모두 잔혹하다는 인식을 주는 방법을 피할 길은 없을까요?"

이 일본 기자의 말을 듣고 필자는 생각해 보았다. 대부분의 일본인들은 일본인의 잔혹한 모습이 등장하는 전시실을 보고 기분이 유쾌하지는 않을 것이다. 그러나 그들이 이 땅에서 저질렀던 만행을 한국인이 어떻게 잊을 수가 있겠는가. 과거에 실존했던 역사적 질곡과 고통, 그리고 일제의 탄압에 의연하게 대항하면서 독립을 쟁취하게 된 숭고한 애국 정신을 기억하겠다는 염원을 담은, 독립기념관의 전시물을 일본인의 감정을 고려해서 설치할 수는 없지 않은가. 독립기념관을 방문하는 일본인들이 전시된 내용에 대해 지나치다는 느낌을 가진다면, 과거 역사에 대해 진솔한 자세를 보이지 않는 일본의 태도에 분노를 느끼는 한국인의 심정에 대해 생각해 본 적이 있는지 묻고 싶다.

임진왜란 때에 일본으로 끌려간 유학자 중 대표적인 인물의 한 사람으로 강항(姜沆)이 있다. 강항은 전라도 영광 출신으로 이황의 문인이기도 하였으며, 귀국 후에 『간양록』(看羊錄)이라는 견문기를 저술하였다. 그는 견문록 중 「왜인의 성정(性情)과 대왜책(對倭策)에 대하여」에서 다음과 같이 기술하고 있다. 그의 대일관이 오늘날 한국인의 일본관과 연관되어 큰 시사점을 던져 주고 있음을 알 수 있다.

왜인은 주장(主將)이 싸움에 패하여 자결하면 그의 부하들도 모두 자진하여 자결한다. … 내가 왜장과 왜졸에게 "삶을 원하고 죽음을 싫어하는 것은 사람이나 생물에게 있어서 모두 한가지일 텐데, 일본인만이 죽음을 즐거움으로 하면서 삶을 싫어하는 것은 도대체 무엇 때문인가?"라고 묻자 모두 다음과 같이 답했다.
"일본의 장관(將官, 將軍과 같은 의미)은 민중의 이권을 독점하여, 머리털 한 가닥도 민중에게 속한 것이 없다. 그래서 장관의 집에 몸을 의탁하지 않으면 입고 먹을 곳이 없다. 일단 장관의 집에 몸을 의지하게 되면 내 몸도 내 것이 아니다. 조금이라도 담력이 모자라는 것으로 간주되면 어디에 가더라도 받아들여지지 않는다. 허리에 차고 있는 칼이 좋지 않으면 인간 취급을 받지 못한다. 칼자국이 얼굴에 있으면 용기 있는 남자라고 간주되어 후한 녹을 얻는다. 칼자국이 귀 뒤에 있으면 도망만 다니는 남자로 간주되어 배척당한다. 그렇기 때문에 입고 먹지 못해 죽는 것보다는 적과 대항하여 사력을 다하는 편이 낫다. 힘을 다해 싸우는 것은 실은 자기 자신을 위한 것으로, 주군을 위한 것이 아니다."

간단히 말하자면, 왜인이 뱀의 독, 호랑이와 늑대 같은 탐욕, 태연하게 행하는 잔인함, 놀랄 정도로 호전적인 성격을 가진 것은 천성으로 몸에 익힌 것만이 아니라 법령이 그렇게 하도록 속박하고, 상벌 제도 역시 마찬가지로 되어 있기 때문이다. 그래서 장(將)의 대부분이 무능해도 모든 가신들이 사력을 다하게 되고, 병졸의 대부분이 취약해도 모두 적과 대항해 목숨을 걸고 싸우게 된다. …

천하의 화(禍)는 항상 소홀히 하는 데서 비롯된다. 우리 나라는 야인(野人, 女眞)을 방비하기 위해 남·북에 두 병마절도사(兵馬節度使)를 두어 모두 이품(二品)의 고위직으로 보하고, 서·북에 두 병마평사(兵馬評事, 평안도와 함경도에 각각 1인씩 두었다)를 두어 모두 명망 있는 문관을 임명하나, 영남(嶺南)·호남(湖南)에 변장(邊將)을 임명할 때에는 통례에 따를 뿐이다. 이품의 고위직이라고 방어를 잘한다는 것은 아니나, 남쪽 경계를 소홀히 하고 북쪽을 중시하고 있음은 이러한 사실만 보아도 알 수 있다. 일찍부터 마음속에 생각하고 있던 바, 100만의 야인이라고 하더라도 10만 왜졸의 적이 되지 않는다. 그런데도 조정은 남을 경시하고 북을 중시한다. 왜 그런지 지금도 그 이유를 알지 못한다. …

지금부터 50년쯤 전에 남만선(南蠻船)이 왜국에 표착하였다(1543년 8월, 포르투갈 선에 의해 철포가 전래된 때를 말한다). 그 남만선은 대포와 화살, 화약 등의 물자를 만재하였다. 왜인은 여기에서 포술을 배웠다. 왜인은 성질이 영리하여 잘 배워서 4, 50년 사이에 새로운 전술이 온 나라에 퍼졌다. 그렇기 때문에 지금의 왜노는 예전의 왜노가 아니다. 따라서 우리 나라의 방어도 옛날의 방어로는 안 된다. 말하자면 국경의 경비를 예전에 비해 100배 증강하지 않으면 안 된다. 엎드려 원하건대, 이제부터는 남을 경시하고 북을 중시하는 폐풍을 다시 한번 바꾸어 인심을 단결시키고, 국경의 방비에 노력하고, 변장을 선택하여 성곽을 수리하고, 선함(船艦)을 정비하며, 경계를 늦추지 말고 병졸을 훈련하고, 병기를 구비하지 않으면 간단히 이길 수 없다.

강항의 견문록은 일본인의 강인함이 천성적인 것이라기보다는 제도적으로 생존을 위해, 어쩔 수 없는 절박함에서 나왔다는 인식을 기술하였다. 동시에 그는 죽음을 불사한 일본인의 강인함이 비록 제도적인 데서 출발했다고 하더라도, 일본인은 매우 영리하여 근대적인 전술을 단기간에 익혔기 때문에 일본을 경계하면서 대비해야 될 것이라고 경고하였다. 강항이 일본을 보는 눈은 오늘날의 후손들이 보아도 충분히 납득이 갈 정도다.

강항 이외에도, 임진왜란 이후에 일본에 다녀온 조선 통신사들이 일본에서 겪은 견문을 기록한 견문록이 지금까지 많이 전해지고 있다. 이 견문록들의 요지는 일본이 문화는 낮으나 군사 강국이라는 것과, 재침략의 우려가 있다는 것을 지적하고 있다. 강항과 조선 통신사들의 지적대로 일본이 후일 한반도를 식민지화하였으니, 우리 선조들의 우려가 현실로 나타난 셈이었다.

독일의 의사였던 벨츠(Erwin von Baelz)는 1876년에 도쿄의학교(도쿄대학 의학부의 전신)의 교사로 일본에 온 후, 30년 간 일본에 체류하였다. 그는 '일본 의학의 아버지'로 불릴 정도로 일본 의학계에 많은 공헌을 하였다. 그가 30년에 걸친, 일본 문화와의 접촉에서 얻은 경험을 써 놓은 일기는 후일 『일기』라는 제목으로 편집되어 책으로 출간되었다. 이 책자는 메이지 시대의 일본을 소개하는 귀중한 자료로 알려져 있다. 벨츠는 『일기』에서 일본이 유럽과 교류하는 과정에서 유럽의 문물을 수입하는 데만 관심을 가지고 서둔 나머지, 유럽 문화의 근간에 대한 이해와 탐구에 등한하고 있다고 경고하였다. 그는 유럽 각국에서 일본에 파견된 교사들이 일본인에게 과학의 정신을 심어 주려고 열심히 노력하였으나, 일본인은 오직 유럽인이 소개하는 과학의 과실을 취득하는 데만 관심을 가지고 있었다고 지적하고 있다. 그의 지적은 내적인 면보다는 결과와 형식에 치중하는, 일본인의 특성을 잘 표현하고 있다.

한국인이 일본인에게 기대하는 것은 외적인 어프로치가 아니다. 한국인은 일본이 진심을 가지고 한국인에게 접근해 오기를 기대하고 있다. 앞서의 야스쿠니 신사 문제에 있어서도 한국은 일본이 말만이 아닌, 마음이 담긴 행동을 보여 주기를 바라고 있다. 과학 기술이라면 과실만을 탐해도 될 것이다. 그러나 과거 역사에 대한 올바른 인식을 갖기 위해서는, 과거사에 대한 통렬한 자기 반성과 이에 합당하는 행동이 뒤따라야 한다.

 한국인이 일본을 연상할 때에 느끼는 감정은 매우 극단적이고 모순되어 있다. 대부분의 한국인은 일본에 대해 부정적인 감정과 긍정적인 감정을 동시에 가지고 있다. 그런데 한국인이 가지고 있는, 이처럼 모순된 감정의 내면을 들여다보면 흥미로운 사실을 발견할 수 있다. 한국인이 일본에 대해 부정적으로 느낄 때의 동기는 과거 역사와 연계되어 있는 경우가 대부분이다. 그러나 한국인은 일본에 대해 항상 부정적인 측면만을 보고 있는 것은 아니다. 많은 한국인들은 일본인의 근면성과 친절, 수준 높은 질서 의식, 그리고 경제 대국으로 성장한 일본인의 저력에 대해 평가하고 있다. 이같이 한국인의 긍정적인 대일관은 향후 미래 지향적인 한일 관계를 구축해 나갈 수 있는, 의미 있는 바탕을 제공하고 있다. 일본에 대한 한국인의 부정적 이미지에는, 일본에 의해 불행한 과거를 경험한 피해자로서의 의식이 기본적으로 작용하고 있음을 부인할 수는 없다. 그러나 일본이 과거 역사에 대해 진솔하게 반성하고 그에 따른 신뢰성 있는 행동을 보여 줄 때, 한국인은 과거에 구애받지 않고 일본을 진정한 이웃으로 여기리라 생각한다.

에필로그—월드컵 공동 개최가 남긴 것

　한일이 공동으로 개최한 월드컵 대회가 한창이던 2002년 6월 18일 저녁이었다. 히로시마 시 중심가인 나카구(中区)에 있는 한국총영사관은, 민원 홀에 비치된 텔레비전으로 한국과 이탈리아의 축구 시합을 보기 위해 모여든 사람들로 일찍부터 북적거렸다. 40평 남짓한 조그만 홀에는 히로시마 시의 민단, 부인회 및 청년회 등에서 온 우리 동포들과 유학생, 그리고 여행사 주재원과 총영사관 직원 등 100여 명도 넘는 사람들이 모여 발 디딜 틈도 없었다.
　한국과 폴란드의 경기가 개최된 6월 4일부터 총영사관에서 위성 중계로 한국 경기를 보여 준다는 말을 듣고 자연스럽게 모이기 시작한 우리 동포들은, 시합이 계속되면서 그 수가 늘어났다. 그래서 한국과 미국이 경기하던 6월 10일에는 훨씬 더 많이 모여들었고, 8강전을 치른 6월 18일에는 그 수가 총영사관을 꽉 채우고도 넘칠 정도였다. 이들은 뺨에 태극 마크를 붙이고, 붉은 악마의 빨간 티셔츠는 물론 머리띠까지 하고서, 시합이 시작되기 훨씬 전부터 "대~한민국!"을 외치면서 박수를 치고 있었다. 한국과 같이 16강에 진출했던 일본은, 이날 오후 3시 반부터 개최된 터키와의 대전에서 0 : 1로 석패하여 8강 진출이 좌절되었다. 한국 대 이탈리아의 시합은 저녁 8시 반부터였다. 모두의 관심은, 과연 우리가 강적인 이탈리아에게 이길 수 있을까 하는 것이었다. 그런데 한국과 이탈리아의 시합이 시작되기 전, 일본의 젊은이들 10여 명이 총영사관에 나타났다. 이들은 비록 일본은 8강에 진출을 못했으나, 공동 개최국인 한국이라도 이탈리아에 이겨 8강에 나감으로써 아시아의 위신을 세워줄 것을 기원하여, 한국을 응원하기 위해 왔다고 했다. 이들 일본의 젊은 남녀 가운데에는 한국 응원단이 입는 붉은 티셔츠를 입고 있는 사람들도 있었다.
　드디어 대전 월드컵 경기장에서 한국과 이탈리아의, 8강 진입을 위한 시합이 시작되었다. 전반 18분, 이탈리아의 비에리 선수가 골문 앞에서 한국 선수를 제치며 코너킥을 받아 헤딩 슛한 것이 그대로 골인되었다. 그러다가 후반 43분에 한국이 극적인 동점 골을 넣었다. 황선홍이 오른쪽에서 올려준 공이 상대 수비의 몸을 맞고 튀는 순간, 설기현이 왼발 슛으로 상대 네트에 꽂아 넣은 것이었다. 연장전에 들어간 시합에서 좀처럼 승부가 정해지지 않았다. 연장 후반 12분에 이영표가 좌중간에서 올린 공을 안정환이 달려들며 헤딩 슛, 천금의 골든 골을 뽑아 냈다. 그는 전반에 페널티 킥을 넣지 못한 실수를 골든 골로 만회한 것이었다.

한국과 이탈리아의 시합이 벌어지고 있는 동안 일본의 젊은이들은 한국 동포들과 같이 한 덩어리가 되어 '대~한민국'을 외치고 박수를 치면서, 총영사관 건물이 떠나갈 듯이 한국을 응원했다. 그리고 안정환의 골든 골로 한국의 8강 진출이 확정되자, 일본의 젊은이들도 모두 일어나 한국인들과 같이 얼싸안고 환호했다. 필자도 일본 젊은이들이 이렇게 한국을 진심으로 응원하는 장면은 처음 보았다.

시합이 끝나고 밖으로 나가자, 길 가던 일본인들이 우리 응원단을 알아보고 한국의 8강 진출을 축하해 주었다. 일본인들 거의 모두가 6월 18일 오후에 벌어진 일본-터키전을 관전한 것은 물론이지만, 또한 대부분이 저녁때에 개최된 한국-이탈리아전도 관전했다. 한국-이탈리아전이 진행되는 동안, 히로시마의 거리에는 시합을 보느라고 왕래하는 사람이 적을 정도였다. 한국 팀에 대한 일본인들의 관심은, 그 후의 4강 진출 시합과 준결승전에까지 계속되었다. 일본인들은 일본이 16강에 그쳐 아쉽지만, 한국 팀이 4강까지 올라가 일본이 하지 못한 일을 해냄으로써 아시아의 체면을 살린 것은 정말 잘된 일이라며 기뻐해 주었다.

한일 간에 월드컵 대회를 공동으로 개최한 것은 양국 관계에 큰 의미를 가져다 주었다. 양국 언론들은 월드컵 대회 공동 개최가 한일 간의 진정한 우호 협력의 계기가 되었다는 기사를 썼다. 많은 일본인들은 한국이 선전하는 것을 진심으로 축하해 주었다. 한국인들도 양국이 나란히 16강에 진출했을 때, "요코하마에서 만나 결승전을 갖자" 하며 서로를 격려했다. 한국과 일본이 서로 상대를 진정한 선의의 경쟁자로 인식하고, 그리고 서로를 격려한 것은 양국 관계 2천 년 역사에서 처음으로 있었던 일이라면 지나친 표현일까.

일본 언론에서는 '일본인들은 진심으로 한국을 응원하려고 했던 데 반해, 한국인이 마음속으로부터 일본을 응원하는 데는 어려움이 있었던 것 같다'는 보도도 있었다. 그러나 분명한 사실은, 한일 간에 공동으로 개최한 월드컵 대회가 양국 국민 사이에 우호 협력 무드를 크게 고양시켰다는 것이다.

한국과 일본이 공동으로 개최한 월드컵 대회에 대하여 대회가 끝난 직후에 동아 일보와 아사히 신문이 공동으로 실시, 2002년 7월 6일에 발표한 여론 조사에 의하면, 한일 양국 관계가 '지금보다 좋은 방향으로 나갈 것이다'라고 생각하는 사람이 양국 모두 79%에 달해, 지난 몇 년 동안 동일한 조사를 실시한 이래 최고치를 기록했다고 한다. 같은 질문에 대해 1996년에는 양국 모두 40%대, 그리고 2001년에는 일본이 64%인 데 반해 한국은 48%로 격차가 있었다고 한다. 또한, 월드컵 대회 사상 처음으로 공동 개최한 것이 잘되었다고 생각하느냐는 질문에 대해 일본은 지지파가 74%로, 1996년의 37%보다 배나 증가했다. 반면에 한국은 공동 개최 지지파가 96년의 10%에서 42%로 늘었지만, 단독 개최가 더 나았을 것이라는 사람이 54%를 점했다고 한다. 한일 양국 국민 간에 미묘한 차이가 있다는 것이 확인된 셈이다.

필자는 2000년 가을에 히로시마에 부임하였다. 1990년부터 1992년까지 2년 간 도쿄에 있는 대사관 근무를 마치고 일본을 떠난 후, 헝가리, 서울, 아프리카의 가나를 거쳐 8년 만에 다시 일본에 부임한 것이다. 오랜만에 일본에 다시 근무하게 되면서, 필자는 한국에 대한 일본인의 인식이 예전과 달리 많이 개선되었다는 것을 피부로 느낄 수 있었다. 한국에 대한 일본인의 이해와 관심이 크게 높아졌고, 한일 간의 우호 교류가 크게 늘어났다. 특히, 청소년 레벨에서 교류가 활발해졌다. 초등학교 간의 축구 시합 같은 각종 스포츠 교류는 물론 수학 여행도 크게 늘어났다.

부산과 시모노세키를 오가는 부관(釜関) 페리의 이용객이 2001년도의 경우, 연간 약 20만 명에 달했다. 이 중 6만 명이 한일 양국에서 수학 여행을 하는 중고교생들이었다. 흥미로운 사실은, 수학 여행을 제외한 이용객은 일본의 이용객이 한국의 이용객을 상회하나, 수학 여행의 경우에는 일본 청소년 2만 명이 한국을 방문한 데 비해 한국 청소년은 4만 명이 일본을 방문했다. 한국 청소년들의 일본 방문 수가 일본인 청소년보다 배나 많은 것이다. 말하자면 한국 청소년들에게 일본이 우호적으로 교류할 수 있는 좋은 이웃 나라로 다가올 가능성이 확대되고 있다는 증거다. 그러나 반면에 이들 한국의 젊은 세대가 마음으로부터 일본의 젊은 세대와 교류할 수 있는 환경을 만들 책임은 일본의 어른들에게 있다는 사실도 잊어서는 안 될 것이다.

한일 양국 간에 국교가 정상화된 1960년대에 양국을 왕래한 인원은 연간 약 1만 명 정도의 수준이었다. 그러나 그로부터 40년이 지난 요즈음 양국을 오가는 사람은 무려 350만 명에 달하고 있다. 해마다 조금씩 통계에 차이가 있기는 하지만, 2000년대에 들어와 한국에서 일본을 방문하는 사람이 약 120만~130만 명 정도, 그리고 일본에서 한국을 방문하는 사람이 약 220만~230만 명 정도다. 다시 말해서 40년 전에는 양국 간에 1년에 1만 명 정도의 교류가 있었으나, 이제는 하루에 1만 명 가까운 사람들의 왕래가 이루어지고 있다는 것이다. 사람의 왕래만을 놓고 비교해 본다면, 양국 간의 교류는 40년 만에 350~360배 가까이 늘어난 셈이다.

한국과 일본은 2천 년 이상의 교류를 가져 온 이웃 나라다. 양국은 자유 민주주의와 시장 경제라는, 공통의 이념을 가지고 있다. 외교적으로 말하자면, 한국 정부는 일본과의 우호 관계를 미국과의 우호 관계와 함께, 한국 외교의 가장 중요한 축으로 생각하고 있다. 물론 양국 관계는 오랜 역사의 흐름 속에서 우호와 교류의 시대를 맞이하기도 했으며, 때로는 대립의 시대에 봉착하기도 했다. 그러다가 최근세에 들어와 한국인은 일본의 식민 통치를 받았고, 이로 인해 한국인은 깊은 불행의 상처를 가지게 되었다.

'때린 사람은 자기가 한 일을 잊기 쉬우나, 맞은 사람은 잊지 못한다'는 말이 있다. 일본은 왜 한국이 자꾸 과거 문제를 따지느냐고 섭섭해 한다. 한국인이라고 일본과의 관계에서 과거 문제에만 집착하려고 하는 것은 아니다. 일본이 진심으로 과거를 반성하고, 21세기의 미래 지향적인 파트너가 될 자세를 보여 준다면 왜 한국인이 과거 문제를 들추어내겠는가.

2003년 1월 14일, 일본의 고이즈미 총리는 야스쿠니 신사를 전격적으로 참배했다. 고이즈미 총리는 2001년 4월 총리 취임 이후, "1년에 한 번은 야스쿠니 신사에 참배하겠다."라고 이미 공언했다. 이에 따라 그는 2001년 8월과 2002년 4월에 각각 야스쿠니 신사를 참배했다. 그리고 2003년 1월, 아무도 예상치 못한 시기에 다시 야스쿠니 신사 참배를 강행한 것이다. 그는 참배에 앞서 "1월을 맞아 다시는 전쟁이 일어나서는 안 된다는 평화의 마음을 새롭게 다짐하기 위해 야스쿠니 신사에 참배하겠다."라고 말했다. 또한, 그는 "한국·중국과의 우호 관계에는 변함이 없음을 이해받고 싶다."라고 덧붙였다. 그는 한국 또는 중국이 야스쿠니 신사 참배에 반대하는 것은 전범이 합사되어 있기 때문이라는 것을 잘 알고 있다. 그러나 그가 매년 참배하겠다고 대국민 약속을 한 이상 안 할 수도 없으니, 금년에는 국내외 상황을 감안할 때에 차라리 일찍 하는 것이 낫다고 판단한 것 같다. 해마다 되풀이되는 얘기고, 고이즈미 총리말고 다른 역대 일본 총리도 같은 경향을 보이고 있지만, 일본이 한편으로는 '전쟁을 일으켜서는 안 된다는 평화의 마음'을 가지고 있다고 하면서, 그렇기 때문에 이를 다짐하기 위해 태평양 전쟁의 A급 전범이 합사된 야스쿠니 신사에 경건한 마음으로 참배한단 말인가. 그의 이같이 이중적인 태도에 대해 일본인들은 이해의 눈길을 보낼지도 모른다. 그러나 전쟁으로 불행한 과거를 경험한 인근국으로부터 진정으로 신뢰받는 일본이 될 수는 없다. 한국과 일본이 월드컵 대회 공동 개최에서 경험한 우호와 친선, 그리고 협력의 무드를 아름답게 열매 맺도록 하기 위해 일본이 더욱 성의 있는 자세를 보여 줄 것을 기대해 본다.

주요 참고 문헌

　タテ社会の人間関係, 中根千枝, 講談社, 2001
　日本人と日本文化, 司馬遼太郎 외 1인, 中央公論社, 1998
　日本人論. 日本論の系譜, 石沢靖治, 丸善株式会社, 1997
　日本人の意識構造, 会田雄次, 講談社, 1971
*일본적 自我, 미나미 히로시, 소화, 1996
　日本人はなぜ無宗教なのか, 阿満利麿
　戦略的思考ができない日本人, 中山 治, 筑摩書房, 2001
　日本人はなぜナメられるのか, 中山 治, 洋泉社, 2001
　日本人の行動パターン, Ruth Benedict, 1999
　日本とは何なのか, 梅原 猛, 日本放送出版協会, 2002
　日本のイメージ, 鄭大均, 中公新書, 1998
　日本論の名著, 佐伯彰一 외, 中公新書, 2001
　不平等社会日本, 佐藤俊樹, 中公新書, 2000
*국화와 칼, 루스 베네딕트, 을유문화사, 2002
*치명적인 日本, 알렉스커, 홍익출판사, 2002
　ネクスト, ソサエティ, P.F. Drucker, ダイヤモンド社, 2002
*한일 문화의 동질성과 이질성, 이어령 외, 신구미디어, 1993
*한국의 선비 사상과 선비 정신, 금장태, 서울대학교출판부, 2001
　食の文化史, 大冢 滋, 中公新書, 2001
　日本食紀, 森枝卓士, 中央公論社, 1998
　日本人とすまい, 上田 篤, 岩波書店, 2002
　日本の文化 韓国の習俗, 金兩基, 明石書店, 1999
　日本の危険地帯-地震津波-, 力武常次, 新潮選書, 1996
　祭りと日本人, 宇野正人, 青春出版社, 2002
　武士道, 新渡戸稲造, 三笠書房, 2002
　武士道と現代, 笠谷和比古, 産経新聞社, 2002
　朝鮮儒教の二千年, 姜在彦, 朝日新聞社, 2001
　儒教とは何か, 可地伸行, 中公新書, 1998
　日本人はどこから来たか, 斉藤 忠, 講談社, 1996
　日本人の起源を探る, 隈元浩彦, 新潮社, 2001
　日本人の原流, 小田静夫, 青春出版社, 2002
*우리 역사, 한영우, 경세원, 1999
*日本의 歷史, 閔斗基, 지식산업사, 1998
　日本史の完成, 時野谷勝, 清水書院, 1977
　詳説日本史研究, 五味文彦, 山川出版社, 1999
　新しい歷史教科書, 西尾幹二 외, 扶桑社, 2001

*日本古代史研究批判, 崔在錫, 一志社, 1991
荒神谷遺跡, 三宅博士 외, 読売新聞社, 1995
荒神谷遺跡と環日本海(東海), 島根県 斐川町, 1994
荒神谷遺跡と加茂岩倉遺跡, 島根県埋蔵文化財調査センタ, 2002
出雲の古代史, 門脇禎二, 日本放送出版協会, 2001
出雲で発見された青銅器をめぐって, 島根県 斐川町, 1994
出雲の銅鐸, 佐原真 외, 日本放送出版協会, 1997
銅剣358本の謎に迫る, 藤岡大拙, 島根県 斐川町, 1986
土井ケ浜遺跡と弥生人, 土井ケ浜遺跡 人類学ミュージアム, 1997
弥生時代の考古学, 大塚初重 외, 学生社, 1998
検証日本の前期旧石器, 春成秀爾, 学生社, 2001
日本列島の誕生, 平朝彦, 岩波新書, 2001
海流の話, 日高孝次, 築地書館, 1983
看羊録, 姜沆(朴鐘鳴 訳), 平凡社, 1984
*조선 통신사와 일본, 미야케 히데토시, 지성의 샘, 1996
朝鮮通信使と下関, 朝鮮通信使上陸之地記念碑建立期成会, 2001
文明の使者朝鮮通信使, 前田博司, 朝鮮通信使上陸之地記念碑建立期成会, 2001
朝鮮通信使往来, 辛基秀, 労働経済社, 1999
広島原爆被害の概要, 広島平和記念館, 1998
ヒロシマを持ち帰った人々, 市場淳子, 凱風社, 2001
原爆体験記, 広島市原爆体験記刊行会, 朝日新聞社, 1993
原爆投下. 10秒の衝撃, NHK<核.平和>プロジェクト, 日本放送出版協会, 2000
検証靖国問題とは何か, PHP研究所, 日本放送出版協会, 2000
日本植民地探訪, 大江志乃夫, 新潮社, 1998
台湾, 伊藤 潔, 中公新書, 1999
韓国人<反日>台湾人<親日>, 黄文雄, 光文社, 1999
反日と親日のはざま-韓国,台湾からみた日本, 薄木秀夫, 東洋経済新報社, 1997
親日派のための弁明, 金完燮, 草思社, 2002
部落問題読本, 小松克己, 明石書店, 1996
部落解放の<虚構理論>批判, 杉之原寿一, 部落問題研究所, 1999
派閥, 永森誠一, 筑摩書房, 2002
日本外交官韓国奮闘記, 道上尚史, 文芸春秋, 2001
韓国人の日本偽史, 野平俊水, 小学館, 2002
韓国民団50年の歩み, 在日本大韓民国民団中央本部, 五月書房, 1997
韓国人の歴史観, 黒田勝弘, 文芸春秋, 2000
いま韓国人は何を考えているのか, 豊田有恒, 青春出版社, 2002
*日本人의 韓國觀, 旗田巍, 一潮閣, 1997
〈*표는 한국어 서적, 기타는 일본어 서적〉